古代歷史文化研究輯刊

四 編

王明蓀 主編

第 13 冊

漢唐民間結社研究（下）

黃懷德 著

國家圖書館出版品預行編目資料

漢唐民間結社研究(下)／黃懷德 著 — 初版 — 台北縣永和市：
花木蘭文化出版社，2010〔民99〕
目 2+202 面；19×26 公分
（古代歷史文化研究輯刊 四編：第13冊）
ISBN：978-986-254-233-0（精裝）
1. 社會團體　2. 中國史
546.7　　　　　　　　　　　　　　　　　　99012976

ISBN - 978-986-254-233-0

9 789862 542330

古代歷史文化研究輯刊
四 編　第十三冊　　　　　　ISBN：978-986-254-233-0

漢唐民間結社研究（下）

作　　者　黃懷德
主　　編　王明蓀
總 編 輯　杜潔祥
印　　刷　普羅文化出版廣告事業
出　　版　花木蘭文化出版社
發 行 所　花木蘭文化出版社
發 行 人　高小娟
聯絡地址　台北縣永和市中正路五九五號七樓之三
　　　　　電話：02-2923-1455／傳眞：02-2923-1452
電子信箱　sut81518@ms59.hinet.net
初　　版　2010 年 9 月
定　　價　四編 35 冊（精裝）新台幣 55,000 元

漢唐民間結社研究（下）

黃懷德　著

目

次

上 冊

第一章 序 論 ……………………………………………………… 1

第二章 上古秦漢的社與里社 ……………………………… 15

第一節 先秦社的起源與意涵 ……………………………… 15

第二節 官社到私社——論漢代的里社 …………………… 33

第三節 漢代的民間組織 …………………………………… 50

一、互助性組織 …………………………………………… 50

二、宗教性組織 …………………………………………… 57

第三章 魏晉南北朝民間結社的發展 …………………… 65

第一節 傳統里社的變遷與村社的興起 …………………… 65

第二節 北朝時期華北的民間佛教團體 …………………… 78

一、以造像為主要功能的「邑」 ………………………… 78

二、專行社會救濟事業的「義」組織與功能 ‥ 102

第三節 造像與民間佛教信仰 ……………………………… 118

第四節 東晉南朝的佛會 …………………………………… 132

一、東晉南朝「佛會」的萌芽與發展 …………………… 133

二、「法社」釋疑 ………………………………………… 137

第五節 民間團體與政府關係 ……………………………… 144

一、東晉南朝「村」的行政意義 ………………………… 145

二、北朝國家與民間造像團體 …………………………… 147

三、鬆散的佛教團體與南朝政權 ………………………… 153

第六節 民間團體與豪族的補充功能 ……………………… 155

下　冊

第四章　唐代民間結社之盛行 ⋯⋯⋯⋯⋯⋯ 173
　第一節　私社的名類與性質 ⋯⋯⋯⋯⋯⋯ 173
　　一、依功能爲名稱 ⋯⋯⋯⋯⋯⋯⋯⋯ 182
　　二、依地域單位爲名稱 ⋯⋯⋯⋯⋯⋯ 184
　　三、依成員身份爲名稱 ⋯⋯⋯⋯⋯⋯ 186
　　四、依血緣關係結合的社 ⋯⋯⋯⋯⋯ 187
　　五、依職業爲名稱 ⋯⋯⋯⋯⋯⋯⋯⋯ 187
　第二節　民間結社的功能分析 ⋯⋯⋯⋯⋯ 188
　　一、春、秋祭社與聚飲 ⋯⋯⋯⋯⋯⋯ 188
　　二、生活互助功能 ⋯⋯⋯⋯⋯⋯⋯⋯ 204
　　三、奉佛活動 ⋯⋯⋯⋯⋯⋯⋯⋯⋯⋯ 231
　　四、商人組織 ⋯⋯⋯⋯⋯⋯⋯⋯⋯⋯ 243
　第三節　組織與運作 ⋯⋯⋯⋯⋯⋯⋯⋯⋯ 266
　　一、私社的組織──朝向定型化發展 ⋯ 266
　　二、私社的常務運作 ⋯⋯⋯⋯⋯⋯⋯ 280
　　三、結義與存禮 ⋯⋯⋯⋯⋯⋯⋯⋯⋯ 292
　　四、組織的地域基礎──以村、里爲中心之
　　　　探討 ⋯⋯⋯⋯⋯⋯⋯⋯⋯⋯⋯⋯ 300
　第四節　國家與民間結社 ⋯⋯⋯⋯⋯⋯⋯ 305
　　一、官方的態度：放任、禁制或勸立 ⋯ 305
　　二、官方對私社的運用 ⋯⋯⋯⋯⋯⋯ 316

第五章　結　論 ⋯⋯⋯⋯⋯⋯⋯⋯⋯⋯⋯⋯ 331

參考書目 ⋯⋯⋯⋯⋯⋯⋯⋯⋯⋯⋯⋯⋯⋯⋯ 343

附　表
　表 3-1：造像團體中各類身分組成比較表 ⋯ 84
　表 3-2：法義造像一覽表 ⋯⋯⋯⋯⋯⋯⋯⋯ 91
　表 4-1：敦煌寫本文書所見（坊）巷社一覽表 ⋯ 185
　表 4-2：敦煌私社春、秋座局席社人納物地點表 ⋯ 199
　表 4-3：敦煌私社喪葬互助運作辦法一覽表 ⋯ 209
　表 4-4：房山石經社（邑）中魏庭光、韓堪職務歷練表 ⋯ 270
　表 4-5：設有「社老」的敦煌私社組織概況表 ⋯ 276
　表 4-6：唐代私社主要首領名稱比較表 ⋯⋯ 280
　附表一：敦煌寫本社條文書一覽表 ⋯⋯⋯ 338
　附表二：《房山石經題記匯編》所見邑社造《大般若經》
　　　　　以外諸經題記一覽表 ⋯⋯⋯⋯⋯ 340

第四章　唐代民間結社之盛行

第一節　私社的名類與性質

　　唐代國家各級行政機構亦均設有官社，在基層的地方行政組織中，有州（郡）社、縣社等，主要進行春、秋二社的祭社儀式，屬於國家祀典的一環，其職能主要表現在政治性方面。敦煌文書中永泰二年（766）所書寫的〈沙州督都府圖經〉（P.2005、P.2695），有記載沙州近郊的州社與縣社二所祭檀，前者在州城南六十步，後者在城西一里，均於春、秋二季奠祭〔註1〕；而永泰元年（765）輯成的〈河西節度史判集〉（P.2942）中，亦見沙州州社存在的例證〔註2〕。因此可知，唐代沙州確有州社、縣社等官社的存在。《通典》卷一一五〈禮典・諸州祭社稷附諸縣祭〉、〈諸里祭社稷〉記載了州、縣、里等地方行政單位，所立之社的祭社儀典，尤其是〈諸里祭社稷〉是唐代極少數關於里社的文獻記載。由此觀州、縣官社祭社之儀，以刺使、縣令為主祭，另有亞獻、終獻等祭官，以及贊禮者與祝的設置；但里社之祭社，主祭者為「社正」，並未注明由里正擔任，社正以下則為「社人」，社人中有擔任掌事者與

〔註1〕 池田溫，〈沙州督都府圖經略考〉，收入：榎博士還曆記念東洋史論叢編纂委員會編，《榎博士還曆記念東洋史論叢》（東京：山川出版社，1975 年），頁70。

〔註2〕 判集中有〈沙州祭社廣破用判〉云：「……沙州祭社，何獨豐濃？稅錢各有區分。祭社不合破用，更責州狀。……何獨沙州廣為備物，酒肉菜脯，已費不追，布絹資身，事須卻納。」收入：寧可、郝春文輯校，《敦煌社邑文書輯校》（南京：江蘇古籍出版社，1997 年），頁742～743；池田溫，〈中國古代籍帳研究概觀・錄文〉（台北：弘文館出版社，1985 年），頁495。

掌饌者，身分就非上述州、縣之社的「祭官」。所以文中有云，在祭社的前一日，「社正及諸社人應祭者各清齋一日於家正寢」，不同於州、縣社的：「前三日，刺史，散齋於別寢二日，致齋於廳事一日。亞獻以下應祭之官，散齋二日各於正寢，致齋一日皆於壇所諸從祭之官，各清齋於公館一日。（作者原注，從略）」所以州社、縣社爲官社無疑，但里社的性質則顯然與其有異。

　　上引《通典》中所言之里社，應非官社之屬，而爲民間聚落所立之社，該書〈諸里祭社稷〉文中有載：「祝持版進社神座東，西面跪讀祝文曰：『維某年歲次月朔日，子某坊，（劉知幾自注云：「村則云某村，以下準此。」）社正姓名合社若干人等，敢昭告於社神：……。』」在此社祝之祭文又不言「子某『里』」，而是言「坊」或「村」，兩者分別是城市中或鄉野間民眾聚居之地。復次，更重要的一點是，〈諸里祭社稷〉中有記：「訖，出其餘饌，社人等俱於此餕，如常會之儀。」而〈諸州祭社稷諸縣祭附〉中所記，祭典結束後無此類活動。所以里、坊、村社，應如《唐會要》卷二十二〈社稷〉載天寶元年（742）玄宗詔令：「其百姓私社，亦宜與官社同日致祭，所由檢校。」詔中所言之私社，延續先秦漢代以來，民眾聚落春、秋二社的祭醀合醵，在祭社之後進行宴飲活動。其成員爲「社人」，不言里民、坊民、村民，表示應非聚落居民全體參與，而是具有自願的性質，加入民間春、秋二社的組織，享有其所帶來的宗教、社會、娛樂之功能。至於組織的首領「社正」，本書上一章即已談到，在西晉洛陽「當利里社」中即有「社正」一職；至唐代，在盛唐與中唐幽州房山雲居寺的刻經社（邑）中，「社正」即是主要的領導人，這在后文論述私社組織時將再予以討論。而在此則更表明里、村、坊社的私社性質。

　　唐代這種源遠流長的地域聚落祭祀組織，在史料中已罕見「里社」的記載，呈現較多的則是「村社」。如《舊唐書》卷十三〈宗玄本紀〉載開元十八年（730）禮部奏曰：「請千秋節休假三日，及村閭社會，並就千秋節先賽白帝，報田祖，然後坐飲。」唐代裴孝源所撰《貞觀公私畫史》〈村社集會圖〉（王虞畫，隋朝官本）。在唐人詩作中，如杜甫〈遭田父泥飲美嚴中丞〉：「步屧隨春風，村村自花柳，田翁逼社日，邀我嘗春酒，……今年大作社，拾遺能住否，叫父開大瓶，盆中爲我取。」竇庠〈醉中贈符載〉：「白社會中嘗共醉，青雲路上未相逢。」李建勳〈田家三首〉：「不識城中路，熙熙樂有年，木楶擎社酒，瓦鼓送神錢。」李商隱〈歸墅〉：「渠濁村春急，旗高社酒香，

故山歸夢喜，先入讀書堂。」〔註3〕再如《太平廣記》卷一三四〈報應‧宜城民〉載：「（皇甫）遷亡，其家豬生一福子，八月社至，賣與遠村社家。」村社之興，似有凌駕於里社之上的趨勢，而這與唐代地方里、村性質與功能的變化，應有相當程度的關係。

「社」在唐代以前作為聚落春、秋二社組織的名稱，但從唐代開始，「社」的名稱則更為廣泛的運用在各式民間組織的名稱上，包括奉佛等各種功能的民間團體，已然都能以「社」為名。如今日北京房山縣雲居寺所見石經碑刻中，有相當數量的題名記，主要都收錄在《房山石經題記匯編》中〔註4〕，據本書統計有社邑記載的材料，至少當有四百一十七件，其中歷來學者所未列出者計二十件，詳列於附表二中。這些造經題記，記載了唐代天寶及貞元年間，由當地各城市中同業街區的「行」，或村落民眾依地域關係而結合，結成石經邑或石經社，以進行造石經的事業〔註5〕。當時地屬幽州范陽郡的這些石經（邑）社，相較於北朝的造像邑，兩者同屬奉佛性質的民間佛教組織，在組織上仍有類似之處，如房山石經（邑）社，已可稱為「邑」或「社」，但不論所稱為何，其成員仍多稱為「邑人」，對於成員的統稱則為「合邑人等」，稱為「社人」的並不多見〔註6〕。如〈貞元六年幽州潞縣造石經社題記〉，該

〔註3〕 以上四首詩作分別收入：《全唐詩》卷二一九、卷六七四、卷七三九、卷五三九。

〔註4〕 按目前學者整理的成果，以唐耕耦的三百九十七例為最多，土肥義和則有二百三十九件。參見：唐耕耦，〈房山石經邑中的唐代社邑〉，《文獻季刊》，1989年第一期，頁74～106；土肥義和，〈唐、北宋間的「社」の組織形態に關する一考察〉，收入：「中國古代の國家と民眾」編輯委員會編，《堀敏一先生古稀記念：中國古代の國家と民眾》（東京：汲古書院，1995年），頁691～763（尤其是〈表I「房山雲居寺石經の大般若經題記に見える社邑名と役職者關係記事一覽」〉，頁750～759）。但這兩位學者所使用的材料，都僅限於《房山石經題記匯編》中《大般若經》題記所載。誠然，當時刻經以《大般若經》為大宗，絕大多數社邑資料也在其中；但除了《大般若經》之外，其他的諸經題記也記載了一些社邑的活動，據筆者統計尚有二十件，因此《房山石經題記匯編》中關於社邑的材料當至少有四百一十七件。

〔註5〕 〈貞元六年諸村社造《大般若經》題記〉、〈（幽州）良鄉縣尚義鄉北樂城村邑造《大般若經》題記〉，都是為造石經而結合的組織，收入：北京圖書館金石組、中國佛教圖書文物館石經組編，《房山石經題記匯編》（北京：書目文獻出版社，1987年），頁123、158。

〔註6〕 題經記中有「社人某某」或「合社人等」字樣的，僅〈天寶五年燕州角邑造《大般若經》題記〉、〈天寶六年絹行造《大般若經》題記〉、〈天寶十一年白米行造《大般若經》題記〉、〈天寶十一年（范陽郡）屠行造《大般若經》題

組織已名爲「社」，但題記中仍書「合邑三十人等」〔註7〕，因此可見房山石經（邑）社中，「邑」的色彩仍然濃厚，有可能是延續北朝以來，對於地域性的民間奉佛團體統稱爲「邑」的習慣；但另一方面也顯示，前代稱爲「邑」的民間組織，唐代已可以「社」作爲組織名稱。

房山石經（邑）社所見之外，在唐末五代宋初敦煌的私社名稱，主要有「社」、「社邑」、「邑義」、「義社」、「合義眾社」等〔註8〕，也可見「社」、「邑」名稱混用的情形。因此，嚴格來說，「民間結社」一詞是要待唐代之時，才能作爲民間組織團體的統稱，亦可稱爲「私社」或「社邑」連稱。至於以「邑」爲名稱的私社，承襲北朝造像邑的性質與功能，唐代以後仍繼續存在，但仍僅限於以從事造像、刻經、開窟等奉佛事業的團體，如上述幽州的「造經邑」，還有龍門石窟的「造像邑」〔註9〕，或者如「邑會」〔註10〕、「淨邑」〔註11〕等。相對而言，「邑」名稱的使用，自唐代開始已漸不及「社」的蓬勃發展。

再者，以「社」作爲民間團體的名稱，也不是單純只是名稱上的變化，因爲一者，在唐代的一些私社中，也能同時擁有包括春秋二社、奉佛與生活互助之多項功能，因應於此，再作社、邑之分似已無必要；再者，北朝造像邑的組織方式，尤其是首領的名稱，如維那、化主、功德主等，在唐代也幾乎都退出了歷史舞台，關於這個變化，上文已徵引過郝春文的解釋：「代表著佛教寺院對傳統私社改造的完成。在隋唐五代時期，佛教寺院向世俗社會的滲透進一步深化，並從一個側面反映了佛教中國化的完成。」〔註12〕應即是

記）、〈文安郡造《大般若經》題記〉、〈貞元六年諸村社造《大般若經》題記〉等六例，題記分別收入：《房山石經題記匯編》，頁85、87、95、99、123。

〔註7〕 類似的例子還有如〈天寶十一年團欒村石經社題記〉稱「合邑人等」；〈天寶十年石經社題記〉稱「合邑人等」，這三件刻經題記分別收入：《房山石經題記匯編》，頁125、94。

〔註8〕 「社」見P.3544、S.2041、P.3730V、S.6837V、P.3691等；「社邑」見S.663、S.5629、S.5957、P.2614V、P.2767V、P.3198、P.3266V、P.3310V、P.3536V、P.3544等；「邑義」見S.527、S.5957、S.6537V、P.2226V、P.3543、P.3730V、P.3965等；「義社」見S.6417、P.2991、P.3536V等；「合義眾社」見S.4860等。

〔註9〕 《金石萃編》卷四十七〈永徽元年（650）王師德等造像記〉。

〔註10〕 《全唐文》卷九八八〈結金剛經邑會碑□□石彌勒像贊序〉。

〔註11〕 《全唐文》卷九八八〈本願寺舍利塔碑〉。

〔註12〕 郝春文，〈東晉南北朝佛社首領考略〉，《北京師範學院學報》，1991年第三期，頁55～56。

指佛教信仰，已相當程度影響於各類的民間私社，並非只限於「邑」才有奉佛的功能。再如唐代私社的首長，如社長、社老、社官、社正等，與兩晉南北朝聚落中春、秋二社組織的首領名稱雷同，所以或許除了少數仍以「邑」為名稱的組織外，各類型私社的組織，在淵源上可能與民間聚落中春、秋二社組織有較大的關連〔註13〕。在盛唐、中唐幽州的造經社（邑）中，據土肥義和的研究，指出其顯現了兩種組織系統，其中「社正」搭配「錄事」的系統，可能即源於傳統的民間春、秋二社組織〔註14〕；這些造經團體在功能上都是屬於奉佛的組織，但以「社」為名，並援用傳統春、秋二社的組織系統，顯然與南北朝社、邑有別的情形有著極大的差異。關於唐代私社的組織，下文將另闢章節予以討論。

　　關於唐代私社的發展，早在 1938 年那波利貞的研究即提出了具體的說明，那波氏將唐代的私社分為三類〔註15〕。第一類是以佛教信仰為中心，由在家的佛教信徒所組成的佛教社團，在南北朝時期廣為流行的，以從事造像活動為中心的佛教社團，在唐、五代時期仍大量存在，或稱邑、邑社、社邑等〔註16〕。第二類是由第一類派生出來的社邑，由共同出錢崇佛造像，發展為平時成員間的互助活動，從單純組織每年二次的祭社活動，發展成為平時成員間互相教育；因此成為與佛教完全無關的，由百姓自願結成的民間互助

〔註13〕 而謝和耐則再進一步指出，北朝「邑」、「社」有別，到唐五代已幾成同義語之說，法國學者謝和耐是首先提出者，他對南北朝至唐五代時期的佛教結社進行考察，指出中國式的民間團體——從事春、秋二社祭祀的社，在一定條件下可以轉化為佛教的社。參見：謝和耐著，耿昇譯，《中國五至十世紀的寺院經濟》（台北：商鼎文化，1994 年），頁 328～330。

〔註14〕 土肥義和，〈唐、北宋間の「社」の組織形態に關する一考察〉，收入：「中國古代の國家と民眾」編輯委員會編，《堀敏一先生古稀記念：中國古代の國家と民眾》（東京：汲古書院，1995 年），頁 698～701。

〔註15〕 那波利貞，〈唐代の社邑に就きて〉，《史林》二十三卷二、三、四期（東京：1938 年），頁 15～57、71～110、93～157；頁 1～72，並收入：氏著，《唐代社會文化史研究》第五、六編（東京：創文社，1974 年），頁 459～574。

〔註16〕 那波利貞，〈佛教信仰に基きて組織せら中晚唐五代時代の社邑に就きて〉，《史林》二十四卷三、四期（東京：1939 年），頁 81～122，並收入：氏著，《唐代社會文化史研究》第五、六編，頁 575～678 一文，即是針對第一類社邑，利用敦煌遺書中保存的社條，和在社邑從事社齋活動時唸頌的社齋文，以及社邑的修窟、造窟、素畫等功德文，進一步論證原來南北朝的佛教社團，在中晚唐時期仍然大量存在。不過其名稱已由邑、邑義等，改為社邑、邑社。名稱雖然發生了變化，但這種團體的實質並未改變。

團體。第三類則是兼具第一、二類結社的特點，既從事祭社、互助活動，亦從事佛教活動；但其仍是佛教信徒組成的組織。其中第二及第三類型的私社，都具有多重功能，在唐代開始流行於民間，這些團體就都以「社」為名稱，那波氏的區分只是在於與佛教有無關連。

自唐代開始，「社」始具有綿延至近代的幾項意涵，包括：土地、穀物之神；祭祀土、穀神之處或組織；社日中所舉行的各種迎神賽會；以及信仰相同、志趣相投、追求共同目的者，所組成的團體。

社、社邑、邑義等私社名稱之外，也可見到以「會」為民間團體名稱者。如《隋書》卷二十三〈五行志下〉載隋開皇十七年（597），大興城西南四里，有一袁村，民間就設有「佛會」〔註17〕；《唐文拾遺》卷四十九，了空〈金剛般若石經贊〉有載，本願寺法師智琇界曾勸化鹿泉縣崇善鄉民眾五十餘人，革去春、秋二社必須殺牲的「社會」，共與「法會」，這可能即是進行上文討論過的，以止殺存生為目的的「法社齋」。又，《全唐文》卷八一六，邢雲〈佛頂尊勝陀羅尼經幢贊〉記，清信士陳宗可，為造佛頂尊勝陀羅尼經幢，結「尊勝寶幢之會」，借此「願和會老幼，普獲休祥……。」這些「會」仍是以奉佛功能為主。在本書第三章第四節，就論述過南朝時由名士與高僧結合，或由僧人主持，屬淨土法門的「佛會」組織，這在唐宋以後仍然頗為盛行〔註18〕。但由上述的例子可知，唐代這些「佛會」並不限於江南，也似非僅屬淨土法門；甚至唐代以後，有許多以經濟生活互助為功能的民間結社，也以「會」為名稱。

除了奉佛功能之外，如《舊唐書》卷八〈玄宗紀〉載開元十八年（730）禮部奏曰：「請千秋節休假三日，及村閭社會，……報田祖，然後坐飲。」可見村、里聚落間進行祭社功能的社，在唐代也已可以稱為「社會」。《新唐書》

〔註17〕另可參見：《隋書》卷二十三、七十四〈五行志下〉、〈酷吏・王文同傳〉，分別載有「遠近惑信，日數百千人。遂潛謀作亂，將為無遮佛會」，以及「求沙門相聚講論，及長老共為佛會者數百人」。

〔註18〕唐代如《宋高僧傳》卷十五〈唐吳郡包山神皓傳〉載，僧神皓在吳郡，「別置西方法社，訟《法華經》九千餘部」；以及《金石萃編》卷一一三，姚暮〈大唐潤州句容縣得泉寺新三門記〉載得泉寺，「每有僧俗大會五千餘眾，號曰龍華」。宋代時如《全宋文》卷一八一，釋知禮〈結念佛會書〉載宋代明州延慶院有一唸佛會為「勸清會」，「當社普結僧俗男女一萬人，畢世稱唸阿彌陀佛，發菩提心，求生淨土。」由這些例證有可說明，唐宋以後即使如淨土法門的佛會，也可以用「社」為名稱，更可見「社」運用之廣泛。

卷一九七〈循吏・韋宙傳〉載韋宙爲民置社，以成員月繳「會錢」的方式，令無牛者「探名市牛」；其中所稱之「會錢」，類似近代以儲蓄爲目的的「合會」。據王宗培指出，「自其方法言之，合會爲我國民間之舊式經濟合作制度，救濟會員相互間金融之組織也」；而「合會」在中國之起始，似在唐宋之間〔註19〕。如果將「合會」視爲通過合作出資以完成某項共同目的或地方事務，其實早自先秦以來，「合醵」即合錢飲酒，已表現在聚落中春、秋二社組織，集「社錢」置辦聚飲活動上；北朝民間合資造像的邑、義邑等組織；以及在唐末五代宋初敦煌私社中的「義聚」〔註20〕，也在一地程度上也具有民間經濟合作的性質。但若單純地僅作爲金錢儲蓄的民間金融組織，其發展則如上述王宗培所指，始於唐宋之際。但不論是經濟生活互助，或是儲蓄的團體，唐代就開始逐漸出現以「會」或「社」作爲組織名稱的情形〔註21〕。由上述可知，就民間結社的名稱而言，在唐代「會」也如同「社」的發展一樣，不再限於奉佛團體，而有更廣泛使用的趨勢。

　　唐代私社大盛，各種名類、各式功能的社邑開始蓬勃發展，如《唐會要》卷二十二〈社稷〉高宗咸亨五年三月十日詔：

　　　　春秋二社，本以祈農。比聞除此之外，別立當宗及邑義諸色等社。

　　　　遠集人眾，別有聚斂，遞相承糾，良有徵求。雖於吉凶之家，小有

　　　　禆助，在於百姓，非無勞擾。自今以後，宜令官司禁斷。

詔文中提到了可當時民間擁有四種類型的社：（一）具悠久傳統的民間聚落的春、秋二社；（二）「當宗」——宗族血緣關係所結成的社；（三）「邑義」奉佛功能的社；（四）「當宗」、「邑義」以外其他功能的社。如果再參照《全唐文》卷一五四〈韋挺上太宗論風俗失禮表〉、《唐會要》卷三十八〈葬〉所記長慶三年浙西觀察使李德裕之奏文，可以知道這第四種「當宗」、「邑義」以

〔註19〕王宗培，《中國之合會》（上海：中國合作學社，1931年），頁5～6。

〔註20〕這在下文論及唐代私社的生活互助功能時，會再予以述明。

〔註21〕晚唐五代宋初敦煌的私社中，如附表一第十四件社條所言：「所以共諸無（英）流，結爲壹會。」該社條顯示該社有生活互助、佛事奉佛與春、秋二社等相當齊全的功能。至宋代就有更多的例證，如宋・陶穀，《清異錄》卷三〈器具・黑金社〉載，廬山的白鹿洞，游士輻輳。每年冬寒，這些游士就「醵金市烏薪爲禦冬備」，號「黑金社」。再如福建風行「過省會」，又稱「萬桂社」，集錢資助鄉里子弟得鄉貢者趕考，中試之人於官任上加以回饋，可見於：宋・眞德秀，《西山先生眞文忠公文集》卷二十七〈萬桂社規約序〉。由此可知，合會已經有了「會」、「社」的名稱。

外的社，至少還有對「吉凶之家，小有裨助」的，具喪葬互助功能的私社。

上述「當宗」的社，有需要稍作說明。寧可先生認爲似是由血緣關係所結合成的社，可能即是「宗社」，漢印中的「宗單」似是其濫觴。並據《全唐文》卷三〈高祖立社詔〉認爲，「宗社」應是門閥世族制度下以族姓地望主體（即所爲謂「邑族」）而組成的社，其與里閭相從祈農的社不同，也與佛教信徒或朋友之間結合的義邑有別，如《隋書》卷七十七〈李士謙傳〉：「李氏宗黨豪盛，每至春秋二社，必高會極歡，無不沈醉喧亂。」可能就是這類「宗社」。《全唐文》卷三〈高祖立社詔〉關於「宗社」的記載徵引如后：

> 今既南畝俶載，東作方興，州縣致祀，宜盡祗肅。四方之人，咸勤殖藝，別其性類，命爲宗社。京邑庶士，臺省群官，里閭相從，共尊社法，以時供祀，各申祈報，兼存宴醑之義，用洽鄉黨之歡。（另載於《唐會要》卷二十二〈社稷〉）

詔文中所言乃倡導春、秋二社之「社法」，那麼「宗社」的功能主要應不離於此。再就組織分子而言，「四方之人，咸勤殖藝，別其性類，命爲宗社」，所謂「四方之人」，在唐代史料中並無特別意涵〔註22〕，泛指宇內之民眾；「別其性類」，寧可先生誤植爲「別其姓類」，因而認爲是按族姓地望爲主體，也就是以血緣關係爲紐帶的社〔註23〕。但觀詔文之意，反倒可能是是指宇內各行各業各立宗社。

由血緣關係爲結合基礎的社，在唐五代宋初敦煌的私社中有一些例子。如 ДХ.11038〈索望社案一道〉抄曰：〔註24〕

〔註22〕如《舊唐書》卷一六六〈白居易傳〉：「居易諫曰：『宰相是陛下輔臣，非賢良不可當此位。（王）鍔誅剝民財，以市恩澤，不可使四方之人謂陛下得王鍔進奉，而與之宰相，深無益於聖朝。』」《新唐書》卷一七四〈元稹傳〉：「陛下即位已一歲，百辟卿士、天下四方之人，曾未有獻一計進一言而受賞者。」《全唐文》卷三八〇，元結〈爲董江夏自陳表〉：「臣伏見詔旨，感深驚懼。臣豈草木，不知天心。頃者潼關失守，皇輿不安，四方之人，無所繫命。」《全唐文》卷三八〇，權德輿〈送三從弟長孺擢第後歸徐州覲省序〉：「夫每歲登名者，四方之人，皆屬耳目以評其當否，不可誣也。」

〔註23〕寧可，〈述「社邑」〉，《北京師範學院學報》，1985年第一期，頁17，亦收入：氏著，《寧可史學論集》（北京：中國社會科學出版社，1999年），頁444。

〔註24〕文書收入：郝春文，〈《敦煌社邑文書輯校》補遺（四）〉，收入：浙江大學漢語史研究中心、浙江大學古籍研究所編，《漢語史學報》第三期，《姜亮夫、蔣禮鴻、郭在貽先生紀念文集》（上海：上海教育出版社，2003年），頁368～369。

1. 謹立索望社案一道，蓋聞人
2. 須知宗約宗親，四
3. 海一流之水，出於崑崙之峰。
4. 萬木初是一根，分條垂拔
5. 引葉，今有崙之索望骨
6. 肉敦煌極傳英豪，索靜
7. 胤爲一派，漸漸異息爲房，見
8. 此逐物意移，絕無尊卑之。（后文尚有十三行，從略）

「須知宗約宗親」，「萬木初是一根」，「索靜胤爲一派，漸漸異息爲房」，可以推知這應是由索姓宗親所組成的私社，索靜胤可能至少是曾祖父或祖父輩；而「索望社」一稱，可能含有望族之意。此件文書反映該社的功能爲喪葬互助。此外，再如 ДХ.11038〈某年七月十九日所立社條〉：〔註25〕

（一至三行從略）

4. □□　□□□□□　虞候潘布　新娘索二娘子　齊
5. □□　□□□□□　賈員通　新婦一娘子　安孝順
6. □□□□□　□□子　新婦四娘子　康康三　新
7. □□□□□
8. □□□□親族互相勸勉，總要眷屬豐化禮儀切

（九至十一行從略）

12. □□□□世代不停，劫石不壞，用留後憑。（后略）

這是由親屬所組成的私社，應該即是「親情社」。由成員名單中可見到社人與新妻兩兩一組，而社人的姓又有不同，很有可能是以女方的親族爲主體，由於仍有許多姓名無法辨識，無法更精確地推論。按土肥義和的研究，敦煌有「親情社」，主要由有血緣關係的親族與姻親，所結合成的私社；親情社之外，還有「兄弟社」，其幾乎都是由同一姓的親族所組成。包括親情社和兄弟社，主要的功能都在於喪葬之互助。〔註26〕

敦煌的私社中，有由血親及姻親所結成的私社，但並未見到有稱爲「宗

〔註25〕 文書收入：郝春文，〈《敦煌社邑文書輯校》補遺（一）〉，《首都師範大學學報》，1999 年第四期，頁 24。

〔註26〕 土肥義和，〈唐、北宋間の「社」の組織形態に關する一考察〉，收入：「中國古代の國家と民眾」編輯委員會編，《堀敏一先生古稀記念：中國古代の國家と民眾》，頁 723～725。

社」者。再因「宗社」的記載實在相當罕見，因此目前僅能就現有的幾項史料，略作推論。連繫上引《隋書》卷七十七〈李士謙傳〉與《全唐文》卷三〈高祖立社詔〉，兩件史料所言之宗社，似乎都與春、秋二社有關，但至於是不是《唐會要》卷二十二〈社稷〉高宗詔言中的「當宗」等社，是不是成員都具有血緣關係，則仍待進一步的考證。

　　再經蒐羅諸文獻記載、出土文書等史料後，我們可以看到更多各式各樣、琳瑯滿目的民間結社名稱，這些名稱或直接由地域單位爲名，或按成員身分而來，或按功能而來，或按職業而來，展現了民間多元的連繫關係，以及充沛的社會活力。本書以下試將史料中所見的私社名稱一一列出。所加註之出處，若爲出土文書，爲求精簡、便利，則僅注出文書之編號；有「(參照)」字樣者，乃指據以下史料的文意，推斷應有該名稱的私社。

一、依功能爲名稱

（一）奉佛功能

1. 印沙佛社：(參照)：P.2842、S.663、S.6417 等。

2. 燃燈社：P.2049V。

3. 行像社：P.2049V、P.2032V、P.2040V、P.3234V 等。

4. 修理蘭若及佛堂社：S.5828 等。

5. 窟頭修佛堂社：P.4960。

6. 佛堂頭疊待墻社：ДХ.1410。

7. 窟社：P.3997 等。

8. 鞏子社：S.4525V。

9. 邀聲社：S.4525V。

10. 車社：S.4525V。

11. 邀鞏社：S.4525V。

12. 番（幡）子社：S.4525V。

13. 三長邑義：S.6417、P.2237V。

14. 菩提香火社：白居易，《長慶集》卷十七〈與果上人歿時題此訣別兼簡二林僧社詩〉。

15. 千僧法會：《全隋文》卷十五，陳淵〈請釋智顗爲戒師書〉。

16. 九品往生社：《唐文拾遺》卷五十，處訥〈結九品往生社序〉；《八瓊

室金石補正》卷七十三〈開成五年（840）九品往生社碑〉。

17. 法會：《全唐文・唐文拾遺》卷四十九，了空〈金剛般若石經贊〉。

18. 華嚴經社：《咸淳臨安志》卷九十七，白居易〈華嚴經社石記〉。

19. 佛會：《隋書》卷二十三〈五行下〉。

20. 法華社：《全唐文》卷二六二，李邕〈秦望山法華寺碑〉。

21. 西方法社：《宋高僧傳》卷十五〈唐吳郡包山神皓傳〉。

22. 尊勝寶幢□會：《八瓊室金石補正》卷四十八〈陳宗可等尊勝幢讚〉。

23. 羅漢邑（後周）：《金石萃編》卷一一一〈羅漢□陁羅尼幢〉。

24. 禮佛會（後周）：《山左金石志》卷十四〈龍興寺經幢〉。

25. 普賢社：《太平廣記》卷一一五〈報應・崇經像〉。

26. 迎眞身社：唐・康駢，《劇談錄》卷下〈眞身〉。

27. 金剛經會：《八瓊室金石補正》卷七十三〈開成二年（837）佛峪金剛
　　會碑〉。

28. 念（唸）金剛經社（後梁）：《八瓊室金石補正》卷七十九〈乾化五年
　　（915）惠光舍利銘〉。

29. 禪社：《八瓊室金石補正》卷三十七〈乾封元年（666）法行寺僧曇遇
　　造像記〉。

說明：上述的私社，由其名稱即大概可推知其功能。這些由私社所進行
的眾多奉佛活動，本書下一節將再作詳細的論述。

（二）其　他

1. 米社：《續高僧傳》卷二十〈智聰傳〉。

2. 勸農社：《資治通鑑》卷二一二「玄宗開元十三年（725）二月庚申
　　條」。

4. 渠社：P.5032（分屬兩個社的文書，分別有三件和八件，共十一件文
　　書）、P.4003、S.2103、P.2412V、P.4017、P.2558、S.6123、P.3412V、
　　ДХ.11196、上海博物館藏8958、北圖殷字41號背。

5. 馬社：P.3899、《唐六典》卷四「禮部郎中員外郎條」、《舊唐書》卷二
　　十四〈禮儀志四〉、《新唐書》卷十二〈禮樂志・吉禮〉。

6. 椰山社：S.1344。

7. 德星社：《新唐書》卷一六三〈崔郾傳〉。

說明：「米社」乃唐初浙江地區，由智聰和尚以率楊州三百清信，以為米

社，「人別一石年一送之，由此山糧供給道俗乃至禽獸，通皆濟給」。「勸農社」乃玄宗詔令：「委使司與州縣議作勸農社，使貧富相恤，耕耘以時。」這可能是作爲前年宇文融任勸農使的配套措施。「渠社」是晚唐五代宋初敦煌地區擔任「渠河口作」力役的渠人所組成的團體，除了組織防水、修理渠堰、興建橋樑與分配用水等工作外，也進行經濟生活互助與局席活動。《唐六典》、《舊唐書》、《新唐書》中所載之「馬社」，乃官方或軍中祭祀馬神的組織，這類的社應屬官社。但在《唐會要》卷七十二〈馬〉有記載道防秋兵中，由官賜與月糧，以五十人爲單位，爲添補馬匹而設立的社。在敦煌寫本 P.3899 號背亦有載，府兵制度中官營的，本爲祭祀馬神，後爲官府征錢對象的「馬社」〔註27〕。「桬山社」乃民眾在山林中聚集的武裝組織。

二、依地域單位爲名稱

1. 里社：《通典》卷一一五〈禮典·諸里祭社稷〉、《全唐詩》卷一二六、二四九、三二三、三六三、四八二、七七〇，王維〈涼州郊外游望〉、皇甫冉〈太常魏博士遠出賊庭江外相逢因敘其事〉、權德輿〈送殷卿罷舉歸淮南舊居〉、劉禹錫〈歷陽書事七十韻〉、李紳〈卻到浙西〉、李倫〈顧城〉等。

2. 村社：《舊唐書》卷十三〈德宗紀〉、《太平廣記》卷一三四〈報應·宜城民〉、唐·裴孝源，《貞觀公私畫史》〈村社集會圖〉、《全唐詩》卷三九八、二六三，元稹〈競舟〉、嚴維〈送薛居士和州讀書〉；（參照）：《全唐詩》卷二七七、二一九、七三九、五三九、三四三、六九〇，杜甫〈遭田父泥飲美嚴中丞〉、李建勳〈田家三首〉、李商隱〈歸墅〉、韓愈〈遊城南十六首·賽神〉、盧綸〈村南逢病叟〉、王駕〈社日〉。

3. 社會：《舊唐書》卷八〈玄宗本紀〉。

4. （坊）巷社：P.4044、S.2041、P.36362、S.4860v、寅 81V、S.2472V5-6、P.3489。

5. 當坊義邑：S.4860V。

6. 高住兒（巷）社、索留住巷（社）、程弘員巷（社）：ДХ.2149b。

〔註27〕 盧向前，〈馬社研究——伯 3899 號背面馬社文書介紹〉，收入：北京大學中國中古史研究中心編，《敦煌吐魯番文獻研究論集》第二期（北京：北京大學出版社，1983 年），頁 361～424。

　　說明：里社與村社都是傳統民眾聚落中的春、秋二社組織，上文已有論述。但敦煌社邑文書中所見的「（坊）巷社」，雖然與里、村社都是地域性的民間組織，但卻是坊內或坊中的巷之居民，為某種目的的結合，而不是傳統聚落中的春秋二社組織。茲將敦煌寫本文書所見之（坊）巷社，整理如表4-1。

表4-1：敦煌寫本文書所見（坊）巷社一覽表

序號	文書號	社　名	年　代	人數	功　能
1	S.2041	儒風坊西巷社	大中年間（847～860）	37人	喪葬互助、急難互助
2	P.4044	修文坊巷社	唐光啓三年（887）	42家	修私佛塔
3	P.4044	修文坊巷社	金山國期（905～913）	48人	修上祖蘭若
4	P.3489	旌坊巷女人團社	戊辰年（908）	12人	喪葬互助
5	宙81V（北7608）	巷　社	己亥年（939？）		喪葬互助
6	ДХ.2149	高住兒（巷？）社	十世紀中期	82人	官府徵柴單位
7	ДХ.2149	索留住巷（社？）	十世紀中期	106人	官府徵柴單位
8	ДХ.2149	程弘元巷（社？）	十世紀中期	89人	官府徵柴單位
9	S.2472V	巷　社	辛巳年（981）	34人	喪葬互助
10	S.4860V	當坊義邑社	十世紀後期	28人	興建蘭若

　　由上表可知唐代沙州城市中，由坊、巷居民按地域關係所組成的社，第二件有四十二家外，第三、一、九、十、四件，分別是四十八、三十七、三十四、二十八、十二人，功能主要為奉佛與喪葬互助，很明顯是坊、巷內居民自由結成的私社，尤其是第四件是巷內的女人結社，成員人數也就顯得更少一點。就功能而言，表中各社都未見春、秋二社或置辦局席的功能，多是以喪葬互助為主要功能的私社；第三、四、十項的則是坊內民眾所組成的奉佛組織。而第五項的　ДХ.2149b　是納材人名簿，記錄了三個巷或社的成員納材的情形；據土肥義和的研究指出，這三個組織應該都是「巷社」，是官府為求徵柴方便，以巷為單位所設立的社組織〔註28〕。所以（坊）巷社應可以視為

〔註28〕土肥義和，〈唐、北宋間の「社」の組織形態に關する一考察〉，收入：「中國古代の國家と民眾」編輯委員會編，《堀敏一先生古稀記念：中國古代の國家と民眾》，頁723～725。

里、村、坊民眾聚居處中，依地域關係所結合成比里、村、坊社更小型的私社，在傳統的春、秋二社組織之外，按其必要、特殊的目的，所結合成的私社。

三、依成員身份爲名稱

（一）按某位成員的官品或官名命名

  1. 官健社：P.4063。

  2. 敦煌官品社：P.2991。

  3. 都官社：P.4907。

  4. 閻都衙社：P.4907。

  5. 安押衙社：P.3234V。

  6. 夫人大社、小社：P.4907。

  7. 太子社：P.3037。

  9. 官人社：P.32881、S.6214、P.3764V。

10. 孔庫官社：P.4907。

（二）依某一位組織幹部，或某位社人爲代表命名

  1. 社官張闍梨社：P.37641。

  2. 開元寺氾上座社：P.3391V。

  3. 高社官社：S.4472V。

  4. 社官李佛奴社：P.2708。

  5. 社官李僧正社：P.4991。

  6. 錄事龍鄉官社：S.6003。

  7. 閻社長社：P.4975V。

  8. 氾社官社：S.1845。

  9. 令狐社官社：S.6066。

10. 錄事（張？）和尚兄弟社：S.4660。

11. 錄事禪師社：ДX.4734。

12. 敦煌諸大寺僧官社：S.3156、P.3218。

13. 高願延、高孝通社：S.2472V。

14. 安連連社：ДX.1433。

（三）因成員屬單一性別而命名

1. 女人社：S.527、P.3489、北新 882 號。
2. 夫人大社、小社：P.4907。
3. 西州眾阿婆作齋社：（參照）：阿斯塔那 74 號墓（63TAM74：1/7、1/8、1/10、1/11）。〔註29〕

四、依血緣關係結合的社

1. 兄弟社：S.4660、S.6199、S.6981、P.4987、S.5465、ДХ.6016。
2. 親情社：S.2242、S.2894V、S.2894V、S.5139V、S.5632、S.6981、S.8160V、P.3164、P.3707、ДХ.1439a、ДХ.2256、S.3714。
3. 索望社：ДХ.11038

說明：這三種社上文已有介紹，「索望社」名稱較特別，是索姓家族的結社，不稱兄弟社或親情社，但仍是以喪葬互助為主要功能。

五、依職業為名稱

1. 金銀行社：（參照）：安西萬佛峽五代所開諸窟題名。〔註30〕
2. 畫匠社：（參照）：莫 322 窟、西壁龕下南側五代供養人題記。〔註31〕
3. 樂行社：P.4995。
4. 馬市令社：（參照）：P.2680V。
5. 小彩行邑、絹行社、絹行邑、大絹行社、大絹行邑、大采帛行社、絲綢采行社、絲采帛行社、絲絹行社、新絹行社、小絹行社、絲綿行社、幞頭行社、幞頭行邑、靴行邑、白米行社、大米行社、粳米行社、米行社、肉行社、屠行邑、長店邑、碳行邑、市行邑、五熟行邑、□行邑、生鐵行社、油行邑、雜行邑、雜貨行邑、椒笋行邑、果子行社、磨行邑：《房山石經題記匯編》《《大般若經》題記》；參見：唐耕耦，〈房山石經題記中的唐代社邑〉，《文獻季刊》，1989 年第一期，頁 76～82，「行業性社邑上經情況表」。

〔註29〕文書錄文收入：《吐魯番出土文書》第六期（北京：北京文物出版社，1985 年），頁 160～162。相關研究可參見：郭鋒，〈吐魯番文書〈唐眾阿婆作齋社約〉與唐代西州的民間結社活動〉，《西域研究》，1991 年第三期，頁 74～78。

〔註30〕向達，〈敦煌藝術概論〉，《文物參考資料》二卷四期（北京：1951 年），頁 44。

〔註31〕寧可、郝春文輯校，《敦煌社邑文書輯校》，頁 794。

第二節　民間結社的功能分析

一、春、秋祭社與聚飲

（一）唐代的社神、祭社與社日活動

唐代除了官社進行祭社神的儀式之外，民間私社亦有春、秋季社日祭祀社神的功能。淵源於先秦的「祭醋合醼」，亦即社日祭祀社神與其後鄉里民眾的歡聚宴飲，歷漢魏六朝而不衰，至唐代已是民間最重要的歲時節日之一。

基層民眾聚落的里、村、坊社，其祭社之法亦明載於祀典之中，如《通典》卷一八一〈諸里祭社稷〉等〔註32〕，這於上文已有論及。這些社皆延襲先秦以來的傳統皆立有祭壇，以樹爲社主，如《全唐詩》卷二六三〈送薛居士和州讀書〉：「楚地巢城民舍少，煙村社樹鷺湖秋。」卷三九六，元稹〈古社〉：「農收村落盛，社樹新團圓。」以及卷三八六，張籍〈吳楚歌詞〉：「今朝社日停鍼線，起向諸櫻樹下行。」可見張籍所言之社，是以櫻樹爲社主。《唐會要》卷二十二〈社稷〉及《全唐文》卷一八九〈社主制度議〉載禮官韋敘夏建議社主當長五尺寬二尺，「剡其上以象物生，方其下以象地體，埋其半，以根在土中，而本末均也」，其出典在五爲土數，二爲陰樹。且直至後周時，如《全後周文》卷十九，王明廣〈上書宣帝請重興佛法〉言：「鬼非如敬，謂之爲諂。拜求社樹，何惑良多。」亦以樹爲社。此外，社壇之界亦用樹，如《唐會要·社稷》中亦載玄宗天寶元年〈飭敬祀社祭詔〉云：「其社壇側近，仍禁樵牧。」

至於社神的選定，唐代時已明確地將稷神配食於社中，上引《唐會要·社稷》及《全唐文·社主制度議》等史料中，韋敘夏等人的討論最後決定：「其先農壇且請改爲帝社壇，……祀后土，以勾龍氏配之。」最後，「至開元定禮，除帝稷之議，祀神農氏於壇上，以后稷配，至今以爲常典也。」而在最基層的里、村、坊社，上引《通典》卷一八一〈諸里祭社稷〉亦云：「社神之席設於神樹下，稷神之席設於神樹西，俱北向。」所以唐代祭社時所祀奉的社神若按官方標準應是以樹爲主，並設土地之神（后土或勾龍）與穀神（后稷）之神位，也因此唐代的祭社又多稱爲「祭社稷」。

〔註32〕《新唐書·禮儀志》、《大唐開元禮·諸里祭社稷》、《太平御覽》卷五三二尚有數條，不再一一徵引。

　　而漢代以來社神即已人格化與偶像化，當時即有稱爲社公、社鬼者，唐代如《全唐詩》卷三九六，元稹〈古社〉：「社公千萬歲，永保村中民。」卷三三八韓愈〈憶昨行和張十一〉：「憶昨夾鐘之呂初吹灰，上公（一作社公）禮罷元侯迴。」卷七三七，李濤〈春社從李昉乞酒〉：「社公今日沒心情，爲乞治聾酒一瓶。」卷六三〇，陸龜蒙〈句〉：「幾點社翁雨，一番花信風。」可知社神仍可稱爲社公，或社翁，甚至社日下雨亦與之有關〔註33〕。此外，人格化、偶像化的社神，也多能展現地方特色，如《太平御覽》卷五二二引《陳留風俗傳》載陳留的東昬縣：「衛地故陽武之戶牖鄉也，漢相陳平家焉，少爲社下宰，今民祀其社。」以其地出名人而崇祀其社。《新唐書》卷一六三〈崔鄲傳〉曰：「崔氏四世緦麻同爨，……居光德里，構便齋，宣宗聞而歎曰：『鄲一門孝友，可爲士族法。』因題曰『德星堂』。後京兆民即其里爲『德星社』云。」唐代崔氏有德於鄉，如崔鄲死後即諡曰德〔註34〕，人爲崔氏一門立「德星社」；《全唐文》卷八五一，劉光度〈澶州建奈河將軍堂記〉載後晉天福六年（941）在澶州建奈河將軍堂，由社邑中人集中祭祀。漢代以後，凡有功德於民眾者，多有成爲當地之社神。其緣由元代時眞德秀即有論曰：「古者鄉先生歿而祭於社。夫社者，報本之事也。鄉先生何功而祭於此耶？蓋嘗深思社之爲群祀之首者，以其產嘉穀，育蒸民。而鄉先生之重於鄉，亦以其蹈道秉德而牖民於善也。」〔註35〕甚至還有配食於官方的縣社者。〔註36〕

　　因社的神人格化、偶像化，而有社神畫像或偶像之立，出現了去壇爲屋的現象，社祀場所乃因此漸轉變爲廟、社廟、土地祠等。上文註引《晉書・陸雲傳》：「百姓追思之圖畫其形像，配食縣社。」可以供奉陸雲的圖畫形像，可見此縣社可能不僅是壇而且是廟了。宗懍《荊楚歲時記》所載：「社

〔註33〕《歲時廣記》卷十四〈二社日〉「降社雨」條（台北：新文豐出版公司，1984年），頁151～152，引《提要錄》云：「社公社母不食舊水，故社日必有雨，謂之社翁雨。」以及「社日雨，社公以之沐髮」；又引〈李御史社日書懷〉云：「社公沐髮望年豐，豈謂雨餘仍苦風。」

〔註34〕《新唐書》卷一六三〈崔鄲傳〉。

〔註35〕宋・眞德秀，《西山先生眞文忠公文集》卷二十六〈宜興縣先賢祠堂記〉。元・歐陽玄，《圭齋文集》卷五〈保覦祠堂記〉亦云：「予惟瞽宗祠於學，鄉先生祠於社，尊有道、尚有德。」

〔註36〕如《後漢書・孔融傳》：「郡人甄子然，臨孝存，知名早卒，融恨不及之，乃命配食縣社。」《後漢書・宋登傳》：「爲汝陰令，政爲明能，號爲神父，……卒於家，汝陰人配社祀之。」《晉書》卷五十四〈陸雲傳〉：「出補浚儀令，……去官，百姓追思之圖畫其形像，配食縣社。」

日，四鄰並結，綜會社牲醪，爲屋於樹下。」可見在北朝時，民間祭社的社壇在原本的社樹下搭建成屋，已非露天的祭壇。《太平廣記》卷一〇一〈釋證・雲花寺觀音〉載大中末年：「百姓屈嚴患瘡且死。夢一菩薩摩其瘡曰：『我在雲花寺。』嚴驚覺汗流，數日而愈。因詣寺尋檢，至聖畫堂，見菩薩，一如其覩。傾城百姓瞻禮。嚴遂立社，建堂移之。」屈嚴爲菩薩像立社，「建堂移之」，可見此社應當非僅爲祭壇，而建有屋宇供奉菩薩像。不過，以菩薩爲社神，在唐代似僅有此例。唐宋以後，以屋爲壇的現象乃更爲普遍。〔註37〕

唐代以後有土地祠的出現〔註38〕。因爲祀先代之有功德者，而將其配爲社神，已然是地祇與人鬼合一，而土地神之稱蓋是由社神演變而來。雖然在唐宋以前，似未有社神轉變成土地神的直接證據，但在明清時代，土地神信仰已然盛行，鄉村普遍立有土地祠，仍有相當多的資料指出，是以土地神作爲社神來祭祀的〔註39〕；且土地神之立，亦如兩漢魏晉南北朝隋唐之時，地祇與人鬼合一之勢，並選地方有功德之先人配之。〔註40〕

除了土地神之外，在六朝以後已人格化與偶像化的城煌神亦興，而有奪

〔註37〕陳寶良，《中國的社與會》，頁417。
〔註38〕自東漢以降已有土地神之稱謂，大者足以掌一方之祀，而其小者祭於閭里。其大者如《太平廣記》卷二九三〈蔣子文〉：「及吳先主之初，其故吏見文於道，乘白馬，執白羽，侍從如平生。見者驚走，文追之，謂曰：『我當爲此土地神，以福爾下民，爾可宣告百姓，爲我立祠。』……於是使使者封子文爲中都侯，次弟子緒爲長水校尉，皆加印綬，爲廟堂，轉號鍾山爲蔣山。」而小者如魯迅所著，《古小説鉤沈》〈幽冥錄〉：「巴丘縣有巫師舒禮，晉永昌元年病死，土地神將送詣太山。俗人謂巫師爲道人，路過冥司二字廣記引有福舍前，土地神問吏：『此是何等舍？』」
〔註39〕如社神的祭祀原爲祀后土，以句龍配之，宋眞宗下詔將奉祇宮改爲太寧宮，內設后土聖母塑像，參見《全宋文》卷二四〇〈改奉祇宮曰太寧宮設后土聖母像道士焚修詔〉；而近代楊州也有「后土夫人祠」，將后土社神女姓化不僅僅是民間的誤會，而亦是始自朝廷祀典的不察，但另一方面也可說明社神崇拜內容的豐富性。參見：陳寶良，《中國的社與會》，頁416～417。再如清代亦有將社公訛爲土地公者，「且繭袍烏帽，裝扮白髮翁矣。」參見：清・顧祿，《清嘉錄》卷二〈土地公公生日〉。
〔註40〕如明・張著，《永嘉集》卷十〈常熟州儒學土地神祠碑〉載明初常熟儒學中的土地祠神，據說就是唐代時曾經擔任過常熟尉的張旭。清・清涼道人撰，《聽雨軒筆記》卷三〈餘紀〉記清代德清縣的新市鎮，當地人將晉元帝時的大將朱泗當作土穀之神。清・邵長蘅，《青門麓稿》卷十三〈屠王神碑〉中載清代江蘇武進社廟一般奉陳司徒神，陳司徒即隋代武進人陳杲仁，其官至司徒。清・王應奎，《柳南隨筆》卷六亦載清代常熟人魏沖，負才不羈，曾與馮復京等設里社之祀，「祀隋陳司徒」，以其爲社神。

社神之席的情形。歷來研究城煌之唐宋以前城隍之興起者，多以清代趙翼《陔余叢考》所論爲據〔註41〕，其列舉《唐文粹》李陽冰〈縉雲縣城隍記〉謂：「城隍神祀典所無，惟吳越有之」而謂唐初尚未列入祀典；但《新唐詩》卷二二五，杜甫〈奉答岑參補闕見贈〉：「賜書誇父老，壽酒樂城隍」，另有《新唐詩》卷三三二，羊士諤〈城隍廟賽雨二首〉一文。宋代陸放翁〈寧德縣城煌廟記〉云：「唐以來郡縣皆祭城隍。」〔註42〕城隍之祀在唐代中葉以後流行應是確無疑問的，當時可能各州郡皆有城隍。《太平廣記》卷三〇三〈宣州司戶〉云：「吳俗畏鬼，每州縣必有城隍神，開元末宣州司戶卒，引見城煌神，神所居重申，殿宇崇峻侍衛甲仗嚴肅。……府君日：『吾即晉宣城內史桓彝也。』」城隍神亦是以地方先人配之，其性質若按名稱而言，應爲城郭的保護神；若按職位而言，則是管郡縣之神。城隍神應當是在城市發展至相當程度以後的產物，勞榦即認爲城隍之由來應在長江下游，且當東晉南朝物質富庶之時；且可能是當時用以作爲僑郡的社神〔註43〕。雖然在唐代的城煌信仰已有一定程度的普遍性，且亦有代而爲社神者，但遍觀六朝隋唐史料，城隍之祀只及於縣，民間雖已有「賽城隍」之舉，但村、里以及各私社的祭社，亦無以城隍代之的史實，所以唐代若有以城煌代社神者，應當是僅止於州、縣所屬之官社。

　　春、秋兩季祭祀社神之日，稱爲社日。社日的律定，漢唐期間各項記載仍有出入〔註44〕，但從唐代之後，如《太平御覽》卷五三二：「禮記：『月令仲春擇元日命人社』、『仲秋擇元日命人社』。」注解分別云：「爲祀社稷也，春事興故祭之以祈農祥，元日謂近春分前後戊日。元，吉也。」「賽秋成也元日，謂近秋分前後戊日。」並引《唐六典》云：「仲春上戊祭太社，以后土氏

〔註41〕如瞿宣穎，《中國社會史料叢鈔甲集》，頁 492～494；勞榦，〈漢代社祀的源流〉，《中央研究院歷史語言研究所集刊》第十一期（台北：1949 年），頁 55～59。關於中國古代城隍信仰的研究，可參閱鄭土有、王賢淼，《中國城隍信仰》（上海：上海三聯書店，1994 年）。

〔註42〕《古今圖書集成》，《方輿匯編職方典》卷一一〇八〈福寧州部・藝文一〉。

〔註43〕勞榦，〈漢代社祀的源流〉，《中央研究院歷史語言研究所集刊》第十一期（台北：1949 年），頁 55～59。

〔註44〕《藝文類聚》卷五〈歲時部下・社〉載晉代嵇含〈社賦序〉云：「社之在於世尚矣！自天子至於庶人莫不咸用，有漢卜日丙午，魏氏擇用丁未，至於大晉則社孟月之酉日，各因其行運，三代固有不同，雖共奉社而莫議社之所由興也。」此文亦收入：《歲時廣記》卷十四〈二社日〉「建酉社」條（台北：新文豐出版公司，1984 年），頁 146。

配焉，祭太稷以后稷氏配焉。」〔註45〕社日原則上是最近春分、秋分的戊日，不論是春分、秋分之前或之後，以最接近者爲是。在敦煌其曆書如 P.3247〈大唐同光四年具曆〉、P.3403〈雍熙三年丙午歲具注曆〉均爲當地政府官頒，其中社日均以紅字注出，足見其亦爲官定的祭日。春季祭社與秋季祭社在意義上有所不同，春祈豐年，秋報神功，也就是春祈秋賽。秋季乃收穫的季節，萬物長成，乃四方神之功，故報祭之。因此春社主於祈祐，而秋社主於報賽，秋社又盛於春社，既報賽田神，亦勞農以休息，聚飲作樂。〔註46〕

　　社日在唐代鄉村社會中已是最重要的歲時節日之一。早在南朝梁人何佟之即言：「中國之神，莫貴於社。」〔註47〕敦煌寫本出土文書〈社日相迎書〉（S.2200、S.5636、P.2646、P.3502、P.3691 等卷）〔註48〕多有類似如「春秋八節，唯社最尊。略置小會，共賞衷情。謹令諮屈，請便降臨，是所望也。」「唯社最尊」更說明社日在歲時活動中的重要地位。而每年固定的春、秋社日，在民間日常生活中也常用以標定時日〔註49〕，甚或作爲彼此約定見面之時，如《太平廣記》卷二四〇〈樂・呂鄉筠〉即載：「湘中老人……謂鄉筠曰：『明年社，與君期於此。』遂棹漁舟而去，隱隱漸沒於波間。至明年秋，鄉筠十旬於筠山伺之，終不復見也。」

　　除了祭祀社神的宗教功能之外，社日的聚會與宴飲活動，更爲民眾提供了娛樂與社會交際的功能。如《貞觀公私畫史》載有〈田家社會圖〉（史道碩畫，隋朝官本）、〈村社集會圖〉（王廙畫，隋朝官本）繪出鄉村社日熱鬧的景

〔註45〕再如清・王鳴盛，《蛾術編》：「世俗相傳每年立春立秋之後第五個戊日是社日。」《資治通鑑》卷二六五〈天佑二年二月戊戌日〉胡三省注云：「自古以來以戊社，戊土也，立春以後歷五戊則社日。」

〔註46〕譚蟬雪，《敦煌歲時文化導論》，頁 296。

〔註47〕《全梁文》卷四十九〈社稷位向議〉。

〔註48〕寧可、郝春文輯校，《敦煌社邑文書輯校》，頁 505～507。

〔註49〕如杜甫〈燕子來舟中作〉：「舊入故園常識主，如今社日遠看人。可憐處處巢君室，何異飄飄託此身。」杜牧〈江樓晚望〉：「湖山翠欲結蒙籠，汗漫誰遊夕照中。初語燕雛知社日，習飛鷹隼識秋風。」錢起〈送河南陸少府〉：「東城社日催巢燕，上苑秋聲散御梨。朝夕詔書還柏署，行看飛隼集高枝。」陳潤〈東都所居寒食下作〉：「浴蠶當社日，改火待清明。」劉禹錫〈秋日送客至潛水驛〉：「候吏立沙際，田家連竹谿。楓林社日鼓，茅屋午時雞。」權德輿〈二月二十七日社兼春分端居有懷簡所思者〉：「社日雙飛燕，春分百囀鶯。所思終不見，還是一含情。」白居易〈社日關路作〉：「晚景函關路，涼風社日天。」七首詩作，分別收入：《全唐詩》卷二三三、五二六、二三九、二七二、三五七、三二五、四三六。

象〔註50〕。《太平廣記》卷一三四〈報應‧宜城民〉載：「（皇甫）遷亡，其家豬生一福子，八月社至，賣與遠村社家。」以及同書卷二一七〈卜筮‧沈七〉：「有沈七者，越州人，善卜。……沈七云：『李侍郎即被追，不得社日肉喫，後此無祿，公亦未改，不得給事中。』」（源出於唐‧呂道生撰《定命錄》）《全唐詩》卷四六八，劉言史〈嘉興社日〉：「今年社日分餘肉，不值陳平又不均。」社日總是要殺豬宰羊，準備豐盛的酒肉，祭祀社神後，再聚會宴飲。

在唐人的詩作中，也常見對於社日之時，鄉黨嘉賓之歡的吟詠，如杜甫〈遭田父泥飲美嚴中丞〉：「步屟隨春風，村村自花柳，田翁逼社日，邀我嘗春酒，……今年大作社，拾遺能住否，叫父開大瓶，盆中為我取。」竇庠〈醉中贈符載〉：「白社會中嘗共醉，青雲路上未相逢。」李建勳〈田家三首〉：「不識城中路，熙熙樂有年，木槃擎社酒，瓦鼓送神錢。」李商隱〈歸墅〉：「渠濁村春急，旗高社酒香，故山歸夢喜，先入讀書堂。」韓愈〈遊城南十六首‧賽神〉：「白布長衫紫領巾，差科未動是閒人，麥苗含穗桑生葚，共向田頭樂社神。」〔註51〕均描寫了農村社日景象，尤其是娛神亦娛人、聚飲歡會之樂，更是詩繪的主角。

在上述詩作所述中，「酒」似乎是社日活動不可或缺的要角。如王駕〈社日〉詩述：「桑拓影斜春社散，家家扶得醉人歸。」李濤〈春社從李昉乞酒〉詩云：「社公今日沒心情，為乞治聾酒一瓶。」貫休〈江邊詞〉有言：「江邊古祠空閉門，精靈應醉社日酒。」〔註52〕鄉黨聚會歡宴之時，酒是交際、娛樂的必備品自是不難想像，古今皆然。尤其是春社的酒在當時更被認為可以帶來幸福、詳和，如敦煌出土的曆書文書 P.2666 即有載：「二月社日取酒二升著屋梁上，家宜田蠶，財錢橫至，大吉。」「二月社日取酒和飯，堂上坐食之，闔家無口舌，孝順，宜六畜。」

在記載中，唐代社日的各項活動已由前代的典故來形成，有祀句龍、擇元日、白社、青春、受脤、升檀、立社、置社、夏松殷柏、秋報春祈、陳平分肉、阮修伐樹、設齋祭社、擇日命名、瞻榆望杏、罷社、結宗等十七項〔註53〕。而由於社日活動已是人民日常生活中廣為熟悉的歲時節日，在李商

〔註50〕唐‧裴孝源，《貞觀公私畫史》（台北：台灣商務印書館，1983年）。
〔註51〕以上五首詩作分別收入：《全唐詩》卷二一九、卷六七四、卷七三九、卷五三九、卷三四三。
〔註52〕以上三首詩作分別收入：《全唐詩》卷六九○、七三七、八二六。
〔註53〕韓鄂，《歲華紀麗》卷一〈社日〉。

隱所纂的歇後語中，即藉由民間祭社活動的事務來加以影射，如「貧家作會
──遲滯」、「大暑赴會──不得已」、「好聽館不作會──虛度」、「社長乘涼
轎──不相稱」〔註54〕，這些「會」意所何指無徵，可能還是社日時的聚會
活動〔註55〕。而「社長」一辭可能是聚落中里、村社，或其他私社的社長，
是廣泛存在並爲大眾所知的名稱，此於下文論及唐代私社的首領時，再予討
論。

　　社日的祭社與歡聚宴飲所需備辦之物，按理當由村里民眾分攤。漢代以
後「里、社分離」，不再以聚落全體居民爲組織單位，里、村、坊社乃聚落民
眾自由參與的祭祀組織。但雖說是自願性質，但社神的祭祀已成爲民間最重
要的宗教信仰之一，且社日的活動亦爲村里間固定的盛事，按習俗一般百姓
仍會勉力參與，透過「社」的組織，結合人力物力，操辦宴飲聚會活動，享
受娛神娛人、交際、歡宴的成果。所以自漢代史，如《漢書・食貨志》載戰
國時李悝計算一般農民日常開銷所列「社閭嘗新春秋之祠，用錢三百」，應可
知秦漢以來社日活動的花費，似已是民眾生活中必須定時支出的固定項目。
在本書第三章中也曾言及《宋書》卷一〈武帝本紀〉所載，劉裕曾虧欠刁逵
「社錢三萬」。而在唐代，如《全唐詩》卷二七七，盧綸〈村南逢病叟〉詩云：
「雙膝過頤頂在肩，四鄰知姓不知年，臥驅鳥雀惜禾黍，猶恐諸孫無社錢。」
也可知對一般民眾而言，參加春、秋二社的花費也是一項生計的負擔。

　　唐代甫建國就強調祭社，〈高祖立社詔〉云：「京邑庶士，臺省群官，里
閭相從，共遵社法，以時供祀，各申祈報。兼存宴醑之義，用洽鄉黨之歡。
具立節文，明爲典制。」〔註56〕也明確規範了包括民間的里、村聚落的春、
秋二社之「社法」。《舊唐書》卷八十五〈張文琮傳〉載張文琮爲建州刺史時，
「州境素尚淫祀，不修社稷，文琮下教書曰：『春秋二社，蓋本爲農，惟獨此

〔註54〕《說郛》第七十六，李商隱《義山雜纂》。
〔註55〕上文已述，唐代已有許多結會之例。但社日時民間祭祀社神所舉行各種慶典
　　　　活動的結會，在宋代以後的文獻有較多的例證，通常可以稱爲「社會」。如宋・
　　　　周密，《武林舊事》卷四，記八月社日，民間舉行「糕會」，以祭秋社。《說郛》
　　　　第六十九，宋・周密，《乾淳歲時記》，〈社會〉載二月八日桐川張王生辰霍山
　　　　行宮朝拜極盛，有緋綠社（表演雜劇）、清音社（表演清樂）、錦標社（表演
　　　　射弩）、英略社（表演使棒）等十五個社團擔任演出；此外還有三月三日殿司
　　　　眞武會、三月二十八日東嶽生辰，而「社會之盛，大率類此」。
〔註56〕《全唐文》卷三〈高祖立社詔〉，其頒行時間《唐會要》卷二十二〈社祭〉記
　　　　爲武德九年（626），而《唐大詔令集》卷二將則記爲武德元年（618）。

州，廢而不立。禮典既闕，風俗何觀？近年已來，田多不熟，抑不祭先農所致乎！神在於敬，何以邀福？』於是示其節限條制，百姓欣而行之。」把農事的不順遂歸咎於「不修社稷」，官府期望民間能按國家規制立春、秋二社，以減少淫祀，有便於教化、統治。但除了有悠久傳統的聚落中里、村、坊社的組織之外，一般由民眾按各種目的而結合的民間私社，也可能擁有春、秋二社的功能，如玄宗天寶元年〈飭敬祀社祭詔〉云：「其百姓私社，亦宜與官社同日致祭，所由檢校。」〔註57〕多少暗示了這種現象的存在。

　　只是唐代國家對於春、秋二社雖有規制，民間之祭社，法理上都須依此為準，但實際上，由於祭社在民間進行時，難免混雜著地方性的民間信仰，上文已有談到在社神人格化、偶像化之後，即有明顯的地域特色；而各地祭社的方式，也往往存在著差異，亦非均能遵照定制進行。如《全唐詩》卷一二六，王維〈涼州郊外游望〉詩云：「野老才三戶，邊村少四鄰。婆娑依里社，蕭鼓賽田神。灑酒澆芻狗，焚香拜木人。女巫紛屢舞，羅襪自生塵。」描述了涼州城外某個里社於社日時的活動，田神、木人當屬社神、社樹之類〔註58〕；祭祀時有女巫起舞，似乎就不合於《通典》卷一八一〈諸里祭社稷〉之制。關於唐代官方對民間春、秋二社所抱持的態度，下文將另闢章節討論。

　　綜上所述，春、秋二社已是民間重要的歲時節日之一，在歷史發展上，唐代的春、秋二社在官方社神的選配、民間私社的參與、社日活動的形式等方面已漸趨定型，其形制繼續綿延以迄近代。除了村、里等聚落的社以外，各類私社也可能具有春、秋二社的功能。祭祀社神後的聚飲活動，則是起於先秦的「醵」，歷唐代以後愈發興盛，直至清代仍以醵錢祭祀土神，千餘年祭

〔註57〕《唐會要》卷二十二〈社祭〉。

〔註58〕瞿宣穎引清・俞正燮《癸巳類稿六》所言：「先秦指樹為神祀之以為社也，凡社即是樹」，而有以石為社主之例只是一種變通之法，如《禮記・郊特牲》言「太社必受霜露風雨以達天地之氣」，故藏社主於壇中石匱。後世埋石不為匱，號之為主，而謂木主為神牌。故「民間自以樹為田主，王侯自以樹為社神主，名異實同也」。參見：瞿宣穎，《中國社會史料叢鈔甲集》（台北：臺灣商務印書館，1972年），頁470～472。所以王維詩中之田神，或為某某人所謂之田主，亦即社神，而木人當是沿自古以樹為社主之制。蓋唐代社神人格化、偶像化之情形已頗為多見，民間祭社的社壇將木雕琢為人形以為社主之變化亦是合於情理。所以田神、木人都應可視為社神。再者，王維詩勾所曰芻狗者，可見於《三國志・魏書・周宣傳》：「芻狗者，祭神之物也。」

社後宴飲的基本型制略同〔註 59〕。社日的宴飲活動，一直在鄉村社會中發揮著民間信仰以及社會交際、娛樂的功能。除了祭祀社神與筵飲的置辦以外，上文所引韓愈詩中有「共向田頭樂社神」、杜甫詩有「幾日賽城隍」、王維詩有「婆娑依里社，蕭鼓賽田神」以及《全唐文》卷一二八〈涼州賽神〉有「共賽城東越騎神」，已出現許多關於「賽神」的描述，資料上雖未能多見私社參與社日賽神的記載，但類似於今日由許多民間社團共同參與的賽神廟會，在宋代民間的社日活動中就已相當的普遍、熱烈〔註 60〕，而此或許發跡在唐代亦不無可能。

（二）敦煌私社春、秋座局席的運作

在晚唐五代宋初的敦煌，當地私社亦多有從事傳統春、秋二社活動者，其功能主要表現在「春、秋座局席」的置辦上，也就是組織籌辦社人間的社日宴飲活動〔註 61〕。在傳統文獻的記載中，都是以「合醵」，也就是由聚落居民或私社成員共同出資，於祭社後置辦聚飲之會；而藉由寫本文書之便，提供了具體的運作方式。敦煌私社本於傳統春、秋二社的禮法基礎，展現出較「合醵」更為細膩的操作，且更為廣泛地運用在日常生活中。

〔註 59〕 如明代《錢塘縣志》〈紀事・風俗〉云二月的社日舉行社祭，『民間輪年釀金祀土穀神。祀畢，為社會飲』，又，七月，「各里釀金作會祀神，與春社同。」又如明代《漳州府志》卷一〈風俗〉載每當二月十五日，各鄉釀急錢物，準備牲禮，祭祀土神。祭畢，『眾以其酒胙班荊坐序，飲食而歸』。每年祭土神，由一社首主持其事，稱為「福頭」。而清代如嘉慶《蕪湖縣志》卷一〈風俗〉載鄉村農人田功一完，「皆釀金賽神，叢祠社鼓，村落闐然」；或明・華允誠等重編，《華氏傳芳集》卷九〈處士華公二容傳〉：「俗於春秋二社，必集錢演劇，貧者稱貸從事，或至破產。」

〔註 60〕 關於「三社爭賽」見宋・周密，《武林舊事》卷十〈官本雜劇〉數段；上文引宋・周密，〈乾淳歲時記〉則是記商業性的行各出節目以爭賽。

〔註 61〕 那波利貞研究認為敦煌私社所進行的「春、秋座局席」，座是指寺院講經的高座，所以春座是指春天的俗講，秋座是指秋天的俗講，而社邑的春秋座局席社司轉帖也就是通知社人去參加、支援寺院春季和秋季的俗講。參見：氏著，〈佛教信仰に基きて組織せら中晚唐五代時代の社邑に就きて〉，《史林》二十四卷三、四期（東京：1939 年），頁 1～72、81～122；郝春文的研究則由舉辦的地點與時間進行分析，而指出敦煌私社所進行的春、秋座局席，是中國傳統慶祝春、秋二社所進行的宴樂活動；春座、秋座之意是座席的座，並非講經的高座。參見：郝春文，〈敦煌遺書中的「春秋座局席」考〉，《北京師範學院學報》，1989 年第四期，頁 31～36。那波利貞所稱並無實證上的依據，且據本書對敦煌社邑文書之疏理，也無法認同那波利貞之見，郝氏之稱應為實情。關於敦煌私社「春、秋座局席」的功能，下文續有論述。

　　附表一中，目前所收集的社條文書有第一、十三、十四、十六、十七、二十共六件載有春、秋二社活動的規約，而這五個私社除了第二十件因爲文書殘缺外，其餘的都具有喪葬互助的功能，另第十四、十六、十七還有佛教節日設齋的宗教功能。只是未見單以春、秋二社爲功能的私社，可見這些私社的性質，並不屬於專以祭社爲主要功能的傳統里、村社，而是擁有多重功能的私人團體。這些團體（私社）有不少具備了春、秋二季祭社及宴飲的功能。當時敦煌私社實際運作的轉帖文書共有一百九十八件（此數不含性質較特殊的渠人轉帖和行人轉帖），其中「春、秋座局席」轉帖有六十三件〔註62〕，還較當時普遍流行的喪葬互助所使用的身亡轉帖四十三件爲多，且一般咸認應以佛教功能爲大宗的敦煌私社，「建福、設供、設齋」等奉佛活動的轉帖卻也只有二十四件。在這些轉帖文書中，若扣除四十九件事由不明轉帖，春、秋座局席轉帖約佔 40%；另外在渠人文書中亦有一件爲「春座局席」轉帖（P.5032）〔註63〕，表示在半官半民的渠社中當也有春、秋二社的功能。當然轉帖文書的數量並不宜視爲絕對的狀況，但在上述情形中，多少可以推論在晚唐、五代時期敦煌私社，進行春、秋二社的活動應是相當盛行。

　　敦煌社邑文書中可見私社中社人操辦社日活動的具體辦法。有的私社在社條中就已載有對局席的操辦作出一些大致的規定，如〈附表一〉第十四件：「春秋二社舊窺（規），……應有條流。」第十六件：「春秋二社，舊規逐根，原赤（亦）須飲宴，所要食味多少，計飯料各自稅之。五音八樂進行，切須不失禮度。一取錄事觀察，不得昏亂是非，稍有倚醉兇粗，來晨直須重罰。」

〔註62〕 P.3764、P.3286、P.1453V、P.2667V、S.329V、P.5546V、P.3319V、S.329V、P.3391V、S.5139V、S.6236V、P.3623V、S.728V、S.395、S.1386V、P.4019V、P.3441、P.3757V、P.2738V、P.2738V、北圖殷字 41 號背、S.6214、P.3691、P.4063、S.4037V、P.3691V、P.3875、S.274、P.3145、S.327、P.3764V、P.3764V、S.6066V、S.5813、P.2880、S.327V、DX.1359 加 S.1163V、S.6008、S.6104、P.2975V、P.4017、S.1163V、P.2498、S.6461V、P.3666V、S.1163V、P.4017、P.3094V（S.1048V）、P.2439V、S.173V、P.4017、P.3621V、S.865V、北京圖書館藏 8427 號、S.5879V、S.5879，另北大圖書館藏三件，以上六十件收入：《輯校》，頁 132～241。津藝 061D、北圖能 34V，收入：郝春文，〈《敦煌社邑文書輯校》補遺（一）（二）〉，《首都師範大學學報》，1999 年第四期、2000 年第二期，頁 28、6。S.3877V 收入：Yamamoto Tatsuro, Ikeda On, Okano Makoto, Dohi Yoshikazu, Ishida Yusaku eds, *Tun-huang and Turfan Documents concerning Social and Economic History, IV She Associations and Related Documents (A) Introduction & Texts*, (Tokyo: The Toyo Bunko, 1989), p.34。

〔註63〕 寧可、郝春文輯校，《敦煌社邑文書輯校》，頁 386。

春、秋二社的活動必須依照禮俗，「五音八樂」不得失禮，按照傳統祭社後是必須舉行宴飲，所需的食料經計算後就由社人分攤。較有趣的是，本件屬於非實用文書的文樣，規定社人於宴飲之後，不准藉酒滋事，可能反映當時不但確有其事，且還可能經常發生，所以連文樣都加以明文規範，以供結社立條時參考或抄錄。第一件：「社內每年三齋二社。每齋人各助麥一斗；每社，各麥一斗、粟一斗。其社官錄（事），行下文帖，其物違時，罰酒一角。……其社：二月、八月。其齋社違月，罰麥一碩，決杖三十。」可知是在二月及八月進行春、秋二社及宴飲活動，屆時社人需在時限內繳交麥、粟各一斗，否則會遭罰酒一角的處分。

對於春、秋二社宴席的操辦，敦煌私社是採取由社人輪流作主人的方式進行。如附表一第十三件：「春秋二社，每件局席，人各油、麵、麥、粟，主人逐次流行。」而第十七件：「……兼及春秋二局，各納油麵，仰緣（錄）事於時出帖納物。若主人不於時限日出者，一切罰麥三斗，更無容免者。」以及第一件中所指「其齋社違月，罰麥一碩，決杖三十」，都是規定主人若未按時操辦宴席則必須接受處罰，而沒輪到主人的其他社人，則必須繳納所規定的如油、麵、麥、粟等食品。如下文表五則可見轉帖文書中有十三件是要求社人將納物交之置辦局席的主人家。再如〈公元 947 年前後三月十三日社司筵席轉帖〉：「右緣李住兒筵席，人各麥壹斗，粟壹斗，於主人家送納。」可見這次筵席的主人由李住兒擔任。S.5813〈二月坐社轉帖〉：「二月坐社氾子昇。右件人坐社，人各助麥一斗五升，粟二斗。」二月坐社的主人是氾子昇。〔註64〕

有的時候私社也會將社人分成數個「團」，每個團再選出一位「團頭」負責，而由這些團輪流操辦春、秋二社的宴席。如附表一中第十二件社條有關於「團座之日」的規定；再如 P.5032〈甲申年（984）四月十二日渠人轉帖〉：「甲申年四月十四日渠家造局席，頭團張定奴、張再德二人，氾富達、氾員子二人，張擸□、醜奴二人，再成、勿成二人，願昌、願德二人，定德、醜憨二人。」把社人分為數個「團」；而 P.3319〈春秋座局席轉帖抄（九世紀後半葉）〉帖文中每隔幾個字就會插入一至二個人名，這些人名可能就是分團負

〔註64〕「坐社」指社日全社合聚宴飲。如清・顧鄭鄉，《宋詩鈔》，陳造〈江湖長翁詩鈔・房陵〉詩云：「丁寧向去坐年日」，自注：「年日飲食曰坐年。」可知社日飲食曰坐社。「坐社」之解釋可參見：譚蟬雪，《敦煌歲時文化導論》，頁107。

責置辦有關局席的勞務。〔註65〕

　　本書第三章曾論及兩晉南北朝時，傳統的祭社已有受佛教教義之影響，以「止殺存生」的教義理念，將祭社時的「血祠之祈」改以佛教的齋會行之，那麼在佛教城市敦煌，春、秋二社是否也受佛教所影響呢？這是值得考察的問題。

表 4-2：敦煌私社春、秋座局席社人納物地點表

序號	文書編號	納物繳交處	活動時間	序號	文書編號	納物繳交處	活動時間
1	P.3145	主人家	閏五月	11	P.2667V	主人家	十二月
2	S.4037V	主人家	正　月	12	P.4063	孔子門家	四　月
3	P.3391V	靈圖寺	正　月	13	P.3691	主人家	九　月
4	P.3286V	主人家	二　月	14	S.1453V	節如蘭若	十　月
5	S.6214	主人家	四　月	15	S.329V2	靈圖寺	十　月
6	P.3764V	佛　堂	十一月	16	P.4019	氾文通家	十二月
7	P.3764	報恩寺	九　月	17	P.3441	主人家	三　月
8	S.274	主人家	四　月	18	P.2738 V	官樓蘭若	二　月
9	S.5813	主人家	二　月	19	S.5139 V	主人家	四　月
10	ДХ.3114 加 ДХ.1359B	主人家	正　月	20	北大圖書館藏	主人家	正　月

　　上表僅列出社人送納時間與地點均可辨識的文書，至於在未能顯示宴席時間的轉帖中，另有 S.1163V、S.6104、P.2975、P.4017、S.1163V1、P.2498、S.6416V、S.1163V2、P.4017、北大圖書館藏、P.3094、S.6236V、S.1386V、北圖殷字 41 號、S.327 共十五件，要求社人將須納之物送至主人家或席主家；有 P.3623V、P.3757V 共兩件送至某位社人家，想必該位社人應也是承辦坐席的主人；而只有 S.6008、P.5546、P.2738V、P.2880 分別是繳交至龍興寺、永安寺、淨土寺、永安寺等寺院納齊。而在表 4-2 中，社人將置辦局席所須繳納之物送至主人或某位社人家者，共有十四件，而至寺院或佛堂繳交者僅六件。因此，社日的宴席活動與寺院的關係似不密切。這樣的情形與下文將談到的，私社在進行喪葬互助時，繳納的助喪物，多在寺院收齊的情形有所不

〔註65〕寧可、郝春文輯校，《敦煌社邑文書輯校》，頁 144～145。

同；概因喪事的操辦中，有許多的法事、齋會還需僧侶的協助，在寺院較爲方便。因此大致上可以認爲，即使敦煌的私社多與寺院有密切的關聯，但春、秋二社的活動，可能仍是多按固有的傳統禮俗來進行。在敦煌寫本文書中有一件 S.1725V〈祭社文〉，其文與《通典》卷一二一〈諸州祭社祭〉中所載的祝文雷同；雖其文書性質，可能以官方文書可能性較大，但仍應可證明中土的祭社禮法亦在敦煌施行。而上文已述官府對於民間的春、秋二社，所念茲在茲的就是使其能合乎祀典，與官府的祭社同調，所以敦煌私社所進行的祭社相關活動，照理還是得遵循官定的傳統禮法。

　　但在表 4-2 中仍不難發現有少部分私社，社人的納物是在寺院繳齊，顯示有可能是在寺院置辦局席。在寺院的宴席還是以齋會的形式可能性最大，這有可能就類似於本書第三章所舉如〈北齊天保三年（525）四月八日邑社曹思等石像之碑〉〔註66〕，以及隋代僧人釋普安，因「年常二社，血祀者多」，而勸民眾改修「法義」，「不殺生邑，爲數不少」之例〔註67〕，由佛法浸漬將「血祠之祈」改以齋會的形式。就敦煌實際的情形而言，在寺院舉行春、秋座局席，一方面應是由於有一些私社有僧人參加，或甚至是以僧人爲主體，如表五中的第三件即是；另一方面則可能是上文曾提及的，敦煌私社與寺院的關係密切所致，每所寺院都指導、控制著一定數量的私社〔註68〕。但是敦煌的僧人也具有極強的世俗性，他們大多不住寺、不「出家」，以經營世俗的經濟爲生，雖名爲僧尼，但與一般百姓並沒有多大差別〔註69〕，所以即使春、秋二社非屬佛教節日，但仍爲這些僧尼所熱衷，應也是不難理解的。而寺院除了春、秋座局席之外，亦有在冬至這個傳統的民俗節日，與俗人一同慶賀三天〔註70〕，可見寺院所舉行之齋會也非全是因佛教節日之因素。總之，就目

〔註66〕　《北京圖書館藏中國歷代石刻拓本匯編》第七冊，頁 16～18。
〔註67〕　《大正新修大藏經》第五十冊，《續高僧傳》卷二十七〈釋普安傳〉，頁 682 上。
〔註68〕　郝春文，〈隋唐五代宋初傳統私社與寺院的關係〉，《中國史研究》，1991 年第二期，頁 10。
〔註69〕　郝春文，〈唐後期五代宋初沙州僧尼的特點〉，收入：中國敦煌吐魯番學會編，《敦煌吐魯番學研究論文集》（上海：漢語大詞典出版社，1990 年），頁 817～857。
〔註70〕　如唐僧圓仁所著《入唐求法巡禮行記》卷一云：「二十七日冬至之節，道俗各置賀禮」，「俗家各儲希善，百味惣集，隨前人所樂，皆有賀節之辭。道俗同以三日爲期，賀冬至節。」在敦煌，P.2049V〈后唐同光三年正月沙州淨土寺直歲保護手下諸色入破曆計會〉第二百五十九至二百六十行：「麥三碩八斗西

前資料顯現的情形而言，敦煌私社春、秋二社宴飲之風與佛教寺院的關係應該不大，仍是以傳統的春、秋二季的祭社與宴飲禮俗爲主。

　　不過在表 4-2 中還可發現一個問題。即是唐代春、秋二社的社日是在二月與八月最近春分、秋分的戊日，而表 4-2 中所列之局席置辦月份卻頗爲不一，不但少見在二月者，甚而完全沒有在八月者。在這些轉帖文書中，從正月到五月的局席都稱爲春座局席，六月到十二月的局席都稱爲秋座局席。而敦煌私社於春、秋二社的社日時置辦局席的事實又不容置疑，就如上文所述在社條中已多有明列相關的條規。附表一第一件社條云：「……其社：二月、八月。其齋社違月，罰麥一碩，決杖三十。」即表示承辦春、秋二社局席的主人若在當月未辦，即會受到頗重的懲處；但另一方面，載明「違月」，而不是違日，似乎表示在置辦的日子上有很大的彈性，但第十七件社條：「……春秋二局。……若主人不於時限日出者，一切罰麥三斗。」則又顯示有固定的置辦日期。而有些私社則是每個月都會舉辦一次局席，如附表一第二十件社條：

> 去丁丑年九月七日石作衛芬倍社，周而復始，時敬教難，再三條章。
> 三人作社巳，向尊社邑，同□不得卷（善）果，□□□者，罰好布一段，社家仕（使）用。
> □社官　胡疑耶　宋社官三（人）十月倍
> 十一月　曹社官　馮平直　宋副使　十二月王榮祿□三老　郭都使
> 來年正月安平直　劉孝□□老　二月趙滿奴　朱晟子　□小君　三月□（以下從略）

這個社則是每三人一批置辦局席，類似於上述「團」的性質，每月輪換一次，社條中已把每個月由誰來置辦分配妥當，周而復始。〔註71〕

　　私社操辦宴席在月份上複雜不一的現象，大致上可以認爲可能有一些社只舉行春、秋二社的局席活動，而一些社是每月造一次局席，也有的是每兩月造一次局席。因爲春、秋二社的局席活動在先秦了漢即稱爲「合醵」，長久以來一直是民間最重要的歲時習俗之一，在鄉村社會中提供著聯誼與娛樂的功能。敦煌私社在固定時間所置辦之宴席，也就習慣稱爲春座或秋座局席，

庫內付酒本冬至歲僧門造設兼納官冬座局席並西庫覆庫等用。」可知寺院在冬至之時亦造冬座局席。唯在社邑文書中尚未見有從事冬座局席活動者。

〔註71〕郝春文，〈敦煌遺書中的「春秋座局席」考〉，《北京師範學院學報》，1989 年第四期，頁 34；P.5032 收入：寧可、郝春文輯校，《敦煌社邑文書輯校》，頁386〜387。

而有文書甚至乾脆稱之爲「春秋局席」或「座社局席」〔註72〕。這些局席當也具備聯誼與娛樂的功能，這不但增進社中成員彼此關係的聯繫，也成爲私社的重要功能之一。

　　另一個值得注意的現象，是在上文中已述「酒」是社日宴飲活動不可或缺之物，但包括私社的社條或轉帖中，規定社人繳納助辦筵席之物都不脫油、麵、麥、粟這四項食品，但卻不見社人納酒之例；反倒是在社邑文書中所見的各項罰則，卻絕大部分都是輕者「罰酒一角」，重者「罰酒半瓮」。在準備筵席之時，對於社人而言，很有可能「酒」在平常生活中相較於麥、粟等穀物，更不易取得，且社人所需繳納的穀物額數都不多，要社人自行以這些小額的穀物換酒亦不適切，或許還得大費周章一番，所以統一繳納穀物之後，酒品則視社司是否能提供，或由主人去張羅了。至於一般情形對於違規的社人罰酒，既是處罰，可能一方面就較不需要考慮到其方便與否，另一方面則可以讓私社貯存備用；所以直接以最具實用性的酒來作爲罰物。而社司所收入的酒，在社司便物曆中並沒有將酒借貸給社人的例子〔註73〕，只有在喪葬互助及接風喜塵的慰勞有弔酒或贈酒之例〔註74〕，所以社人所罰之酒，應有不少是直接使用在筵席的置辦上。

　　唐五代時候敦煌地區的經濟，主要是以麥、粟、絹等實物作爲交易的工具，而非錢幣，有不少社邑文書記載了社邑聚集社人的穀物後，購買所需的物品。如 S.327V〈乙丑年十月七日巷社結案局席文書〉云：

　　　　已丑年十約七日巷社一周 ▢▢▢▢▢▢
　　　　結案局席羊價麥 ▢▢▢▢▢▢
　　　　張虞候就倉門來唱帳（償）麥 ▢▢▢▢▢▢

「羊價麥」之意，可能是私社爲買羊而命社人聚麥。所有社人或團都輪値設

〔註72〕 郝春文，〈敦煌遺書中的「春秋座局席」考〉，《北京師範學院學報》，1989 年第四期，頁 35。

〔註73〕 「社司便物曆」是社司將社物借貸給社人的記錄文書，其研究與說明可參閱本章第三節。

〔註74〕 弔酒如 P.5032〈戊午年（958）六月六日渠社轉帖〉：「右緣孫灰子身故，准例合有弔酒一瓮。」S.1475V〈甲申年（吐蕃時期）五月社人王奴子等狀〉記社人因「武光暉遠行及病損致酒」之事，而聚集討論決定建議「遠行千里外，去日，緣公事送酒一瓮；迴日，餞腳置酒兩瓮。」而在 S.1475V〈申年五月（吐蕃時期）趙庭琳牒〉可見獲得了社司的批准。所以除了助喪的弔酒外，社人遠行送酒一瓮以爲餞行，並於回歸時私社出酒二瓮以接風洗塵。

筵後，就會舉行一次「結案局席」，然後再重新輪起。同樣在 P.5032〈甲申年（984）十月三日渠人轉帖〉：「右緣遂隋‧羊價，人各麥二斗一升，幸請諸公等。帖至，限今月十四日主人張丑憨家納遂。」這個渠社聚集眾人各出麥集資以買羊，可能是要宰殺以辦酒筵。而 S.5830「酒兩甕，粟兩石八斗，餘一升四斗；油二升，麥四斗；胡餅四十，麥四斗；餘七斗七升買肉。」〔註 75〕表示一甕酒為六斗，即約二斗三升粟換一斗酒。所以宴席主人集眾人所出之粟、麥以買酒，應是合於情理的。

局席的置辦，在敦煌私社中恐怕有相當程度的重要性。除了春、秋座局席，或者每月置辦的宴席之外，文書中所見的罰責也有一些是以置辦筵席作為處分的〔註 76〕，在下文將談到的喪葬互助中「立三駄名目」的辦法，即須社人置筵，而有的私社在社人退社時也得置筵〔註 77〕。具有聯誼、娛樂功能的筵席，對於維繫社人情感應能發揮很大的功用。劉永華的研究指出，唐代中後期敦煌的社邑，在一定程度上可以彌補家庭因殘缺而喪失的功能〔註 78〕；P.2498〈投社人馬醜兒狀〉，即是馬醜兒喪失配偶後，看到某一私社齋會聚飲之樂，便欲意加入所呈上的狀牒。所以筵席的置辦正是提供聯誼的主要方式之一，在社人感情上的經營可以發揮莫大的功用。

不同於傳統文獻中所載的，春、秋二社多屬村、里等地域性質的組織；在敦煌，各類型私社也多有進行春、秋二社之活動，其中最主要的功能是表現在「春、秋座局席」的操辦上，也就是祭社後的宴飲活動，但較傳統文獻所載「合醵」之法，有更為細膩、具體的表現。通常由社人輪流擔任操辦的主人，有些私社還將社人再組成數「團」，以團為單位依序負責置辦。社人必須配合規定，繳納每人份額相同的麥、粟等物，因此在意義上同於傳統文獻所載的「合醵」之法，但實際的操作表現得更為細膩、具體。由於敦煌私社擁有社人所賦予的公權力，局席的置辦，名義上仍是由社司統籌，已非單純

〔註 75〕本段所徵引 S.327V、P.5032、S.5830 等三件文書，分別收入：寧可、郝春文輯校，《敦煌社邑文書輯校》，頁 196、390、722。

〔註 76〕如 P.4063〈丙寅年（966）四月十六日官健社春座局席轉帖〉：「右緣常年春座局席，……捉兩人後到，罰酒半甕，全不來，罰醴釀壹筵。」收入：寧可、郝春文，《敦煌社邑文書輯校》，頁 182～183。

〔註 77〕如附表一第七件社條云：「若要出社者，各人快（決）杖參棒，後罰醴釀局席一筵，的無免者。」

〔註 78〕劉永華，〈唐中後期敦煌的家庭變遷和社邑〉，《敦煌研究》，1991 年第三期，頁 81～87。

的資金糾集。復此，敦煌私社的「春、秋座局席」，也已不僅止於社日之時，有的私社更可能一個月舉辦一次，聚飲活動更廣泛地落實在日常生活中，發揮更大的社會交際功能。

二、生活互助功能

（一）喪葬互助

喪葬互助是唐代私社中最重要的互助功能之一，與當時厚葬之風息息相關。

雖然隋唐時代的喪葬禮法規定森嚴，依死者身份不同而有嚴格的等級規定〔註79〕，但此時卻又是國史上相對厚葬的時代〔註80〕。厚葬之習由皇室公卿引領流行，如《唐語林》卷八〈補遺〉載玄宗時送葬排場華麗的景象，安史之亂後又猶有過之。以及大曆年間太原節度史辛雲京之送葬，有范陽節度史所獻的祭盤，其上有尉遲恭和突厥將領戰鬥的模型，有一組鴻門宴的人物動作，且還能活動，可能已是屬於機械的裝置，因為新奇，連送葬的家屬都忘了哭泣，拉開幃帳看熱鬧，刻劃了當時高官大富極度奢華的送葬行列。還有如昭義節度使薛嵩死，歸葬絳州，在二十多公里延線上每半里設一祭奠，大的祭盤費月在千貫以上，小的也不下幾百貫。而靈車一過，又全成廢物，有的乾脆燒掉。〔註81〕

朝廷在高宗永隆二年〔註82〕、玄宗開元二年〔註83〕，以及代宗大曆七年

〔註79〕 《隋書‧禮儀志》載隋開皇五年（585），文帝下令頒布新的喪制，「班天下，咸使遵用」，「其喪紀，上自王公，下逮庶人，著令皆為定制，無相差越」。唐代不同身分的死者死亡的稱呼不同，沐浴、飯含之物、銘旌、大小斂時的禮儀、墓碑的題字、大小和形狀、明器的使用、鹵簿杖儀、墳墓的高低、墓前的碑刻等都有定制。可參見：徐吉軍，《中國喪葬史》（南昌：江西高校出版社，1998年），頁348～351。總之，唐代的喪葬制度，就如《唐會要》卷三十八〈葬〉記右司郎中唐紹上疏曰：「臣聞王公以下，送終銘器等物，具標格令，品秩高下，各有節文。」

〔註80〕 徐吉軍，《中國喪葬史》，頁354～357。

〔註81〕 唐代王公、貴冑、大臣厚葬之例可謂不勝枚舉，如《新唐書‧吾湊傳》記憲宗女永昌公主死，令京兆尹元義方減其制之半，宰相李吉輔力諫乃罷。呂思勉亦云：「薛舉區區而起墳塋，置陵邑，豈特沐侯而冠哉？……李光進不過一戰將，而葬其母，將相致祭者四十四幄，窮極奢靡。」參見：氏著，《隋唐五代史》第十九章〈隋唐五代人民生活〉（台北：九思出版有限公司，1977年），頁1010～1011。

〔註82〕 《舊唐書‧高宗本紀下》：「詔雍州長史李玄義：『商賈富人，厚葬越禮。卿可

〔註84〕，都曾經針對厚葬頒下禁令，雖然不能說不嚴厲，但按實情觀之，成效極微〔註85〕。且帝王自身所營建的陵寢如太宗的昭陵，高宗的乾陵亦都是窮極奢華〔註86〕。唐代帝王貴冑、達官顯要，其本身已流行有奢侈消費之習〔註87〕，再加上不尊禮法、窮極奢華的治喪排場，對於社會厚葬的風俗，實有推波助瀾之效。《貞觀政要》卷六記唐太宗所言：

> 雖送往之典，詳諸儀制，失禮之禁，著在刑書，而勛戚之家多流盾於習俗，閭閻之內或奢靡而傷風。以厚葬為奉終，以高墳為行孝，遂使衣裘棺槨，極雕刻之華；靈冥器，窮金玉之飾。富者越法以相尚，貧者破產而不逮，徒傷教義，無益泉壤，為害既深，宜為懲革。

而《唐會要》卷三十八〈葬〉亦載太極元年左司郎中唐紹奏：

> 臣聞王公以下送終明器等物，具標甲令，品秩高下，各有節文，……比者，王公百官競為厚葬。偶人象馬，雕飾如生，徒以炫耀路人，不因心致禮。更加扇動，破產傾資，風俗流行，下兼士庶。

由唐太宗和唐紹所言，可知雖然「送往」儀制有品秩高下之分，對於失禮更有律令來懲治，但整個社會在「厚葬為奉終，以高墳為行孝」的觀念下，使

　嚴加捉搦，勿使更然。』」

〔註83〕《舊唐書・玄宗本紀上》：「制曰：『自古帝王皆以厚葬為誡，以其無益亡者，有損生業故也。近代以來，共行奢靡，遞相仿效，浸成風俗，既竭家產，多至凋弊。然則魂魄歸天，明精誠之已遠；卜宅於地，蓋思慕之所存。……今乃別造田園，名為下帳，又冥器等物，皆競驕侈。失禮違令，殊非所宜。……宜令所司據品令高下，明為節制：冥器等物，仍定色數及長短大小；園宅下帳，並宜禁絕；墳墓塋域，務遵簡儉；凡諸送終之具，並不得以金銀為飾。如有違者，先決杖一百。州縣長官不能舉察，並貶授遠官。』」開元二十九年，又禁厚葬。

〔註84〕《舊唐書・代宗本紀》：「詔誡薄葬，不得造假花果及金手脫寶鈿等物。」

〔註85〕姜伯勤亦指出貞元、元和年間，是禮制和儀制的變局，部分原因乃是家禮散佚和私家禮儀逾制，引起朝廷及禮學家對士庶吉凶禮儀的整頓。當時對於喪服、喪禮逾制的情形多有批判，但因厚葬成俗久矣，雖有詔命頒下，事竟不行。參見：姜伯勤，《敦煌藝術宗教與禮樂文明》（北京：社會科學出版社，1996年），頁445～446、433～434。

〔註86〕關於昭陵、乾陵的規模可參見《唐會要》卷二十〈陵議〉所載；另《新五代史》卷四十〈溫韜傳〉中也有對昭陵內部的描述。

〔註87〕對於唐代奢侈消費習慣，多有非議者，不過多是針對官吏、富商而言，可參見：陳衍德，〈試論唐後期奢侈性消費的特點〉、〈唐後期奢侈性消費的社會影響〉，《中國社會經濟史研究》，1990年第一期、1991年第二期，頁18～20、15～20。

這些高官顯貴也不免「流盾於習俗」，或如姚崇所說「假有通才達試，亦爲時俗所拘」，而那些僭越禮制極其奢華的送葬行列，其意也只是在「炫耀路人」，但也更煽動士人庶民競相效尤，終致「富者越法以相尙，貧者破產而不逮」。厚葬的時尙竟能有如此媚力，令人咋舌。」〔註88〕

《太平廣記》卷四八四〈李娃傳〉中，精采敘述了長安城中類似今日葬儀社的「兇肆」，較勁喪器與哀歌的場景，該文敘：

> 二肆之庸兇器等，互爭勝負。其東肆車轝皆奇麗，殆不敵，唯哀挽劣焉。……其二肆長相謂曰：『我欲各閱所傭之於天門街，以較優劣。不勝者罰直五萬，以備酒饌之用……。』士女大和會，聚至數萬……四方之士，盡赴驅焉，巷無居人。……有烏巾少年，申喉發調……曲度未終，聞者欷歔掩泣。

殯葬業者的治喪用具、「哀歌」演唱都能較勁，且還萬人爭睹，「巷無居人」，如此盛況當然定建基於「消費者」的支持；包括上述送葬隊伍中類似今日花車的祭盤吸引民眾圍觀，而營葬者也競以此爲炫耀。兇肆「庸兇器」，應是指租借的葬器、靈車等，當也是競相華麗生意才能受到親睞，其展示時萬人空巷的情境，顯示出務求風光的心態，這當是奢靡風氣之下的產物，且又助長此風的繼續盛行。

在社會上下競逐的情形下，民間治喪之奢靡往往造成百姓經濟之貧破，結社以行喪葬之互助，遂普遍成爲民眾應對之法。《唐會要》卷三十八〈葬〉所記長慶三年浙西觀察使李德裕之奏，可觀其大概：

> 緣百姓厚葬，及於道途盛設祭奠、兼置音樂等，閭里編甿，罕知報義，生無孝養可紀，歿以厚葬相矜。喪葬僭差，祭奠奢靡，仍以音樂榮其送終，或結社相資，或殼力自辦，生業以之皆空，習以爲常，不敢自費。人戶貧破，抑此之由。今百姓等喪葬祭，並不許以金銀錦繡爲飾，……結社之類，任充死亡喪服糧食等用，伏以風俗之弊，誠宜改張。

唐人平常或無孝行，多以喪葬之奢靡，以誇耀己之孝行。民眾送葬的排場也盛設祭奠，並有樂團相隨，這與達官貴人的方式已然無異。在此風之下，民

〔註88〕《舊唐書》卷九十六〈姚崇傳〉載姚崇對這種存在於大眾觀念中表達孝道的方式，有沉痛的批判：「凡厚葬之家，例非明哲，或溺於流俗，不察幽明，咸以奢厚爲忠孝，以儉薄爲慳惜，至令亡者致戮屍暴骸之酷，存者陷不忠不孝之誚。可爲痛哉！可爲痛哉！」

間多結社互助以備兇事；若單僅憑一己（家）之經濟能力，對於這種突發性
的開銷必是一項不小的負擔，又得配合厚葬的規格行事，因此多會落個積蓄
耗盡，甚至貧窮破產的下場。《全唐文》卷一五四〈韋挺上太宗論風俗失禮
表〉甚至說明了百姓一遇喪事，就趕緊組織社邑，備辦喪器後才行發葬。該
文道：

> 又閭里細人，每有重喪，不及發問，先造邑社，待營辦具，乃始發
> 哀。至假車乘，雇棺槨，以榮送葬。既葬，鄰伍會集，相與酺醉。

至於民間結社以營辦喪葬，說明結社互助是爲了「以榮送葬」，大概還是爲了
炫耀。葬後還聚集左鄰右舍大行宴飲，這就類似今日出殯後的宴席，慰問參
與送葬者的辛勞。《周禮・地官司徒・鄉師》云先秦時「閭共祭器，族共喪器」、
「鄉共吉凶禮樂之器」；唐代王梵志詩亦云：「遙看世間人，村坊安社邑。一
家有生死，合村相就泣。」〔註89〕可見自先秦以降，喪事都是聚落居民間應
互相扶持的大事。

　　敦煌寫本社邑文書中，記載了許多民間結社助葬的具體辦法，此乃目前
傳統文獻所未見者。在唐五五代宋初的敦煌地區，喪葬互助是當地私社，
最重要的生活互助功能之一，甚至有的私社更是單純以社人間的助葬爲目的
〔註90〕。私社中喪葬互助的具體事宜，大部分都會於組織社邑時，在成員所
簽定的社條文書中有所規定，而有的社條則是賦予社司臨事時，量情裁奪的
權力。〈附表一〉所收集到的二十七件社條中，具喪葬互助功能者有十六件，
而其餘的六件：第五件是社內三官改選所作的憑約；第十件是二人的結會
記，結會動機與其功能不明；第十一件是四人合社憑約，但內容已不存；第
二十件是祖條之外，再規定社人輪流置辦春、秋座局席的條規；第二十二、
二十六、二十七件缺、漏字多已不易判讀。因此嚴格說來，只有第二十一件
〈丙寅年博望坊巷女人社社條稿〉此社的功能僅有上窟燃燈；以及第二十五
件功能是，「社人枉遭橫事，社眾愻而行佐助者，一任眾社臨事裁斷行之」，

〔註89〕唐・王梵志著，項楚校注，《王梵志詩》卷一〈遙看世間人〉（上海：古籍出
　　　　版社，1991年），頁11。

〔註90〕如〈附表一〉中第四、八、十五、十八件社條都是只單單擁有喪葬互助功能
　　　　的私社，但第十五、十八件係屬文樣，且前者似與寺院有密切的關係，可能
　　　　還有齋會的置辦；而後則只是書明組織私社的意義，對於私社的功能謹有「追
　　　　兇逐吉，自有常規。輕重科丞，從來舊典」聊聊數字而已。扣除以上兩件，
　　　　第四、八件社條不但屬於實用文書，且由其所記，大概可知這兩個私社，前
　　　　者是親情社，後者是女人社，很有可能是單以喪葬互助爲功能的私社。

此雖言「橫事」，大概也能包括往生吧！因此，幾乎絕大部分較完整的社條內，都載有喪葬互助的規定，其具體內容列表說明如后：

表 4-3：敦煌私社喪葬互助運作辦法一覽表

編號	助喪對象	互 助 內 容		違 約 罰 則
		助喪物品	送 葬	
1	立二馱請贈	四尺祭盤一、布二丈、借色布二疋半		少一色罰酒半瓮
2		白淨一尺八寸、粟一斗、餅二十餬		麥一漢斗、人各二十餬
	（缺）	（缺）	（缺）	（缺）
	不限付名三馱者，社內十歲以上均可			
		麻一兩		違者罰油一勝
3		不問車轝，便須營辦，色物臨事商量		
4	各家中同居合活，（中缺）姪男女十歲以上	淨粟一斗		
	立三馱請贈			
6	立三馱請贈			
7	成員親人	油一合、白麵一斤、粟一斗，並濟造食飯及酒		
	成員本人	同上	社眾蓋白軏拽	
8	各自榮生死者	納麵一斗		怠慢者，捉二人後到，罰一角；全不來者，罰半瓮，眾團破除
12	社人本人	須心生親恨，號叫大哭；榮葬之日，須要榮勾	攀棺擎上此車，弔酒一瓮隨車澆酹；就此墳墓，一齊號叫	後到者罰酒半瓮；全不來，罰酒一瓮
13	社人及妻二人身亡者	麥粟及色物	亦須痛烈，並供親兄弟一般経舉，不許憎嫌穢污	有不親近擎舉者，罰醴膩一筵
	社人及父母亡沒者	吊酒一瓮，粟一斗		
14	社員諸家	匍匐成以竪，要車齊心成車，要轝亦乃一般		若有前卻後到，罰則致重不輕

編號				
15	社員	贈送營辦葬儀車轝；仰社人助成，不得臨事疏遺，勿合乖嘆，仍須社眾改送至墓所；人各借布一疋、色物一疋		欠少一尺，罰麥□□
	各取至親父娘兄弟一人	人各粟五升，借色物一疋		
16	社人諸家	皆須匍匐向之，要車齊心成車，要亦須遞。色物贈例，勒載分明。…榮兕食飯，眾意商量，不許專擅		
	立三馱請贈			
17	社人家屬	便事親痛之名……人更贈例麥粟等		
	社人	同上	蓋白軏拽便送	
	三馱者	傳親外喜迴一贈		
	二馱者	餬餅三十枚		
18		追兇逐吉，自有常規		
19	社人	麥一斗、出餅五個		
23	社戶家長	每家祭盤一個；已（以）下小口，兩家祭盤一個。著孝準前		如有不律之辭，罰濃（釀）膩一筵
	貧窮無是（室）親男兄弟		須當自嚙食，一齊擎舉，不得蹋高作其形跡	

說明：1. 本表「編號」是按〈附表一〉而製。
　　　2. 第二件〈大中年間（847～860）儒風坊西巷社社條〉該文書是吐蕃時期至歸義軍時期該社成員聚會四次所定條章的組合，所以本表亦按其先後順序分列四個部分。
　　　3. 第四件〈（940前後）親情社社條〉立三馱名目，是屬於祖條之外補充社約中的規定。

　　上表中可見每個社對於可以得到喪葬資助的對象，都有不同的界定，只提供給社人本人的有第十二、十五、十九件；而第七、十七件則包括了社人家屬與社人本人，但兩者間助喪的規格有所不同；若是社人本人死亡，除了納物之外，社眾還得參與送葬，可能要親挽靈柩或靈車的白帶子，表現同為該社成員的追思與不捨。至於第二、四、十三、十四件，則是社人家屬皆可得到喪葬的資助，但由於親屬或家人範圍能太過廣泛，因此第二件還界定了須「社內十歲以上」，第四件則規定必須是「同居合活」，且最遠的親等是到

姪男女爲止，其年齡也是限在十歲以上。第八件其助喪對象則是籠統地提到
「各自榮生送死」而已，可能是臨事再聚眾商議，或統一由社司量情裁奪。
至於第三、十八件並沒有提到助喪的對象，只有對喪葬互助作基本精神的提
示，可能是之後再定訂立規矩，或臨事再作商量。

　　各社操辦喪葬互助的辦法不盡相同，但其運作形式大致無異，當社人家
內遇有兇事時，便立即向社司報告，由社司首領之一的錄事（有的社由社官）
發放轉帖（屬於喪葬互助事宜的稱「身亡轉帖」），通知全體社人操辦事宜，
就如表 4-3 第八件社條記：「或有兇事榮親者，告保（報）錄事，行文放帖，
各自兢兢，一一指實。」以轉帖通知社人的方式，除了喪葬互助之外，置辦
春、秋座局席、佛教節日的齋會和臨事聚眾商量等亦是如此。

　　敦煌私社還發展出「立三馱名目」、「舉名請贈」的辦法，對於社內喪葬
濟助的對象有更清楚的界定，且不但本人適用，並可擴及社人的親屬，如表
4-3 中的第一、二、四、六、十六件。這種辦法是社人一次或分批繳納「三馱」
（糧食之類），並請上馱局席（擺一道筵席），就可以登記上自身或親屬的姓
名，正式取得喪亡時向社司請贈的資格，因此稱爲「舉名請贈」。如第十六件
社條云：「立三馱名目，舉名請贈，若承葬，得者合行，亦須勒上馱局席。」
而第六件則更爲具體：「應若三馱滿者，再上局畢，便任各自取意入名。若三
馱滿，未上局者，不得請贈。」而此社條即是因「緣有後入社者，又未入名，
兼錄三馱名目」，也就是專爲登錄社人請贈的親屬及繳交三馱的情形，而在祖
條之外別立補充社約。文書後列名的社人共有十一人，連家屬近三十人，每
一社人名下的家屬不超過兩人，這是立三馱名目的社人和準備舉名請贈的家
屬名單。本社的規定明顯是必須履行完納「三馱」，及請上馱局席等手續，才
能獲得請贈資格。如社人寶護之名後列出「父請一贈；身請一贈」，表示寶護
繳納三馱並上筵席後，爲他自己和父親「舉名請贈」，如此這兩人在往生後都
可獲得該社的資助來治喪。而有些社人則記「三馱了」，表示已納三馱，但未
請上馱局席。因本文書系補充社條，故可以隨時記錄，而無封存的問題；只
是在此社約中並沒有列出臨喪時社人資助物品的規定。

　　復次，上述第六件補充社約中，社人之後請贈的列名都不超過兩人，第
四件〈親情社社條〉：「得二贈了者，第三贈便有上三馱，好酒一角，親情破
除。」三馱請贈也是以兩人爲限，到第三贈時便須再上三馱與一角的酒，供
親其社眾使用。但有的社上三馱局席後可以請得三贈，如第二件〈大中年間

（847～860）儒風坊西巷社社條〉中有對社中成員助喪的規定，但沒有「立三馱名目」的具體辦法，但在該社條的第四部分列有「社內十歲以上有兇禍大喪者，准條贈，不限付名三大（馱），每家三贈了，須智（置）一延（筵）、酒一瓷，然后依前例，終如復始。」似乎是有限定一些較特別的狀況如「兇禍大喪者」，可以不限定是否爲三馱請贈者，都可以得到喪葬濟助，但須限定十歲以上的家屬；而立三馱請贈者，若請贈的三人都已執行完畢，就必須擺筵席並準備一瓷酒，宴請社人，再重新另上三馱局席登記其他家人的請贈。P.3636〈丁酉年五月二十五日社戶吳懷實託兒王七承當社事憑據〉中有：「其乘安坊巷內使用三贈，懷實全斷后有，罰責非輕。」〔註91〕三贈之名也似爲當時所習用。

　　由上所述，可知上三馱舉名請贈之法，原則上是以社人家屬二或三人爲限，請贈對象清楚、明確。有些社邑的喪葬互助似乎只限於立三馱名目者，如表五第一件〈大中九年九月二十九日（855）社長王武等再立條件〉云：「社內三大（馱）者，有死亡，贈……。」只有列出有「立三馱名目」者可以得到的贈物。而有些社邑則是一般的喪葬互助與立三馱名目的制度並行，如第十七件〈上祖社條〉就分列：（一）社人家屬；（二）社人本人和；（三）立三馱者與；（四）立二馱者，有四種不同的助喪規格，但除了立二馱者可得社人「各出餬餅三十枚」，有明確助喪物的規定外，其他包括立三馱者的「傳親外喜一贈」、對社人及社人親屬的「贈例麥粟」等規定，都不是很清楚，應還另有規定或屆時由社司決定；且因爲此件社條屬於文樣性質，所以沒有明確助喪贈物的規定，應是可以理解的。

　　立三馱名目請贈者所繳交三馱的「馱」，是吐蕃量制，所納者當是麥、粟等穀物。蕃馱是吐蕃統治敦煌後使用的一種容量單位，多用以計量麥與粟，也用以計量菜等物品。馱下爲斗，一蕃馱爲二十蕃斗，而那時官方出納計量糧食，有時用馱，有時用漢制的碩、石等，一馱大約在 0.67～0.8 碩之間〔註92〕。在寫本文書中亦有馱、碩兼用的情形，至歸義軍時期仍有不少民間文書習慣上仍以馱爲計量單位，社邑文書如表五第一、二、四、六件，以及S.2596V〈咸通七年八月三日投社人王贊贊狀〉有「已後社內若有文帖行下，

〔註91〕收入：寧可、郝春文輯校，《敦煌社邑文書輯校》，頁 746～747。

〔註92〕寧可、郝春文，〈敦煌社邑的喪葬互助〉，《首都師範大學學報》，1995 年第六期，頁 35 註 40、43。

贊依例承文帖知承三馱」〔註93〕，這些都是歸義軍時期文書，也是延用「三馱」之稱，反應了這種現象。再者，「三馱」對一般民眾而言是多大的數目呢？當時敦煌田地每畝的年產量不過一馱略多〔註94〕，而雇工大致上是每月一馱〔註95〕，將近三畝地的年產或三個月的工價，對一般人而言負擔應不輕，但有列明「三馱請贈」者，通常所得到的資助應會較一般社員豐厚，葬儀亦較隆重。〔註96〕

敦煌私社中的喪葬互助的具體內容，不論是對立三馱後的請贈者或是一般社內成員或親屬的助喪，其辦法多是由社人攜帶納贈物品，按轉帖所規定的時間、地點集合繳納，以及後續的助喪事宜。轉帖中通知社人納贈物品的地點多有不同，有在兒家，也有在錄事家或其他社人家，更多的則在寺院或蘭若。在本書所收集到的四十三件身亡轉帖中〔註97〕，除有九件地點不明外，

〔註93〕收入：寧可、郝春文輯校，《敦煌社邑文書輯校》，頁700～701。

〔註94〕如 P.3774〈丑年（821）十二月沙州僧龍藏牒〉略云：「一去丙寅年至昨午年三十年間，伯伯私種田三十畝，年別收斛三十馱以上。」可見畝產一馱多；P.3214V〈唐天復七年（907）洪池鄉百姓高加盈等典地契〉：「洪池鄉百姓高加盈欠僧願濟參粟三碩，以五畝地佃予願濟兩年當之。」三碩之息按常例年50% 計算，二年為三碩，連本共六碩，如加上佃者支付的勞力，則五畝地年產當在三碩以上，即每畝地年產至少六斗或更多一些。韓國磐，〈唐天寶時農民生活一瞥〉，收入：氏著，《隋唐五代史論集》（北京：三聯書店，1979年），頁221～224，也是指出唐代天寶年間每畝中等田地年收一石。再如胡戟，〈唐代糧食畝產量〉，《西北大學學報》，1980 年第三期，頁74～75，亦云唐代畝產合在一石數斗左右。上揭 P.3774、P.3214V 文書分別收入：唐耕耦、陸宏基編，《敦煌社會經濟文獻真蹟釋錄》第二冊（北京：全國圖書館文獻縮微複製中心，1990 年），頁283～286；沙知錄校，《敦煌契約文書輯校》（南京：江蘇古籍出版社，1998 年），頁330。

〔註95〕敦煌地區的雇工價通常是每月麥或粟一馱。如 S.6452〈癸未年（983？）龍勒鄉百姓樊再昇雇工契〉：「龍勒鄉百姓賢者樊再昇，伏緣家內欠少人力，遂于效谷鄉百姓氾再員造作營種，從正月至九月（末）為期，每月算價一馱。」S.1897〈後梁龍德四年（924）敦煌鄉百姓張某甲雇工契〉中的雇價為「逐月壹馱」。其他如 S.5583、S.5578、北圖生字 25 號 V 等雇工契，雇價都是每月一馱。上揭文書，分別收入沙知錄校，《敦煌契約文書輯校》，頁282、298～299、301、272～273、280～281。

〔註96〕寧可、郝春文，〈敦煌社邑的喪葬互助〉，《首都師範大學學報》，1995 年第六期，頁36。

〔註97〕P.5003、P.3070V、P.3211V、S.6981、P.3164、S.5139V/4、P.28421、P.5032、P.3555B 加 P.32884、北圖殷字 41 號 V、P.3707、P.5032、P.3889、北圖周字 66 號、S.6981、S.5632、P.4991、S.6003、S.3011V/5、S.2894V/3、S.2894V/4、ДХ.1439A、S.4660、S.4987、S.7931、S.2242、S.10184C 加 S.9929、P.38973、

有二十一件注明了社人的贈物須送至寺院或蘭若，社人直接交付兇家有四件，這兩種情形都是由社人直接慰送，但送至寺院或蘭若者佔有明顯的多數，達五分之四強。在寺院舉行營葬活動，有延僧設齋之便，且場面也可能較為莊嚴；對於寺院而言，治喪事宜也是其收入之一〔註98〕。誠然，營葬的法事、齋會並不完全限於寺廟中舉行，下文將談到「七七齋」則多在亡者家中置辦，再延請僧人赴齋會舉行法事。

　　私社多指定社人於寺院交納助喪物品的情形，除了寺院提供了獨佔的宗教業務，因此使得營葬與寺院配合有其必要之外；另一方面則是敦煌私社與當地寺院有著極為密切的關係〔註99〕，私社成員本人或家屬的治喪，想必多是商請熟悉的寺院協助置辦。復次，在私社與寺院的關係密切之下，私社平常聚集、活動的場所就多是在某間寺院，所以交納助喪物品當然也直接指定在寺院，之後再行處理亦不無可能，不過本章第一節已述，對於傳統春、秋座局席的置辦，即使許多私社同時具備有奉佛的功能，也就是與寺院有一定程度的關係，但社人繳納物品的地點，大多數則是在負責置辦宴席的主人家，不見得凡事都以寺院為集合地點。由此可見，社人於寺院交納助喪物品，應是私社與其關係密切，且有延僧設齋之便的因素為大。

　　至於社人將納物送至社官、錄事或某一位社人家的情形，共有六件。如P.T.1102〈土蕃申年二月二十一日社司轉帖〉便是「限今月二十二日卯時于社官家送納足」，可能是由社司或社官代表統一慰送，但這樣的情形數量並不多，或許由社人親送，可能比較可以展現互助的誠意，並可進行祭弔。另有

S.3714、P.2817V、S.2078V/1，以上文書收入：寧可、郝春文輯校，《敦煌社邑文書輯校》，頁67～131。P.T.1102、ДХ.2162、S.5486、ДХ.4032、ДХ.2256、北圖L.2433、北圖能字34號、北圖國字2號，以上收入：郝春文，〈《敦煌社邑文書輯校》補遺（一）〉，《首都師範大學學報》，1999年第四期，頁23～28。P.30703v-2v、P.30704v-3v、北圖李字73號v、S.3001，以上收入：Yamamoto Tatsuro, Ikeda On, Okano Makoto, Dohi Yoshikazu, Ishida Yusaku eds, *Tun-huang and Turfan Documents concerning Social and Economic History, IV She Associations and Related Documents (A) Introduction & Texts* (Tokyo: The Toyo Bunko, 1989), pp.27, 60。

〔註98〕如P.2049背〈後唐同光三年正月沙州淨土寺直歲保護手下諸色入破曆計會〉中有「麥四斗張賢者齋儭入，麥三斗胡麻弟妻家念誦入」，參諸其他寺院帳目，設齋與念誦的收入約在三斗至五斗間，多為四斗。

〔註99〕郝春文指出敦煌私社與寺院關係頗為密切，寺院甚至通過與之有聯繫的私社，幾乎控制了敦煌全體的民眾，參見：氏著，〈隋唐五代宋初傳統私社與寺院的關係〉，《首都師範大學學報》，1991年第二期，頁10。

二件是送至官樓門前，一件送至土門；官樓門前或土樓應純粹是規定一個集中地點，但之後如何轉送則未可知也。

　　社人的助喪物品不論送至何處，社司仍須有所監控或甚至統一運用，對於營葬的剩餘物品亦由社司收存，或指定社人收存。敦煌寫本社邑文書中有身故納贈曆，即是社司對社人每次助喪所繳納物品的清單，本書共收集到三十六件〔註100〕。納贈曆中對於粟、麥、麵、餅、油、柴等都只記物品名而不注明數量，而對於綾、練、絹、褐、布、裙、衣等織物，在文書中通常概稱爲「色物」，則以疋、丈、尺等單位詳細紀錄，如 P.4472 背〈辛酉年（961）十一月二十日張友子新婦身故納贈曆〉：〔註101〕

　　（前略）

　　2. 張錄事油麵粟柴

　　3. 高社官

　　4. 李僧正粟油柴饼（餅）

　　5. 趙法律粟饼（餅）柴白麂褐二丈

　　6. 李法律　柴粟麵油白麂褐二丈

　　7. 李闍梨油粟麵柴白細褐二丈五尺

　　8. 慕容營田　粟饼（餅）

　　9. 安載恩粟柴麵紫斜褐二丈五尺

　　（中略）

　　52. 見付凶家饼（餅）七百八十（押），又付兇家油三十合（押），又
　　　　付兇家柴三十三束，又

〔註100〕P.5003V、S.6235、S.5509、P.34161、P.34162 加 P.3555B1、P.28422、S.4472V/1-3、P.4975、S.1845、S.3978、P.4887、S.2472V/5-6、P.4057V、S.6198、P.2680V、S.5680、S.8520、P.28693 加 P.28694、S.3405、S.6981、S.10281、S.10530、P.21616、P.37382、S.11557、S.11552、S.7328、S.11445、S.8667、P.4983V，以上三十件文書收入：寧可、郝春文輯校，《敦煌社邑文書輯校》，頁 404～473。北圖周字 20 號、北圖能字 5 號，以上兩件收入：郝春文，《敦煌社邑文書輯校》補遺（二）〉，《首都師範大學學報》，2000 年第二期，頁 6～11。P.3250、北圖宙字 81 號 V、P.2916、P.2972，以上四件文書收入：Yamamoto Tatsuro, Ikeda On, Okano Makoto, Dohi Yoshikazu, Ishida Yusaku eds, *Tun-huang and Turfan Documents concerning Social and Economic History, IV She Associations and Related Documents (A) Introduction & Texts*, pp.92, 99~100。

〔註101〕收入：寧可、郝春文輯校，《敦煌社邑文書輯校》，頁 420～424。

53. 後付餅二十（押），後又付粟三石四斗（押），又後領餅（餅）二
　　十（押），又餅（餅）二十（押）

有幾件納贈曆會如同本件在文書最後統計所有納贈的物品，並請主人（兇家）作類似簽收的動作。一般而言，食品或柴等供喪家與祭弔者之飲食，以及吊祭死者的祭品之用，通常規定社人所納贈的這類物品，數量都不大。包括納贈曆、喪亡轉帖，以及表 4-3 中，如第二、四、七、八、十三、十五、十九等社條，在未立三駄請贈的情況下，些文書所記一般的情形，大致是粟、麥等一斗或五升，麵一斤，油一合或一瓷，餅二十個，柴一束等。可能是上述這些物品質量明確，且數量不大，社人在助喪時對這方面物品的繳納應不致於發生欠少的問題，因此在納贈曆文書中，頂多如 S.6235〈大中六年（852）後納贈曆〉在每位社所繳納的麥、餅、柴等名目下，加一「足」字〔註102〕；絕大多數的情形都如上引的 P.4472 般，都只記錄物品名稱。至於織物則大致用做喪服、裝殮、蓋棺、挽棺、祭帳、旌幡等，其納贈曆上的登錄就詳細得多，可能因如表五所列的社條與其他轉帖中，都只提到布或色物的數量，絕大部分都是一疋或多不超過三丈，並簡單規定所需的顏色，而社人現場繳納織物的質料多有不同，且有許多如表 4-3 的第一、十五例不稱「贈」而稱「借」，「借」色布二疋半或「借」色物一疋，應是表明交兇家使用後還須歸還，再如 P.5003〈社司轉帖〉：「右件社戶今月四日申時身亡，……准條合有弔贈，借布人各一疋，領巾三條，祭盤麥各三升半，贈麵各三升半。」贈物與借物是分開的。因此，這些原因可能使得納贈曆必須以較為清楚的方式來注記。

　　食品、柴以及色物等物品之外，還有祭盤的贈送，大概是亡者靈前的祭物，一般也都會規定其尺寸大小，如表五第一件社條有「四尺祭盤一」，或轉帖文書如 P.5003〈某年九月四日社戶王張六身亡轉帖〉規定有「祭盤麥各三升半」，可能是祭盤內必須盛上三升半的麥。而上文提到唐代一些王公顯貴，包括靈前或送葬時的祭盤則更是華麗許多，甚至還有機械活動的裝置。

　　除了社人繳所繳納的助喪物品之外，社司本身有時也會以私社的名義，進行「弔酒」。如 P.3707〈戊午年（958？）四月二十四日傅郎母亡轉帖〉：「右緣傅郎母亡准例合有弔酒，人各粟壹斗。」P.5032〈戊午年（958？）六月十八日溫押衙阿嫂身故轉帖〉：「右緣溫押衙阿嫂身故，合有弔酒，人各粟一斗。」類似「合有弔酒，人各粟一斗」方式的還有 S.6981、P.3164、S.5139V、

〔註102〕收入：寧可、郝春文輯校，《敦煌社邑文書輯校》，頁 406～407。

S.5632、1439、S.7931、S.2242、S.3714、P.2817V、S.2078V 共十二件，除了 P.2817V 除了要求社人納粟之外，還有布、柴二項，其餘各件都是僅由社人納 粟一斗。這可能的情形有二，一者為社人納粟給喪家，社司並贈酒；二者為 統一集中社人所納之粟後，由社司在市場上換成酒後統一致贈。這兩種情形 都有可能，因為在納贈曆文書中多可見社人致贈喪家物品有「粟」一項。但 還是以由社司將粟換成酒的可能性較大。敦煌私社的身亡轉帖中所透露助喪 的辦法，除了「准例合有弔酒，人各粟壹斗」之外，再者就是「合有贈送， 人各麵一斤，油一合，粟一斗，柴一束，鮮淨綾絹色物三丈」（S.2894V），所 以也就是「合有弔酒」、「合有贈送」兩種方式。而「合有贈送」通常都會列 出較多社人須致贈的物品，穀物之外還有絹布。兩相比較之下，轉帖中「合 有贈送」的方式應是用於直接以社人的納物贈予喪家，而「合有弔酒」則是 由社司統一致酒弔喪。

　　若以「合有弔酒」的方式辦理，遍觀所有社條與轉帖文書，所記錄的社 人助喪物品均未見「酒」這一項。本章第一節已說明，若社司中有貯酒之貯 存，應該是來自於社人違規時的罰物，在一般情形下，敦煌私社對社人的處 罰都是罰酒，輕者一角，重者半甕。這些酒除了助喪時的「弔酒」之外，還 用於春、秋社日時的聚宴，以及社人遠行的接風洗塵。在私社置辦春、秋座 局席時，也是有以社人的納物由宴席主人統一去交易成酒的情形，所以私社 助喪時「准例合有弔酒，人各粟壹斗」的方式，最大可能就是由社司收齊粟 以後再交易成酒，再攜往弔喪。因為社人的助喪物品數量都不多，個別置換 成酒可能會較為麻煩；至於以酒為罰物，因是處罰，較不用考慮社人的便利 性，且酒在宴席的操辦、助喪與慰問等活動中又具有相當的實用性，所以對 違規的社人多以罰酒為主。

　　敦煌私社「准例合有弔酒，人各粟壹斗」的方式，弔喪時是由社司前往 或社人一同前往，文書中無法判明，但至少可知這是一種較為簡便的方式， 應不會使用在「三駄請贈」的制度之上；若單單只是私社以酒弔喪，那麼其 慰問致哀之意，就遠大於社人間互助以操辦喪事的意義。

　　致贈助喪物品之外，有些社邑的助喪還須社人幫忙送葬。如表五第七、 十二、十五、十七都有送葬的規定，轉帖文書中 P.4987〈戊子年七月阿三阿父 身亡轉帖〉〔註103〕：「右緣阿三阿父身亡，准例合有贈送。人各粟一斗。祭盤

〔註103〕收入：寧可、郝春文輯校，《敦煌社邑文書輯校》，頁 119～120。

准舊例，並送葬。」這些資料都顯示送葬時除贈物、擎棺外，還要出車出輦；出殯時隨車澆酹倒酒，送至墓所，訟讀經文，一齊號叩〔註104〕。但 P.4975〈辛未年（971？）八月八日沈家納贈曆〉〔註105〕文書最後一行記：「後到人榮葬日小陰押牙、米押牙。葬日趁弔不到人：齊法律。」則似乎榮葬日與葬日又有所別，表 4-3 第十二件社條規定：「榮葬之日，不得一推一後，須要榮勾。臨去之日，盡須齊會……。」也是表明這兩種日子並不相同，在此社條中要求社人於這二日都必須出席。榮葬之日可能類似於今日的告別式。

　　不論是社人臨事時的贈物或出席榮葬日或殯日，未能遵守規定者，社邑都會定有罰則，由表 4-3 諸社條的規定中可知施以罰則的主要情形有二，一是怠慢集合。繳納贈物時後到，甚至未到者；二是社人的贈物欠足數。但在實際運作上，由社司所發送的身亡轉帖中，可知絕大部分的情形都是「捉二人後到，罰酒壹角；全不來，罰酒半瓮」〔註106〕，且在春、秋二社設齋與佛事齋會轉帖中大部分也是以此為罰則（但仍有些例外），由此可知這應是約定成俗且實際施行的方式，尤其是助葬納贈的部分。在表 4-3 所列社條中，只有第十二件的罰物較一般情形多出一倍。以到達順序作為對社人助喪的要求，大概是能備齊贈物的都應可準時集合繳納，不用再對數量不足的情形多作規定。在轉帖中因恐數量不足而訂定罰則的，目前只見得一件〔註107〕。

　　喪葬互助中每一位社人的贈物雖然都不大，但集眾人之物後，其數量仍是相當可觀的。如上揭 P.4975〈辛未年（971？）八月八日沈家納贈曆〉可識

〔註104〕如 S.5520《社條》（文樣）：「但有社內身邊故，贈送營辦葬義（儀）車輦。仰社人助成，不德（得）臨事疏遺，勿合乖嘆，仍須社眾改□送至墓所，人各借布一疋，色物一疋。」收入：寧可、郝春文輯校，《敦煌社邑文書輯校》，頁 47。

〔註105〕收入：寧可、郝春文輯校，《敦煌社邑文書輯校》，頁 425～427。

〔註106〕P.3070V、S.6981、P.3164、S.5139V/4、P.28421、P.5032、P.3555B 加 P.32884、P.3707、P.5032、P.3889、北圖周字 66 號、S.6981、S.5632、P.4991、S.6003、S.2894V/3、S.2894V/4、ДХ.1439A、S.4660、S.4987、S.7931、S.2242、S.10184C 加 S.9929、P.38973、S.3714、ДХ.2162、S.5486、ДХ.2256、北圖 L.2433、P.3070 3v-2v、P.3070 4v-3v，共有三十一件。

〔註107〕P.T.1102〈土蕃時期二月九日社司轉帖〉罰則是「欠少一色，罰酒一角」，郝春文，《《敦煌社邑文書輯校》補遺（一）》，《首都師範大學學報》，1999 年第四期，頁 23～28。Yamamoto Tatsuro, Ikeda On, Okano Makoto, Dohi Yoshikazu, Ishida Yusaku eds, *Tun-huang and Turfan Documents concerning Social and Economic History, IV She Associations and Related Documents (A) Introduction & Texts*, p.20。

別的部分中納贈絲織品者有十四人，共計各種綾九十八丈九尺，各種絹二十二丈二尺，黃畫被子一丈四尺，共計一百二十丈五尺，再連同主人自己所拿出的絹、錦、綾等十餘丈。寧可、郝春文之研究認爲其數已達唐代前期六十餘丁之調，而 S.4472〈辛酉年（961）十一月二十日張友子新婦身故納贈曆〉載全社共有五十人，所納贈的各種褐布一百零一丈，也達唐代前期四十餘丁之調〔註108〕。其他納贈曆所載社人所贈的紡織品數，大致上亦都是如此。至於社人所贈之食物，總數亦不小，如 S.1845〈丙子年四月十七日祝定德阿婆身故納贈曆〉共用粟六石，餅一千枚；前引 S.4472 背〈張友子新婦身故納贈曆〉載見付兇家餅八百四十枚，粟三石四斗，油三十合，柴三十三束；S.2472 背〈辛巳年榮指揮葬巷社納贈曆〉見付主人油三十一合，餅五百六十枚，粟二石，柴三十一束〔註109〕。這樣大的數量，且相信營喪時全部的耗費更不僅於此，對於一般民戶而言恐怕是不易操辦。這種情形正反映上引韋挺所言：「先造邑社，待營辦具，乃始發哀。」以及李德裕之奏：「祭奠奢靡，……人戶貧破，抑此之由。」

　　而贈與或借給兇家的這些數量龐大的物品，當使用在包括祭奠、榮葬以及送葬等治喪過程中。譚蟬雪和高國慶對於敦煌的治喪過程已有專文論述。譚蟬雪之立意在於指出敦煌的葬俗是儒、釋、道三教融合的一般敦煌民眾的葬俗概以土葬爲主。若依儒家禮儀，人亡後即在家設祭，接下來就是小殮（洗浴、穿衣、整容）、大殮（入棺），以及孝子朝夕哭拜；若依釋教之規，亡者遺體之處理多與前者同，但之後須移於法堂誦經行法事，上文已述，大多數的社邑發送轉帖時規定社人至寺院繳齊，或當立意於此。再者，對亡人的衣服也多有講究，且有「覆面」之俗。在出殯儀式中，靈車「上設魂帳，當靈（束茅爲人馬，且可填充於靈車之內，使棺槨不搖晃）爲明器。」用二匹帛作車索，出殯時挽郎遷引前進〔註110〕。若在途中經過橋樑或擺渡過河時均須奠祭；至於佛教的殯儀，即是在第三日行鎖龕之後，次行起龕佛事，由法堂

〔註108〕寧可、郝春文，〈敦煌社邑的喪葬互助〉，《首都師範大學學報》，1995 年第六期，頁 38。

〔註109〕本段所揭 S.4472、S.1845 文書分別收入寧可、郝春文輯校，《敦煌社邑文書輯校》，頁 420～424、429～434。

〔註110〕送葬過程在社邑文書中也能反映，如 P.2856《乾寧二年（895）三月二十一日營葬榜》，是都僧統遷化，寺院分配其所操控的私社助喪的文書，其中「香舉仰親情社」、「靈車仰□潘社」，另有邈氈、鍾車等物的安排。文書收入：寧可、郝春文輯校，《敦煌社邑文書輯校》，頁 758～759。

起龕至山門首。斯時供香華茶湯爲轉龕佛事，鳴鈸至葬處。抵達墓地後，要
舉行一次相當隆重的齋會，「柩車到墓，亦社墓屋，鋪毯席上，安柩北首。孝
子居柩東北首而哭，臨壙設祭，令僧道四部眾十念訖」（P.2622）。一般按儒家
之儀有臨壙設祭之舉，而齋會則爲佛事活動。齋會結束並安葬後，須於壇上
設饌行后土之祭，並放置鎮墓物。葬畢接著就是「虞祭」，於家中設眞堂、敷
靈帳，日夜祭奠。〔註111〕

　　延請僧、道置辦法會或齋會爲亡者追福，在唐代治喪過程中幾是不可或
缺的一部分，尤其是「七七齋」更是當時開始大爲流行的習俗。「七七齋」是
人死後喪家爲死者所舉行的一種超度亡魂的法會，爲時少則七天，多則達四
十九天，參加法事的僧道少則數十人，多則上千人，內容爲誦經設齋、禮佛
拜懺、追荐亡靈〔註112〕。「七七齋」的流行與唐人靈魂不滅觀念在民間的普及
和深化有關，較具體的信仰如「死後十王審判」〔註113〕，以及《目蓮救母變
文》等即是〔註114〕。反映在葬俗上，認爲人死後會投胎轉生，從剛死之日算
起，每七天爲一期，期滿後即可降生；但若未得生緣，須再等一期，最多到
第七期，必可降生。由於從已死到再生之間禍福未定，所以死者親屬每隔七
天要設奠一次，請僧道爲死者誦經修福，直到七七四十九天爲止。如《全唐

〔註111〕譚蟬雪，〈三教融合的敦煌喪俗〉，《敦煌研究》，1991年第三期，頁72～79。
　　　　而高國藩則指出敦煌的葬俗還是以中原的棺葬爲多，且斂葬時必須在棺中放
　　　　些糧食和盛裝糧時的器具，此乃漢民族的傳統葬俗；另有火葬，其與佛教盛
　　　　大的儀式相結合。火葬也有隨葬品，隨屍體一起火化。辦理火葬時，須對寺
　　　　院提供爲數不少的捐獻與齋僧（爲作功德故），成爲佛寺重要的收入之一，相
　　　　較下佛儀的火葬方式是屬於更奢侈的儀俗。參見：高國藩，〈古敦煌民間葬
　　　　俗〉，收入：《學林漫錄》（北京：中華書局，1985年），頁72～79。
〔註112〕徐吉軍，《中國喪葬史》，頁365。
〔註113〕「十王審判」信仰源於佛將十八獄主之說，以佛家原有的閻魔王、轉輪王等，
　　　　摻雜民間道教鬼神而成。《太平廣記》卷二六三〈無賴·張幹等〉載當時長安
　　　　惡少在雙臂上刺刻「生不怕京兆尹」，「死不畏閻羅王」。可見「死見閻王」的
　　　　意識應是唐人普遍存在的信仰觀念。「十王審判」信仰的相官研究可參閱：道
　　　　端良秀，《佛教と儒教》（東京：第三文明社，1976年），頁147～149。靈魂
　　　　不滅的觀念也反映在民間俗尚歸葬上。《舊五代史》卷九十〈陸思鐸傳〉：「思
　　　　鐸典陳郡日，甚有惠政，常戒諸子曰：『我死則藏骨於宛丘，使我棲魂於所治
　　　　之地。』」呂思勉亦云：「魂無不之，欲棲何地，何待瘞葬？此適足見其視形
　　　　魄之重，非能破歸葬之惑者。」參見：呂思勉，《隋唐五代史》下冊，第十九
　　　　章〈隋唐五代人民生活〉（上海：上海古籍出版社，1984年）。
〔註114〕即《大目乾蓮冥間救母變文》之簡稱，在敦煌寫本文書中數目頗多，在《敦
　　　　煌變文集》（北京：人民文學出版社，1957年），頁714～755中有校勘。

文》卷六八七皇甫湜〈昌黎神道碑〉云：「遺命喪葬，無不如禮。凡俗寫畫浮屠，日以七數之。」

在敦煌寫本文書中亦有關於七七齋的記載，如 P.3211〈五言白話詩〉言：「承聞七七齋，暫施鬼來吃。永別生時盤，酒食無蹤跡。」此外，如 S.5855〈雍熙三年（986）十月陰存禮請三界寺都僧錄等爲七七追念設供疏〉；P.3152〈宋‧淳化三年（992）八月陳守定請陳僧正等爲故都押衙七七追念設供疏〉。P.4810〈請金光明寺趙闍梨等爲亡妣追七功德疏〉，這三件文書都是延請寺院的僧人，爲在家爲亡故的親人置辦七七齋會，如 S.5855：「（前列三界寺十三位僧人名，從略）右今月二十日，奉爲故慈父都知救弊居七七追念設供，幸望法慈依時降駕，並巾鉢，謹疏。」而 P.3152 所言「追七」，蓋是七七齋追福之意〔註115〕。此外，還有作「十王齋」與「十齋」的習俗，即在七七齋的基礎上再加做百日齋、一年齋、三年齋。〔註116〕

除了七七齋之外，敦煌還有大、小祥等齋會的置辦，如 P.3107〈戊寅年（858？）六月十六日某乙爲故父大祥追福設供請賓頭羅墮和尚疏〉：「謹請西南方雞足山賓頭頗羅墮和尚。右今月八日于南閻浮提大唐國就淨土寺奉爲故父某乙大祥追福設供，伏願誓受佛敕，不捨蒼生，興運慈悲，依時降。戊寅年六月十六日孤子某乙謹疏。」這個小祥的齋會是在寺院舉行，而下列四件文書則都是在家中置辦：P.2836〈後晉天福四年（939）正月押衙賈奉玖請僧爲故尊父都小祥追念疏〉、P.3388〈開運四年（947）三月九日曹元忠請金光名寺馬僧正等爲故兄太傅大祥追念設供疏〉、P.3367〈己巳年（969）八月二十三日宋慈順謹請三界寺僧政等爲故男押衙小祥追念設供疏〉、S.5941〈宋‧淳化肆年（993）五月曹長千請翟僧正等爲後槽大祥追薦設供疏〉〔註117〕。由上述可知，按唐五代敦煌葬俗，人死後七七、大祥、小祥等場合都要延請僧人進

〔註115〕S.5855、P.3152、P.4810 文書收入：唐耕耦、陸宏基編，《敦煌社會經濟文獻真蹟釋錄》第四冊，頁 181、183、189。

〔註116〕如唐代師人王梵志〈撩亂失精神〉詩云：「設卻百日齋，渾家忘卻你。錢財他人用，古來尋常事。」〈六時長禮懺〉詩云：「六時長禮懺，日暮廣燒香。十齋莫使闕，有力然三長。」收入：唐‧王梵志著，項楚校注，《王梵志詩》卷一、卷四，頁 45、558。潘重規著，《敦煌變文集新書》卷四〈歡喜國王緣〉：「三八士須斷酒肉，十齋真要剩燒香。更能長念如來好，一切時中得吉祥。」相關論述可參閱：徐吉軍，《中國喪葬史》，頁 365～366。

〔註117〕P.3107、P.2836、P.3388、P.3367、S.5941 文書收入：唐耕耦、陸宏基編，《敦煌社會經濟文獻真蹟釋錄》第四冊，頁 171、172、173、179、185。

行法事，並且爲僧人設供。

　　大興齋會、法會爲亡人追福是唐人厚葬之風的部分內容，當時有不少知識分子對此現象大加撻伐，如玄宗朝的姚崇、元和初年的李翱都極力反對這種奢侈的喪事活動，否定七七齋之設，他們的批判對象多在於佛事，以及因此而導致的奢靡風氣〔註118〕。爲了操辦這些齋會、法會，以及其他必備的葬俗，民眾以結社互助的方式以備突如其來的喪事開銷，就如上文所徵引李德裕之言：「喪葬僭差，祭奠奢靡，……生業以之皆空，習以爲常，不敢自費。」民間結社中喪葬互助的功能，雖未能武斷地說是始於唐代，但相較於前代，卻也的確是唐代民間私社頗具特代表性的一項功能，這或許可說是拜諸多史料揭露之賜，但相信在一定程度上，也與隋唐兩朝是國史上相對厚葬的時代有關。喪葬互助的功能在唐代以後的民間結社中仍多有發揮。〔註119〕

（二）急難基金之設置

　　在敦煌寫本社邑文書的社條中，可知一些社邑亦有提供社人急難救助的功能。如附表一中第二件「結義相和賑濟急難用防凶變；一所有急難，各助柴一束，如不納，罰油一勝」；第三件「則各自家內有其衰禍，義濟急難」；第七件「夫邑儀（義）者，父母生其身，朋友長其值（志），遇危則相扶，難則相救」；第十四件「更有諸家橫遭危難，亦須眾力助之，不得慢說異言，伏已便（須）接濟」；第十六件「一論邑義，濟苦救貧。社眾值難逢災，赤（亦）要眾豎。忽有謚眾投告，說苦道貧，便須割己從他，赤（亦）滿他心願」；第十七件「夫邑義者，父母生其身，朋友長其值（志），危則相扶，難則相久（救）」。誠然，在這六件社條中所提到的「急難」或「凶變」，營葬仍是其大宗，六件社條中也的確都顯示有喪葬互助的功能，但除此之外，社邑對於社人生活上所突然遭遇的危難之濟助，也是屬於其社互助功能的一部分。對於此項功能

〔註118〕《舊唐書》卷九十六〈姚崇傳〉記姚崇教其子孫：「……名爲追福，方便之教，雖則多端，功德須自發心，旁助寧應獲報？遞相欺誑，浸成風俗，損耗生人，無益亡者。」《全唐文》卷六三六，李翱〈去佛齋論〉即因「故溫縣令楊垂爲京兆府參軍時，奉叔父司徒命，撰集喪儀。其一篇云『七七』齋，以其日送卒者衣服於佛寺，以申追福。」李翱認爲：「楊氏喪儀，其他皆有所出，多可行者。獨此一事傷禮，故論而去之，將存其餘云。」因而作〈去佛齋論〉，對於「七七齋」大力反對。

〔註119〕如明代呂坤，《去僞齋集》卷三〈孝和會約序〉載孫節等結成的「孝和會」，「惟老親之後事是憂，相與會錢以待其費。計一歲所積若何，親先終者，先給，不足，則盡數給，彼此無論也。且一家喪，一會爲之奔走，當孝子之半。」

的發揮，敦煌的某些私社有急難基金的設置，在社人面對困境時予以協助，
或由社司提贈，或以提供社人便貸的方式來進行。

敦煌私社有「義聚」的設置，作爲賑濟急難的基金，用以保證渡過兇年、
資助營葬和交納科稅〔註120〕，如 S.2041〈大中年間（847～860）儒風坊西巷
社社條〉即可知敦煌儒風坊西巷巷社設置了「義聚」：

> 一所置義聚，備凝兇禍，相共助誠（成），益期賑濟急難。一所置贈
> 孝家，助粟一斗，餅貳拾，須白淨一尺八寸，如分寸不等，罰麥一
> 漢斗，人各貳拾……。〔註121〕

這是所有社條文書中唯載出「義聚」一詞者，但也清楚標明以備兇禍、賑濟
急難爲其設置的目的。而 S.2041 另有：「不依期限齊納者。罰油壹勝，用貯社」，
更明確指出社人的罰物即貯存於社內，應就是指貯存「義聚」。

類似「義聚」的急難基金其貯物來源可能出自於社人的罰物、立三馱局
席時所繳納的「三馱」物品、兇家主人提供社邑的色物等。如 S.1475 背／1
〈申年五月（吐蕃時期）趙庭琳牒〉：「（前缺）……（判）附案准條處分……」，
再參照 S.1475 背／1-2〈申年五月（吐蕃時期）社司罰請處分狀〉，可知社司
有實際處罰社人的紀錄，而 P.3636〈（979 前後？）社司罰物曆〉：「馬定子罰
粟二斗。羅盈子粟一斗。……（以下尚有二十二人之名及其罰物，從略）。」
更明列了社人遭處罰上繳之物〔註122〕。至於社人繳納「三馱」的辦法於上文
已有論及；較特別的是 S.3405〈社人付親情社色物曆〉：「主人付親情社色物
生絹八匹，非（緋）絹五匹……」、P.4975〈辛未年（971？）三月八日沈家納
贈曆〉：「主人碧絹一疋，綠絹一疋，車影錦一疋……黃畫被子兩條」〔註123〕，
這兩件文書顯示在社邑幫助社人營葬時，喪家主人有時也有可能須提供一定
數量的織物，在治喪之後交付社司。而上述這些社人交納予社邑的物品，應
就是急難基金積累的來源。

〔註120〕姜伯勤，《敦煌社會文書導論》，頁 239。
〔註121〕本件由四個部份組成，書寫時期各不一樣，最早書於吐蕃時期，一直到歸義
軍時期，期間一共有三次分別在翟英玉家、張曹二家及馬興晟家，重列社人
名單，並對社條的內容再做補充。這份社條展示了這幾十年間發展變化的軌
跡。寧可、郝春文輯校，《敦煌社邑文書輯校》，〈前言〉，頁 7、4～6。
〔註122〕S.1475 背／1、S.1475 背／1-2、P.3636 分別收入：寧可、郝春文輯校，《敦煌
社邑文書輯校》，頁 712、710、499。
〔註123〕S.3405、P.4975 分別收入：寧可、郝春文輯校，《敦煌社邑文書輯校》，頁 460
～461、425～427。

　　關於急難基金的運作，可以從社司便物曆文書中來觀其真貌。急難基金的物品除了資助社人急難之外，也用來貸給社人，本書所收集社司便物曆共有九件〔註124〕，如 P.4635〈（945 前後？）社家女人便麵油曆〉：

　　1.（前缺）月七日社加（家）女人便麵曆

（中略）

　　11. □家恩子便麵肆斤半，至秋柒斤；李家支□便麵一壹

　　12. 秤至秋壹秤半；米流了便麵貳巾半；恩勝便麵□

　　13. □，至秋肆斤半；康憨子便麵壹斤半，至秋貳斤半；

　　14. □蘇了便麵一秤，至秋一秤半。

（後略）

本件文書是社人的家屬向社司便貸麵、油等物的實例，何時貸出不詳，而還期都是秋天，且還須再多加 50% 還納。相同的情形如 P.3959〈（950 前後）社司付社人粟黃麻麥曆〉、P.3273〈（950 前後）社司付社人麥粟曆〉也是借期不明但還期都在秋天的便物曆；而 S.8924B.C〈己未年（935？）十一月二十日社司出便物與人名目〉、P.3108 背〈己未年二月十日（899 或 959）社人便黃麻曆〉出借月份分別為十一月與二月，但亦規定於秋天還納。上述這五件文書所顯示還納借物都是在秋天，且都必須再多繳交 50% 的借物。

　　至於九件便物曆文書的另外四件，S.3102 背〈（945 前後）七月一日社司付社人麵曆〉是社司交付社人麵的紀錄，「七月一日社內有麵知（支）付與人，居（具）錄如後：石通子妻將（麵）參斤，保岳阿娘一秤，石通子妻將麵參斤」，雖註明了交付日期，但無載還期與還納數，且文件中稱「將」而非「便」或「貸」，無法確定是否是貸給社人，但可確定這些物品是由社司所付出；另《沙州文錄補》中的〈辛巳年（921？）六月十六日社人拾人於燈司倉貸粟曆〉，是社人向都僧統屬下之燈司貸粟的帳目，該社可能是負責協助寺院從事燃燈活動的燃燈社，但燈司與該社社司似不能混為一談，可能是因該社從事燃燈活動而與寺院的燈司關係密切，社人以該社之名義集體向燈司貸粟。此曆並未如其他貸物曆一樣明確規定歸還時間及應加付的利息，但也無法證明是否由燈司提供社人無息借貸。而 S.5465〈丁醜、己卯年間程流定還

〔註124〕沙州文補錄，〈辛巳年（921？）六月十六日社人拾人於燈司倉貸粟曆〉、S.5465、P.4820、P.4635、P.3102、S.8924B.C、P.3959、P.3273、P.3108 分別收入：寧可、郝春文輯校，《敦煌社邑文書輯校》，頁 479～480、495～496、497、484～486、487～488、482～483、489～491、492～493、493～495。

常樂家社等油曆〉：「丁丑年十月十一日程流定邊得油二升，還常樂家社用。又後得油一升，還馬平水兄弟社用。又得油半升，五月五日用。又後得油一合子，七月十五日用。……」是一項私人支出油的帳目，事主不詳，但由文義判斷應是另有其人而不是文件題名中的程流定，這件文書至少可以肯定事主曾經至少向兩個社邑便油；P.4820〈（925 前後）欠油社人名〉應文件殘缺內容無法判明。這四件文書中，S.3102 背和 S.5465 都可見社邑應有麵、油等物品的貯存。

在上文所述 P.4635、P.3959、P.3273、S.8924B.C、P.3108 五件社司貸物給社人的文書中，借貸物與數量、利率、還期等方面，都有相當明顯的一致性。社人借貸之物，有麥、粟、麵、黃麻、油，都是屬於糧食類物品，麥與粟是當時的主糧；麵由磑麥加工磨製，是製做麵食的原料；黃麻主要功用在於榨油，油當然就是麻的加工品，上述物品都是日常生活飲食料理不可或缺之物，且油還可以做為燈的燃料。此外，在上引資料中並沒有金錢與絹帛的借貸。一方面，可能社人因受罰或交納三馱等緣由所繳入急難基金之物品都是穀物食品，這或許與當時敦煌地區是以麥、粟、絹等為交易之工具而非錢幣有關〔註 125〕，而絹等織物的尺寸計算又較精細不如穀物等食品方便，除了喪葬互助有時會要求社人贈或借出織物外，社邑中包括罰物或生活的濟助也都以食品為主。而在社人便貸數量上，都是屬於小額的借貸，綜觀上揭的數件社司便物曆文書中，各物單次被貸數量最高者分別是：粟二碩（P.3959）、麥七碩（P.3959）、麵七斤半（P.4635）、四秤半（P.4635）、黃麻八斗（P.3108號背）、油三平（瓶）（P.4635）。其中 P.3959 的借貸物數量較大，除此之外其他各件粟與麥的借數都不超過一石五斗，因此大致上數量都不大，應可視為日常生活用度的借貸。〔註 126〕

〔註 125〕由於敦煌地區曾經陷蕃，且唐代中期以後國家也有銅錢不足的問題，敦煌幾乎沒有錢幣的流通。從其出土的所有的契約或社文書中，相當罕見以錢幣作為交易的工具，絕大部分都是以粟、麥與布足為交易的媒介，因此應屬於「自然（實物）經濟」狀態。銅錢不足問題的研究，可參見：劉燕儷，〈唐朝後期的銅錢不足問題研究——從供需面的探討〉（台北：國立臺灣大學歷史研究所碩士論文，1990 年）。

〔註 126〕上述計量單位有以容量單位計者及以重量單位計者，大致上十世紀沙州，粟與麥的計算單位，碩與石相同，五升為一斗，十斗為一石；麵三斤四兩為一斗，四十斤為一石，十秤為一石，四斤即為一秤；至於油與麻，麻七～八斗可榨油一斗，平（瓶）的容量則不詳。由此可知，粟一次最多有貸至七石者

　　較有趣的是借麵一項，社人向社司便麵只見於 P.4635 和 P.3102 背，這兩件文書所載借予社人之物也是以麵為主，如 P.3102 記：「七月一日社內有麵知（支）付予人居（具）錄如後……」，麵不易長久保存，所以社司不可能有麵隨時可以貸或交付給社人，P.4635 是在某月七日，P.3102 是在七月一日，在一天中將大量的麵便貸出去，或者因正好有麵的收入，如社人將原先貸出的麵繳還；或者亦有可能社司擇日磑麥加工磨製成麵粉並製成麵條貸給社人，若是如此便可反映社司因社人之需而磑麥出貸。不過貸出的麵至秋天也還是得繳還 1.5 倍的麵，但借貸的社人人數仍然眾多，是不是如此借貸會較在市場購買划算，值得再行探究，亦可解釋在當時何以 50% 的借貸率人們還是可以接受。

　　就借貸利率而言，在上揭文書中社人在社內的借貸的各種物品，歸還時應加付的利息都是 50%，並非無息借貸。陳國燦指出敦煌借糧的利率各式各樣，但普遍通常的收穫期利率是 50%。再按近年羅彤華師對於敦煌寺院的放貸研究，可知「敦煌寺院是最具經濟實力的金融中心，並已結合成一個放貸體系」、「吐蕃時期寺院以無息借貸為常態，但也有百分之百的案例，十世紀出初利率以百分之五十為水準，而十世紀末有些則遞減至百分之三十。且無論無息借貸或任何其他的借率，只要貸方同意，也都是可以存在的，無需固著於通行的利率。」〔註127〕敦煌寺院在經濟上既具備相當的影響力，其借率在當地應具有一定的代表性。此外，出舉糧食的借率與舉錢、貸絹的年或月利率在計算上有些許不同。宋《刑統》卷二十六〈雜令〉引唐開元二十五年令：「諸以粟麥出舉，還為粟麥者，任依私契，官不為理。仍以一年為斷，不

　　　　（大部分為六、七斗），麥為二石多，麵、麻與油未見有超過一石者。就糧食的消費量而言，當時一個五口之家，若借粟一石，約可維持十日之需。因此可知借貸的數量都不大。參照：羅彤華師，〈從便物曆論敦煌寺院的放貸〉，收入：郝春文等編，《敦煌文獻論集：紀念敦煌藏經洞發現一百週年國際學術研討會論文集》（遼寧：遼寧人民出版社，2001 年），頁 449～452。

〔註127〕羅師彤華，〈從便物曆論敦煌寺院的放貸〉，收入：郝春文等編，《敦煌文獻論集：紀念敦煌藏經洞發現一百週年國際學術研討會論文集》，頁 455。此外，寺院放貸在敦煌地區有極大的作用力與影響力，與政府賑貸措施不健全，救濟功能不彰，有極大的關聯。安史亂後，唐朝勢力逐漸退出西北邊區，倉糧出貸制度也跟著式微，繼之而起的歸義軍政權，未能注意及此，於是貧困百姓只好求助於非官方系統，參見：氏著，《唐後期五代敦煌寺院放貸業》（台北：新化圖書公司，2000 年），頁 223～224。相信敦煌社邑與一般的民間的借貸活動，都能反映相同的時代背景。

得因舊本更令生利，由不得迴利爲本。」敦煌的糧食生產以一年爲一期，雖然借期各月均有，然還期乃依其收成而定，故不論借期早晚，還期皆待至熟時，依此計利率，則借還時間長短並不重要，亦即穀物借貸不問季，不問月，原則採取的是一年一熟論，或簡言之爲年利率〔註128〕。總而言之，敦煌私社的「義聚」提供小額糧食貸予社人，其利率同於當時民間社會所採用，於秋天還納時加收 50% 的「利息」（原貸物）。

再者，糧食生產以一年爲一週期，其借貸都在秋天還納，也與敦煌寫本文書中爲數眾多的僱工契與便物契的傭雇或借貸的時間相似〔註129〕，春借秋還與春夏秋三季的雇工型態，正與農業生產活動的週期性有極密切的關係。

敦煌由於環境的限制，冬季少有農作，因此年中難植兩作，一年只有一種〔註130〕。在當時主要糧食的生產方面，「粟」仍居五穀之首〔註131〕，《四時纂要》記農曆二、三月種穀爲上時，因此春播是最通行的耕作方式〔註132〕，而收成時期當在七、八月間；其次便是「小麥」，小麥可再分冬麥與春麥，敦煌地區以種植春小麥爲主，且是與粟隔年輪種〔註133〕。春麥的種植一般可在

〔註128〕 羅師肜華，〈從便物曆論敦煌寺院的放貸〉，《敦煌文獻論集》，頁 455。

〔註129〕 僱工契的傭雇時間，《敦煌契約文書輯校》中共收有僱工契三十二件（含契約文樣三件），其中有明確標明雇工起迄時間的共有十四件，其中從正月到九月末的有十二件，二月至九月末有一件，三月至九月末也有一件；再如 S.3877、S.5583（樣文）等，都有：「造作一年。從正月至九月末」字樣，應可認識到敦煌的僱工都是屬於一年的短傭，而所謂的「一年」多是指由正月（春）到九月末（秋）。至於便物契中借貸的時間，根據羅肜師華對敦煌出土的三十件民間的穀物消費借契與借還期之研究可知，借期在春天的數目占全部便貸契約的 77%；至於還期大部分契約沒有註明確切的月份，但都清楚表示在秋天還納。參見：羅肜華，《唐後期五代敦煌寺院放貸業》，頁 117～122。

〔註130〕 趙岡、陳鐘毅，《中國農業經濟史》（台北：幼獅文化出版社，1989 年），頁 17。

〔註131〕 趙岡、陳鐘毅，《中國農業經濟史》，頁 385～391。

〔註132〕 張澤咸，《隋唐時期農業》（台北：文津出版社，1999 年），頁 13。

〔註133〕 冬麥可以與其他作物接力輪作，因爲大部分作物都是春種秋收，冬麥正可以補充時間上的空檔提供糧食作物，大致上都在農曆的八月播種，隔年農曆的五月收割，但這是在華北二年三獲地區或江南地區與水稻互相配合才有的情形。冬麥的作期在敦煌無法與粟或黃麻，甚至春麥等作物的作期相配合。所以相信冬麥的數量必定不多。而麥與粟的輪作，乃因粟最忌連作，因會導致粟之蟲害繁殖，故必須與其他作物逐年交替輪種。《呂氏春秋・任地篇》早有提到「今茲美禾，來茲美麥」，似乎表示戰國末期已發展出粟與麥的逐年輪作制。趙岡、陳鐘毅，《中國農業經濟史》，頁 407～417、385～391。

二、三月下種，生育期一百至一百三十天，收成期就大致在六、七月間〔註134〕，較粟爲早。至於其他非穀類作物較重要者如黃麻，其播種是在農曆的二、三月間，收穫則在八、九月間〔註135〕。綜上所述，敦煌農業生產活動的「週期性」：粟、麥是主要糧食，在同一塊土地上兩者隔年輪作，都於春季播種，秋天收成，粟的收成期稍晚於麥。秋收後農業生產活動就幾乎停擺（除非有種植冬麥）。農民最晚在九月完成穀物收割後，必須繳納賦稅或還債〔註136〕。剩下的部分留待成爲過冬的糧食，以及來年春天播種的種子〔註137〕。而準備食用的小麥，也必須在此時利用磑碾磨成麵粉，並作必要的加工〔註138〕。如此年復一年不斷循環。

　　春作秋收的生產型態，與上述的雇工的傭雇期與粟麥的借還期息息相關。農民在一般狀況下，除非有足夠的積蓄（穀物、布帛等實物），否則在春天將種子（去年貯存下來的穀物）播下後，到秋收的這段期間，很可能產生存糧耗罄的情形，更甚者在過冬後已無種子可下種。產生這種「不足」情形的原因頗多，如「先天性」的生產資料不足，或「後天性」的天災欠收或操辦婚喪喜慶等都有可能〔註139〕。在本書第三章曾述明魏晉南北朝時豪族的放貸，在某些程度上也可視爲對於宗族鄉黨的贍濟，自耕農民生活上青黃不接之時，還須以告貸來存續基本的生存任務，自耕小農在結束魏晉南北朝的豪

〔註134〕趙岡、陳鐘毅，《中國農業經濟史》，頁415。

〔註135〕雷紹鋒，《歸義軍賦役制度初探》（臺北：洪葉文化公司，2000年），頁55。

〔註136〕敦煌的賦稅制度，也反映了農業活動的「週期性」。根據雷紹鋒的研究指出，麥、粟、麻均屬秋收作物，由於成熟期並不一樣，故繳納的時間亦不同，但間隔的時間不會很長。一般收割打場完畢，就得向官府交納。敦煌亦行兩稅法，但與中土「夏稅六月內納畢，秋稅十一月納畢」的兩稅法不同。兩者的差別在於敦煌沒有種植夏收作物（如冬麥），故無六月交納完畢的「夏稅」，可參見：雷紹鋒，《歸義軍賦役制度初探》，頁39～64。

〔註137〕冬天穀物的儲藏，如倉廩、穀倉等用具及儲藏方法亦甚重要，可以避免無謂的損失。關於此方面的論述，可參見：趙岡、陳鐘毅，《中國農業經濟史》，頁491～522。

〔註138〕關於碾磑的研究，可參見：西嶋定生，〈碾磑尋蹤〉收入：《日本學者研究中國史論著選譯》第四冊（北京：中華書局，1992年），頁358～377。

〔註139〕羅師彤華對唐代的借貸研究指出，借貸的原因主要有：（一）生活消費與賦稅；（二）投資周轉支出；（三）求職赴任與其他三大類。當然依個人所需不同，也有較個別性的情形出現，如教育事業的興辦、社邑中祈福消災的借貸皆是。參見：氏著，《唐代民間借貸之研究》（台北：台灣商務印書館，2005年），頁149～196。

族以及均田制國家間的共同體關係後，以自營及佃耕爲主的小農社會，已不再是那麼依賴豪族的賑濟。

　　原本在魏晉南北朝時依附性很強的「佃客」，在運用一牛一犁並配合華北的二年三收制、江南農業的二熟制等新生產方式的背景下，租佃制佔的比重在豪族的經營裡日漸提高，佃戶身分未改，但地位與角色已有改變，一牛一犁制下農民必須投入更多的心血在土地上，更多技術與經驗的累積，這使得豪族地主不能再像過去那麼支配鋤耕農民。另一方面，華北的國土開發至唐代大抵已趨於飽和，所以勞動力的供應逐漸多過土地的供應，在這種情況下，豪族經營漸漸改變方針，以租佃制爲核心。因此唐代莊園和過去的豪族土地所有制或許都表現爲「地土大土地所有型態」，具有某種程度的相似性，但在相關條件變化下，其內涵已有顯著的改變。在這樣的歷史脈絡發展下，佃客對於豪族的依附性持續降低，豪族與佃客的共同體關係也產生了變化，原先受豪族所贍濟部分，在一定程度上轉變由民眾結社互助的功能所取代。在本書第三章中可以見到豪族對鄉里宗黨的放貸以及喪葬的濟助，在唐代都已成爲私社互助的功能之一。

　　再就便貸而言，除了社邑所提供的便貸之外，民間個人間的借貸以及寺院的放貸則更是普遍，但一般情形不論向何者告貸，從利率的角度視之，似乎無太大差別。而社邑在這方面所提供的功能，可能在於同儕團體有其便利性，比起寺院雄厚的經濟力量，敦煌社邑放貸的規模當然要小得多，但如上述對於麵、油等物品的貸出，是更能貼近社人日常的生活。

（三）其他生活互助

　　敦煌的民間結社的互助功能，上文已述社條文書中有多件都提示了社人間必須「義濟急難」、「遇危則相扶，難則相救」的互助精神，在具體落實上，除了喪葬互助、急難基金的設置之外，有些社邑還具備有協助社人迎娶、生子、立莊造舍、遠行資助、疾病慰問等生活互助功能。

　　如附表一第十四件：

> 更有諸家橫遭危難，亦須眾力助之，不得慢說異言，伏已便（須）
> 接濟。若有立莊造舍，男女婚姻，人事少多，亦乃莫絕。

第十六件：

> 忽有謚眾投告，說苦道貧，便須割己從他，赤（亦）滿他心願。若
> 有立莊造舍，要眾共成，各各一心，關者帖助，更有容就，男女人

事，合行事不在三官之中，眾社思寸（忖）。若有東西出使，去送來

迎，各自總有，上件事段，今已標題，輕重之間，大家思鄙（酌）。

這兩件社條可見明列了社人間立莊造舍和遠行資助的互助規定。但大體仍是原則的宣示，既不見像「立三馱名目」般較嚴謹的互助制度，也沒有違反規定的罰責，只有附表一中第二件社條：「一所有急難，助材一束，如不納，罰油一勝」有較明確的規定，但何謂「有急難」或者如附表一第十六社條所謂「說苦道貧」、「值難逢災」，其狀況如何判斷，實難得其詳。大抵上應是實際上若有社人需要幫助，就得視各社狀況，或許由社眾討論，亦或許由社司直接處理，如第十六件社條所言：「男女人事，合行事不再三官之中，眾社思忖」、「上件事段，今以標題，輕重之間，大家思酌」，在此也可見此社似有社人婚嫁喜事的互助，但也載明社條只是總其大綱，可能因為日常生活所需的互助，事項繁多且臨事時狀況亦多不相同，一切還事得臨事時由社眾商議為準，以便因事置宜，確實發揮日常生活中的互助功能。

S.1475 背／2〈申年五月二十一日餪腳轉帖〉：「五月二十三日，與武光暉因病餪腳〔註140〕，人各粟二斗，並明日辰時於趙庭琳家納」、「如違不納，罰酒半甕」，因為武光暉得病，所以社司發出轉帖，要求社人各納粟二斗；而S.1475 背／2-3〈申年五月社人王奴子等狀〉：

> ……從武光暉遠行及病損致酒，社人置條件：社內至親兄弟姊妹男
> 女婦遠行、迴及亡逝，人各助借布一匹弔問。遠行一千里外，去日，
> 緣公事送酒一甕；迴日，餪腳置酒兩甕。如有私行，不在送限。請
> 依此狀為定。如後不依此狀，求受重罰，請處分。如有重限出孝，
> 內（納）酒兩甕。……

上揭兩件文書顯然是同一社之物，前一件文書係屬社司臨時決定所發出的轉帖，後一件文書則是社人藉由為李子榮主辦的齋會聚集之時〔註141〕，就武光暉遠行及因病往生事件，一起商量往後類似情形的做法，最後建議社司從此事開始，在社條之外新增餪腳與亡事弔問活動的補充規定〔註142〕：對象為社

〔註140〕在敦煌文書中，餪腳之意可為疾病探望或遠行的接風洗塵，參見：梁梁，〈說「餪腳」及其他〉，《敦煌學輯刊》，1985 年第一期，頁 61～65。

〔註141〕關於該社為李子榮齋，S.1475 背／1-2〈申年五月社司罰請處分狀〉，即是針對社人李子榮主辦的齋會，未到、未納麥、行香不到者提請社司依照規定處罰之牒。S.1475 背共有三件文書，包括上引之 S.1475 背／2 與 S.1475 背／2-3，內容均是同一社之物，因僧人為抄寫佛經而黏合為一紙之故。

〔註142〕寧可、郝春文輯校，《敦煌社邑文書輯校》，頁 713～716。

人的兄弟姊妹及配偶，若遠行或身亡，社眾須借布一疋弔問，若是因公事且遠行一千里以上，出發時加贈酒一瓮，返回後接風洗塵並由社司贈酒二瓮，但若因私事遠行就不按此例。雖然仍無法得知此事社司最後是否採納，但至少有助於瞭解當時社邑對於遠行資助的概況。再如 S.5789〈社人索庭金等狀〉：「如其有洗饌者，……看臨事便宜破除。……今日以後，一切依此狀為定。」亦是社人對饌腳活動之有關規定提出的修改建議。

饌腳一事，在敦煌民眾的生活中似乎十分重要。在敦煌寫本書儀中，有五代佚名所撰《新集書儀》，有〈洗軟相屈〉與〈答書〉，是兩件為遠行歸來的人接風，所發出的邀請信與復信〔註143〕。書儀屬於儀注的一種，簡單的說即是日常生活的禮數；在中唐以前，原是屬於士大夫行動的軌範準則，但其後開始包含「凡庶」吉喪禮規定的新事務〔註144〕。敦煌地處沙漠，遠行險阻重重，歸來的接風宴飲，在當時應是頗為重要與流行的。

生活的互助，在寫本社邑文書中還可見到對社人屋宅的修繕。P.5032〈(958 前後) 渠人轉帖〉：「右緣孫倉倉就都□請疊舍壹日。人各粟一斗，鍬钁壹事。帖至，限今月八日限辛時於莊頭取齊。捉二人後到，罰酒一角；全不來，罰酒半甕。」則是渠社通知社人前去幫助孫倉倉疊舍（修繕宅舍）的轉帖，社人必須攜帶修繕工具以及粟一斗，可能是疊舍一日社眾的飯食，有遲到或甚至不來者各有處分，其罰則與一般喪葬互助等事項是一致的〔註145〕。P.3441 背〈(947 前後) 三月十二日社司宴席轉帖〉社司通知社人因李住兒宴席，須至主人家送納〔註146〕；P.5032〈甲申年（984）十月三日渠人轉帖〉渠社通知社人納麥遂羊價的轉帖，可能是通知社人集資（麥）買羊的

〔註143〕收錄於：趙和平，《敦煌寫本書儀研究》(台北：新文豐出版公司，1993 年)，頁 57。

〔註144〕姜伯勤指出，唐代貞元、元和年間是一個變禮迭出、儀注興革，變化紛陳的年代，由於家禮散佚和私家禮儀逾制，引起朝廷和禮學家對士庶吉兇禮儀的整頓。敦煌寫本 S.6537《大唐新定吉兇書儀》，乃元和年間大儒鄭餘慶因諸禮經太過繁綜而作，其中數卷，就包含了「凡庶」吉喪禮規定的新事務，一改過去禮不下庶人的情形。禮儀的實用化、庶民化，展現了一個新的時代特色，參見：氏著，〈唐貞元、元和間禮的變遷——兼論唐禮的變遷與敦煌元和書儀文書〉，收入：黃約瑟、劉見健明編，《隋唐史論集》(香港：香港大學亞洲研究中心，1993 年)，頁 224、227～228，亦收入：氏著，《敦煌藝術宗教與禮樂文明》(北京：中國社會科學出版社，1996 年)，頁 446。

〔註145〕寧可、郝春文輯校，《敦煌社邑文書輯校》，頁 374～375。

〔註146〕寧可、郝春文輯校，《敦煌社邑文書輯校》，頁 164～166。

通知〔註147〕，這些都是社司通知社人參與有關生活互助的記錄。

除了敦煌文書所見之外，在文獻資料中，亦有地方官吏，鑒於民貧苦無牛，便教民結社，成員每月繳交固定會錢，以探名市牛的作法，幫助無牛的成員獲得耕牛。《新唐書》卷一九七〈循吏・韋宙傳〉：「民貧無牛，以力耕，宙爲置社，二十家月會錢若干，探名得者先市牛，以是爲準，久之，牛不乏。」這種爲買牛而組織的結社，目的相當明確，頗類似於上文《全唐文》卷一五四載韋挺所言：「又閭里細人，每有重喪，不及發喪，先造邑社，待營辦具。」此例是備辦喪葬用品，而韋宙之例則是買牛。這些當都是社邑生活互助功能發揚的例子。

不過此類互助並非有困難時由社內成員接濟，而是成員必須繳納一定數量的資財，集眾人之力，以助急需者，當然對社人自身亦多一分保障；喪葬互助中「立三馱舉名請贈」的方式，也是具有這層意義。韋宙之置社，由貧苦的農民每月交會錢，「探名得者」市牛後，每月當仍須繳交會錢，與近代的「互助會」或「跟會」性質相似，羅彤華師將這種方式視爲借貸的一種類型，稱爲「互助型的借貸」。〔註148〕

唐代私社互助性功能的發揮，有由社邑於急難時濟助社人者，如一般的喪葬互助，以及協助社人迎娶、生子、立莊造舍、遠行資助、疾病慰問等；在敦煌社邑中也還可見急難基金（義聚）的設置，除了濟助急難之外，還可出貸給社人。而另一種方式則是社內成員必須繳納固定的資財，才能得到某項特別協助的資格，如喪葬互助中「立三馱舉名請贈」的辦法、韋宙之置社市牛等例皆是；在一定程度上，已不是單純地屬於社人間情感上的隨喜資助。尤其是「立三馱舉名請贈」之法，實質上又類似於今日的保險概念──買個有備無患。但不論何種方式，究其根本精神仍是社人間的互助，「立三馱舉名請贈」者，若遭喪事，其助葬仍物品仍由其他社人提供；每月交會錢後，「探名得者」所獲購牛的經費，也是集眾社人之資，至於社人彼此間協助立莊造舍、遠行資助、疾病慰問等則是更不待言，私社的互助功能乃由此而發揮。

三、奉佛活動

流行於北朝的團體造像活動，是北朝時期民間奉佛團體最主要的功能之

〔註147〕寧可、郝春文輯校，《敦煌社邑文書輯校》，頁390～391。
〔註148〕羅師彤華，《唐代民間借貸之研究》，頁70。

一，然而在公元 580 年後突然由盛轉衰，就如龍門石窟的團體造像在北朝時期有三十七例，但至隋唐時期就目前所知，則僅存十一例〔註149〕。造成這種現象的原因，與造像活動趨於猥濫引發僧團的反制有關。北朝時在造像活動的迅速發展過程中，滋生了不少與佛經要求、僧尼的理想相悖離的流弊。除了第二章以述及的興造之徒不守禁戒外，至少還有以下兩點：（一）產生了造像商品化的趨勢，且造像水平參差不齊，不少佛像製作粗糙、比例失調。例如有工匠預先雕好單體實像出售，由有意願者出資購買刊記題名〔註150〕。在正統佛教徒看來，卻是褻瀆神靈，破戒犯規，大逆不道之事。（二）造像數量急劇膨脹。大量造像自然要耗費不少財富，亦成為教外之人抨擊佛教的口實〔註151〕。上述的敝端，不能不引起僧團的重視并力圖整頓。其一項具體、重要的手段，便是編撰本土經典，借佛陀之口宣講造像的具體要求與方法，希望以此來規範信徒的興福活動。〔註152〕

　　隋唐時期團體造像的活動也有信徒持續進行著〔註153〕，但整體而言雖然已不如北朝之盛，其因除了佛教教團進行內部的整頓之外，還有佛教本身發展的因素使然。一般咸認，自南北朝以迄隋唐，佛教信仰已漸趨中國化，更

〔註149〕李文生，〈龍門石窟佛社研究〉，《歷史文物雙月刊》，六卷二期（台北：1996年），頁22～25「龍門石窟佛社造像統計表」。

〔註150〕如〈正光四年（523）翟光祖造像記〉，收入：《中原文物》，1985年第二期，頁21，是由工匠先把佛像和施主肖像刻好，爾後根據捐資者要求刻上造像銘記，再依捐資先後刻題榜姓名，所以造像記云法義三十人，而實際題名卻有八十二人之多，且官員亦因出錢晚而名字列於最後。再如〈北齊武平元年（570）大都邑主董洪達等造像記〉，收入：《北京圖書館藏中國歷代石刻拓本匯編》第八冊，頁2；大村西崖，《支那美術史・雕塑篇》，頁343～344；《全上古三代秦漢三國六朝文・全北齊文》卷九〈闕名・銘〉。題名記中有「用錢五百文買都石像主一軀董伏恩」，明確表示其石像主之位是用錢買的。這類的例子頗多，不一一列舉。

〔註151〕如揚衒之見北魏末年「寺宇壯麗，損費金碧」等，乃撰《洛陽伽藍記》，「言不恤眾庶也」，並曾上書抨擊「釋教寙誕，有為徒費」；周武帝、衛元嵩、隋代王劭等，均對「崇建圖塔」、「傾竭珍財，徒為引費」現象加以抨擊。參見：《大正新修大藏經》第五十二冊，《廣弘明集》，頁153中、132、106中、下。

〔註152〕侯旭東，《五、六世紀北方的民眾信仰》（北京：中國社會科學出版社，1998年），頁279～289。

〔註153〕如《八瓊室金石補正》卷七十三〈開成二年（837）佛峪金剛會碑〉，該會邑內諸人合資造彌勒像一軀，侍菩薩兩軀。且雖已時處中唐時期，但該會的組織系統仍如北朝造像邑，沿用院主、功德主、都維那、維那等幹部名稱。

普及於士庶的日常生活中。誠如本書第一節所述，日本學者波利貞將隋唐時期的私社分爲三大類，簡單地說，就是有純粹的奉佛團體；也有兼行奉佛與互助的團體；以及由奉佛團體派生出來的，以春、秋祭社和互助爲主要功能。由前二者的功能可見奉佛功能，已不是如北朝的造像邑等奉佛團體所專有的功能，在各式私社中也可能都有奉佛的功能。如私社中喪葬的互助的功能，就很容易與佛事產生連繫〔註154〕。所以這也能反映唐代以後邑、社不分且可並稱的現象，「社」由專指對於春、秋祭社的組織，發展成各種包括有奉佛功能的團體名稱，佛教的影響，更廣泛地滲透進民眾的生活之中，以及各式民間私社之內。在此演變之下，民間團體的奉佛功能，也不再以造像爲大宗，有更廣泛的信仰表現方式。

下文即舉其要者，進行論述。

（一）刻　經

佛教信徒結成團體進行刻經，最引人注目者非房山諸石經社〔邑〕莫屬，本書一共收集了四百一十七件團體刻經題記，在本章第一節已有說明。

隋朝大業年間（605～617）在北京市西南房山縣石經山，以靜琬爲首勸化當地士庶，展開造石經事業。在唐代唐臨的《冥報記》中，載有靜琬在房山的事蹟：〔註155〕

> 幽州沙門釋智苑，精練有學識。隋大業中，發心造石經藏之，以備法滅。既而於幽州北山，鑿巖爲石室，即磨四壁，而以寫經：又取方石，別更磨寫，藏諸室內。每一室滿，即以石塞門，用鐵錮之。時隋煬帝幸涿郡，內史侍郎蕭瑀皇后之同母弟也，性篤信佛法，以其事白后。后施絹千匹，餘錢物，以助成之，瑀亦施絹五百匹。朝野聞之，爭共捨施，故苑得遂其功。苑嘗以役匠既多，道俗奔湊，欲於巖前，造木佛堂，并食堂寢屋。苑所造石滿七室，以貞觀十三年卒，弟子猶繼其功。

〔註154〕家中遇到喪亡須延僧設齋，是唐代的風俗。就連素不信佛的姚崇，在給子孫的遺令中，考慮到他們恐不敢違背當時的習俗，只得又說：「若未能全依正道，須順俗情，從初亡至終亡，任設亡僧齋。」（《舊唐書》卷九十六〈姚崇傳〉）在敦煌寫本中保存了不少在亡齋或臨壙齋上唸誦的亡齋文或臨壙文，如S.6417 即是金光明寺僧戒榮的文本。相關研究參見：郝春文，〈隋唐五代宋初傳統私社與寺院的關係〉，《中國史研究》，1991年第二期，頁4。

〔註155〕《大正新修大藏經》第五十二冊，《冥報記》卷上，頁789下。

可以知道靜琬發心開鑿石室，造石經藏之，「以備法滅」。並得到了皇親顯貴的支持與施捨，帶動風氣。由於役匠、道俗匯聚，也在石室前建有佛堂（石經堂）。關於石經堂在〈開元二十四年（726）大唐雲居寺石經堂碑〉中有一段記載：〔註156〕

> 初此堂之經營也，綿乎十紀，作者三人，刻貫花之言，日不暇給。……有上座暹公者，……遂購洒倕石，執堅鋼，□峭巘，填深陣，……於舊堂之下，更造新堂兩口，其始皆削青壁，不騫不崩。……時燕趙佳人，幽并俠客，不遠千里，動盈萬計，皆相與褫脩袖、牽長緪、揭石版，……即既登□於新堂、劼之以石扃，錮之一金□，蓋暹公之志也。……爰有靜流、玄法二上座者，非暹公之徒歟。

此碑所載已是靜琬身後的造經盛況，一直到天寶末年，先後有玄導、僧儀、惠暹、玄法等紹述其志，繼續主持刻經事業。靜琬的第四代弟子惠暹在雷音洞（石經堂）下闢新堂兩口（即今第一、二洞）。所謂「燕趙佳人，幽并俠客」，反映隋大業以來以迄唐初，房山刻經事業的初期，有賴於當地新興的農民階層及有力人士的鼎力襄贊。如上引的〈大唐雲居寺石經堂碑〉碑陰的題名中，即有「經主幽州大都督府副大使□遠節信州諸軍事信□□□上柱國五原郡開國公□□泰敬造將五條」、「經主（幽州）經略軍副使□□□□□軍上柱國辰韓郡開國公奉□□進京九條」〔註157〕。由此亦可見暹公（惠暹）影響力所及，仍是相當強大。〔註158〕

　　房山石經事業的背景，則是與當時流行的末法思想有關。如房山雷音洞門上殘存的貞觀二年（628）題記即云：「釋迦如來，正法、像法凡千五百餘歲，至今貞觀二年，已浸末法七十五載。佛日既沒，冥夜方深。瞽目群生，從茲失導。靜琬爲護正法，率已門徒，知識及施擅越就此山巔刊華嚴經等一十二部。冀於曠劫，濟渡蒼山。一切道俗，同登正覺。」〔註159〕正法、像

〔註156〕北京圖書館金石組、中國佛教圖書文物館石經組編，《房山石經題記匯編》，頁9。

〔註157〕北京圖書館金石組、中國佛教圖書文物館石經組編，《房山石經題記匯編》，頁10。

〔註158〕氣賀澤保規，〈唐代房山雲居寺の發展と石經事業〉，收入：氣賀澤保規編，《中國佛教石經の研究：房山雲居寺石經中心に》（京都：京都大學學術出版會，1996年），頁23～105。

〔註159〕北京圖書館金石組、中國佛教圖書文物館石經組編，《房山石經題記匯編》，頁1。

法、末法是將佛法的傳布分成三個時期，佛陀的教誨會在這三個時期逐漸衰退。正法是在佛滅後的五百年，像法時期是緊接在後的一千年間，之後便進入末法時代，按推算應是北齊文宣帝天保三年（552）。在貞觀八年（634）的〈造《華嚴經》石經題記〉中靜琬有云：「此經爲未來佛□難時，擬充底本，世若有經，願勿輒開。」〔註160〕對佛教徒來說末法時代是屬於亂世，佛法不存，且經典將被消滅。佛教信徒有鑑於此，而發願將正法時期所流布的佛教經典，以石刻供奉的方式來永久保存〔註161〕。這也是靜琬的中心願望，亦即如上引《冥報記》中所載的，「以備法滅」。

在隋唐時代房山石經山共開鑿了石窟有九座，在所造石經中，又以天寶年間開始鐫刻的，唐玄奘所譯《大般若波羅蜜多經》六○○卷爲數最多。有唐一代，共造一千一百一十七枚，在天寶與貞元年間，分別造有五百零二枚與二百八十五枚，占了唐代總數的三分之二強。而由當地各城市中同業街區的「行」，或村落民眾依地域關係而結合，結成石經邑或石經社〔註162〕，也在這兩個時期大量從事造經活動，在天寶時期共計有一百六十七例，而在貞元時期則有一百四十七例，在三百九十七例刻經記中占了三百一十七例，達四分之三強〔註163〕。這些石經社（邑）所造石經，也以《大般若波羅蜜多經》爲主。本書在《大般若波羅蜜多經》以外的諸經題記中，亦發現有石經社（邑）的材料二十件，已詳列於附表二中。天寶、貞元年間民間造經團體興盛，與這兩個時期幽州局勢相對安定，以及工商業發達有關，這在下文將再繼續討論。

這些造經社（邑）每次造經完成之後，都會在某些特定的佛教節日上經，最多的是四月八日的佛誕日，又稱浴佛節，共有一百四十六件〔註164〕。各地佛寺都要舉行誦經法會，浴佛供佛，施捨僧侶；雲居寺也不例外，會在

〔註160〕北京圖書館金石組、中國佛教圖書文物館石經組編，《房山石經題記匯編》，頁2。

〔註161〕小谷仲勇，〈ガソダ──ラ彌勒信仰と隋唐の末法思想〉，收入：氣賀澤保規編，《中國佛教石經の研究：房山雲居寺石經中心に》，頁107～131。

〔註162〕〈貞元六年諸村社造《大般若經》題記〉、〈（幽州）良鄉縣尚義鄉北樂城村邑造《大般若經》題記〉，都是爲造石經而結合的組織，收入：北京圖書館金石組、中國佛教圖書文物館石經組編，《房山石經題記匯編》，頁123、158。

〔註163〕唐耕耦，〈房山石經邑中的唐代社邑〉，《文獻季刊》，1989年第一期，頁83、98。

〔註164〕唐耕耦，〈房山石經邑中的唐代社邑〉，《文獻季刊》，1989年第一期，頁102。

這一天舉行盛大的慶祝活動〔註 165〕。其他如二月八日釋迦出家之日、十二月八日成道日也就是臘八節，都有團體上經的記載，但數量遠不及佛誕日之多。

（二）立經幢

唐代有不少民間佛教團體，以建立經幢的方式進行奉佛。如唐元和十三年（818），有一「小社邑十四五人，糾眾設立尊勝陀羅尼石幢一所，後又發心起修鐘樓。」〔註 166〕又有唐僖宗乾符五年（878）在今河南許昌有清信士陳宗可等人，爲造佛頂尊勝陀羅尼經幢，結「尊勝寶幢之會」，借此「願和會老幼，普獲休祥，在軍者爵祿咸臻，經求者資財驟聚，復願人人增壽。」〔註 167〕（有當寺都維那、寺主、上座、勾當僧、都維那陳宗可，以及下列三十八人，鐫字人二人）後周太組廣順三年（935），一個名爲「羅漢邑」的邑眾們，在今河南修武縣，建立了一所經幢〔註 168〕。又，前述今山東淄川龍興寺，有後周世宗顯德二年（955）所建的「上、下生經幢」，就是一個叫做「禮佛會」的邑會所建立的〔註 169〕。另，《八瓊室金石補正》卷四十八〈佛頂尊勝殘幢〉也載有社官郄元諒等共約十二人，建立佛頂尊勝經幢。

「經幢」係周刻佛教或道教經文的石柱，通常爲八角形石柱，也有少數是六角形，或六角形的石碑，另有極少數作圓柱體。唐朝由於《佛頂尊勝陀羅尼經》的流傳和風行，佛教徒開始建立石經幢，自高宗時期起，《佛頂尊勝陀羅尼經》即迅速傳播流佈。迄今所知，此經譯出不到十年之時，就已經被選爲石刻佛經的題材之一。武則天如意元年（692），史延福在龍門摩崖上鐫刻此經〔註 170〕。而最遲在武則天長安二年（702），就有尊勝經幢的出現

〔註 165〕〈重修雲居寺一千人邑會之碑〉云：「風俗以四月八日共慶佛生。凡水之濱，山之下，不遠百里，僅有萬家，預饋供糧，號爲義食。是時也，香車寶馬，藻野縟川，靈木神草，絢赫芹綿；從平地至於絕頂，雜沓駢肩；自天子達於庶人，歸于福田。……釀施者，不以食會而由法會；巡禮者，不爲食來而由法來。觀其惑於心外餘身，所燃指續燈者，所鍊頂代香者，所墮巖舍命者，所積或焚軀者，道俗之間，歲有數軰。」收入：北京圖書館金石組、中國佛教圖書文物館石經組編，《房山石經題記匯編》，頁 20。

〔註 166〕《全唐文》卷七五七，石文素〈白鹿鄉井谷村佛堂碑銘〉。

〔註 167〕《全唐文》卷八一六，邢雲〈佛頂尊勝陀羅尼經幢贊〉。

〔註 168〕《金石萃編》卷一一一〈羅漢□陀羅尼幢〉。

〔註 169〕《山左金石志》卷十四〈龍興寺經幢〉。

〔註 170〕葉昌熾撰，柯昌泗評，陳公柔、張明善點校，《語石・語石異同評》（北京：中華書局，1994 年），頁 273。

〔註171〕。立經幢之風熾盛，致使經幢「遍於十三道，弧稜相望」。唐以後，以迄於元、明，佛教徒仍繼續建立經幢，惟不如唐代之盛，在質和量方面都無法和唐代相比擬。一般經幢都樹立在寺院山門前，或樹立在某一殿堂前，目的是爲了要莊嚴寺院。如吳興縣天寧寺山門後牆范揚湯君等人所建立的經幢就是「鎮于蓮宮」〔註172〕。從唐代開始，經幢也變成寺院景觀的一部份，也似乎取代原先在佛寺正殿前所樹立的一對幡竿的地位。〔註173〕

　　雖然經幢上主要鐫刻的是《佛頂尊勝陀羅尼經》，但不能單純地視它爲石經中的刻經，以下有二個理由：第一，雖然部分的摩崖刻經和刻經的碑版上也兼刻有佛像，但是經幢有一定而特殊的形制。經幢絕大多數是八角型的，幢頂上部都刻有佛像或佛龕，因此也得到一個俗稱——「八佛頭」。第二，就經幢上的文字而言，它雖刻的是佛經，但經幢的意義和一般刻經不同；刻經的目的僅是爲傳之久遠這個用意，而經幢則還有其他宗教上的功能和用途。〔註174〕

　　《佛頂尊勝陀羅尼經》，通常稱爲「尊勝陀羅尼經」，刻有此經的經幢，也簡稱爲「尊勝幢」。關於「佛頂尊勝陀羅尼」的由來，是釋迦牟尼佛爲解救善住天子即將面臨短命壽終、受畜身、地獄等苦難而說的。此經初傳入時即大受歡迎，尤其唐人特別重視其破地獄之功能，這些都和七世紀以降地獄信仰的傳佈有密切的關係。七至八世紀時新興的三階教，強調墮落地獄的恐怖，地藏信仰因而急速發展；雖然三階教後來被政府的彈壓，而不再成爲具有影響力的宗派，但地藏信仰和六道輪迴、地獄等觀念連結在一起，卻逐漸浸透中國社會的各個階層。加以中唐以後，更興起地獄十王信仰，在此社會思潮下，宣揚可以淨除地獄等惡道之苦的「尊勝陀羅尼」，自是大受歡迎。此經強調的破地獄功能，最具體的表現就是「墓幢」的建立——即有很多經幢是爲亡過者所建，並非立於寺院，而是樹立在墳墓旁側。〔註175〕

〔註171〕《常山貞石志》卷七〈尊勝經蜜多心經石幢〉。

〔註172〕《八瓊室金石補正》卷四十七〈范陽湯君尊勝幢銘〉。

〔註173〕劉淑芬，〈《佛頂尊勝陀羅尼經》與唐代尊勝經幢的建立〉，《歷史語言研究所集刊》六十七本一分（台北：1996年），頁174；劉淑芬，〈經幢的形制、性質和來源——經幢研究之二〉，《歷史語言研究所集刊》六十八本三分（台北：1997年），頁682～689。

〔註174〕劉淑芬，〈經幢的形制、性質和來源——經幢研究之二〉，《歷史語言研究所集刊》六十八本三分（台北：1997年），頁697。

〔註175〕劉淑芬，〈《佛頂尊勝陀羅尼經》與唐代尊勝經幢的建立〉，《歷史語言研究所

另外，由於《佛頂尊勝陀羅尼經》中提及，此「陀螺尼」有「塵沾影覆」的威力神效，可以消除人們的業障；因此，造幢者也常在通衢大道上樹立經幢，希望惠及眾多的過往行人。唐代宗大曆六年（771），黎城縣尉曹秀臻爲其亡女修慈寺尼惠及所建的經幢銘中，就提及此經東來之後流傳天下：「標幢相於長衢，操銀鈞於金偈。拂塵隱者，滅罪恒砂，況乎受持鐫提書寫。」〔註176〕總而言之，《佛頂尊勝陀羅尼經》之所以很快就能吸引許多信眾，廣受到佛教徒的信奉，和此經的內容兼濟亡者與生靈，特別是破地獄的功能有很大的關係。

《佛頂尊勝陀羅尼經》的流行與大曆十一年（776）所頒布的一項詔令有密切的關係〔註177〕。此一詔令命天下所有僧尼每天須誦「佛頂尊勝陀羅尼」，於每年正月一日上奏：「奉敕語李元琮。天下僧尼另誦佛頂尊勝陀羅尼，限一月日誦令精熟。仍仰每日誦二十一遍。每年至正月一日，遣賀正使，具所誦遍數進來。大曆十一年二月八日內謁者監李憲誠宣。」這是因爲《佛頂尊勝陀羅尼經》中提到，「佛言若人能日日誦此陀羅尼二十一遍，應消一切世間廣大供養，捨身往生極樂世界」的緣故。此一詔令對於《佛頂尊勝陀羅尼經》的更加普及有很大的助力。由於寺院僧尼誒日都必須念誦二十一遍，也使得此經超越了宗派的區分，成爲佛教界中最普通型的經典。〔註178〕

（三）行　像

在四月八日佛誕日前後，一般都會舉行盛大的佛像遊行。早在《法顯傳》中就有佛誕日舉行行像等慶祝活動的記載，其記于闐國，「從四月一日，城裡便灑掃道路，莊嚴巷陌。其城門上張大帷幕，事事嚴飾，王及夫人采女皆住其中。瞿摩帝僧是大乘學，最先行像。離城三、四里，作輪像車，高三丈餘，狀如行殿，七寶庄校，懸繒幡蓋。像立車中，二菩薩侍，作諸天侍從，皆金銀彤瑩，懸於虛空。……像入城時，門樓上夫人、采女搖散眾華，紛紛而下。如是莊嚴供具，車車各異。一僧伽藍，則一日行像，自月一日爲始，至十四日行像乃訖。」可見行像活動持續了半個月之久，立佛像遊行的花車「狀如

集刊》六十七本一分（台北：1996 年），頁 152～155。

〔註176〕《金石萃編》卷六十六〈唐玢書經幢〉。

〔註177〕《大正新修大藏經》第五十二冊，《代宗朝贈司空大辦正廣智三藏和上表制集》卷五〈敕天下僧尼誦尊勝眞言制〉，頁 852 下。

〔註178〕劉淑芬，〈《佛頂尊勝陀羅尼經》與唐代尊勝經幢的建立〉，《歷史語言研究所集刊》六十七本一分（台北：1996 年），頁 175～176。

「行殿」，其盛大應是不難想像。

宋代唐駢所著《劇談錄》卷下〈眞身〉〔註179〕，記載了唐咸通十四年（873）懿宗詔自鳳翔迎眞身至於輦下，都城士庶奔走雲集，自開遠門達於岐川，車馬畫夜相屬，飲饌盈溢，謂之無礙檀施。而長安城內有「迎眞身社」，「居人長幼，旬出一錢，自開成之後迄于咸通，計其資積無限，於是廣爲費用，時物之價高，茶米載以大車，往往至於百兩，他物豐盈，悉皆稱是。」長安的「迎眞身社」自開成年間（836～840）至咸通年間（860～874），至少存在了二十幾年，以其成員「旬出一錢」的方式，積聚錢財，其功能可能是爲提供京城士庶，「飲饌盈溢，謂之無礙檀施」。在晚唐五代宋初的敦煌，寫本文書中就有「行像社」的資料，具體提供了「行像社」的功能與操作行像活動的細節。

如 ДХ.1401〈辛未年（971）二月七日拽佛轉帖〉，應是通知行像社人行像時拽佛像的轉帖文書：

> 社司　轉帖　張少清　安再升　梁押牙馬　王丑子　馬保子　馬再
> 定　馬佛住　畫押牙　董留定　高願昌　令狐押牙　翟萬住　慕暖
> 全馬　王富奴　王富德　安萬瑞　安保千馬　杜玖宗　王保定　梁
> 保德　高進和　□□虞候　已上社人拽佛　須德（得）本身。帖至，
> 限今月七日□□□□內取齊。捉二人後到，罰酒一角，全不來，罰
> 酒半瓮。其帖立，遞相分付，不得停滯。

> 如滯帖者，准條科罰。帖周，卻付本司。用憑告罰。

> 　　　　　　　　　　　　　　　　　辛未年二月七日錄事李帖諮

這些社必須親自出席參與拽佛。在社人名單中梁押衙、慕暖全、安保千等三人名後加一「馬」字，可能是是他們還必須提供馬匹，以供牽引行像車用。這分轉帖所載日期是二月七日，那麼應該是爲參加二月八日釋迦出家之日的行像活動，也顯示敦煌地區舉行行像的節日並不在於佛誕之日。

敦煌地區參與行像活動的社有許多名稱，並不僅止於行像社，如 S.4525〈破曆〉〔註180〕記錄了寺院提供車社、邈聲社、犛子社、邈犛社等社，如大紅錦、綠綾裙、繡錦等物，應是行像之所需，而每個社在行像活動時似都有

〔註179〕收入：《景印文淵閣四庫全書》一〇四二冊（台北：台灣商務印書館，1983年）。

〔註180〕寧可、郝春文輯校，《敦煌社邑文書輯校》，頁 778～779。

專責的任務。寺院也有賴這些屬於寺院的外圍團體的社，來組織佛像的出巡，所以在寺院的計會文書中，都可以看到寺院支付物品給參與行像的社。例如上揭的 S.4525〈破曆〉之外，還有 P.3763V〈淨土寺破曆〉：「粟一碩二涅，十一日與行像社人用。粟六斗與擎大像人頓定用。粟七斗臥酒九日社人用。」〔註181〕P.2040V〈後晉時期（936～947）淨土寺諸色入破曆〉：「設了第二日看充僧及社人眾僧等用。粟一碩二涅，支與行像社人七日用。粟六斗，支與擎佛人造頓用。粟兩碩一斗臥酒，二月八日看社人及第二日屈人用。」〔註182〕P.3234V〈（十世紀上半葉）淨土寺油入破曆〉：「行像社聚物得油一勝。」以及「造食看行像社造物用。」〔註183〕P.2049V〈後唐長興二年（931）正月沙州淨土寺直歲願達手下諸色入破曆算會牒〉有：「粟兩碩一斗臥酒。二月八日齋時看行像社人及助佛人眾僧等用。」〔註184〕P.2032〈後晉時期（936～947）淨土寺諸色入破曆〉：「面二斗五升，油一升造食行像社（聚）物看人用」、「麥二斗七升油一升行像社聚物齋時用」、「面四斗造食看行像社聚物用」〔註185〕。連繫上引材料，亦可知淨土寺也要準備一些酒食招待行像社的社人；但另一方面，行像社也必須對寺院有所施捨，其所進行的活動除了行像之外也還必須設齋。復次，如 S.4812〈天福六年（941）二月二十一日麥粟算會〉：「天福六年辛丑歲二月二十一日算會：行像司善得所欠麥六碩七涅，粟三涅。餘者並無交加。為憑。社人兵馬使李員住社人兵馬使李賢定社人氾賢者社人押衙張奴奴。（后缺）」〔註186〕有可能是寺院行像司的算會，在算會後簽名的，應當為行像社的社人，那麼行像社就有可能是隸屬於寺院的行像司了。

（四）營建或修繕寺院建築

唐代也有不少佛社以修建寺院為志業。如汶川護國精舍的「天王殿」，雖討論始於惠澄，繕成始於寺主智昕，但此殿之成，崇構之功仍當歸於「社眾」〔註187〕。唐大曆十四年（779），房山雲居寺寺主芯蒢、謙諷完葺一寺，「結一千人之社」，「春不妨（耕），秋不（廢）穫，立其信，（導）其（教），無貧富

〔註181〕寧可、郝春文輯校，《敦煌社邑文書輯校》，頁 780。
〔註182〕寧可、郝春文輯校，《敦煌社邑文書輯校》，頁 775。
〔註183〕寧可、郝春文輯校，《敦煌社邑文書輯校》，頁 776～777。
〔註184〕寧可、郝春文輯校，《敦煌社邑文書輯校》，頁 772～773。
〔註185〕寧可、郝春文輯校，《敦煌社邑文書輯校》，頁 774～775。
〔註186〕寧可、郝春文輯校，《敦煌社邑文書輯校》，頁 503～504。
〔註187〕《全唐文》卷六二○，元友諒，〈汶川縣唐威戎將軍製造天王殿記〉。

先後，無貴賤老少，施有定例，納有常期，除貯有庫司，補茲寺缺。」〔註188〕
《代宗朝贈司空大辨正廣智三藏和上表制集》卷三載：「大曆七年（772）正
月二十七日。……敕賜汾州西河縣西苑房佛堂寺額。……西河縣社邑百姓，
於至德年中（756～757）創共修葺志願。妖孽喪亡，國家剋復。伏以先聖孝
感取爲社名，並不煩擾公家，亦不私有求乞，其社人等各自率家資遂共成辦，
自茲已來修葺不輟。前年奉　恩命。五臺山修功德，迴日到此佛堂院，尋問
根由具悉其，堂殿院宇已就垂成。特望　天恩賜一寺額。中書門下　牒大廣
智不空牒奉　敕宜賜額法津之寺牒至准　敕故牒。」〔註189〕西河縣百姓結成
社邑各自出資修葺西苑房佛堂，並獲朝廷賜額的例子。

　　上述的幾個例子，因「施有定例，納有常期，除貯有庫司，補茲寺缺」；
「自茲已來修葺不輟」，可見私社的運作應至少維持了一段時期，但也有屬於
一次性組織的團體，如敦煌地區有的私社進行修窟，附表一中第九件社條即
是一件修窟憑約，其有云：「修窟一所，並乃各從心意，不是科率，所要色目
林梁，隨辦而出。……比至修窟罷之，斯憑爲證。」修窟成後，這個社就解
散了。但在敦煌文書中這類的例證倒也不多，大部分從事修窟的社可能都還
要定期協助寺院進行燃燈等佛事。

　　有時寺院因常要求私社修葺蘭若，造成了私社不小的負擔，如 S.5828〈社
司不承修功德狀〉云：「在城有破壞蘭若及故破佛堂等。社內先來無上件功德
修理條教。忽然放帖集點社人，斂索修理蘭若及佛堂。於他眾人等情裏（理）
不喜勸修理。……（後略）。」〔註190〕這是一件社司向寺院所上的拒絕承修蘭
若、佛堂的文狀，聲明不再以社司名義修營燃燈以外的任何功德。在文中還
可見寺院對於私社的運用，已可不經由社司，而自行發放轉帖召集社人，可
見影響之大。

（五）結社唸佛

　　南朝時以慧遠廬山教團爲濫觴，屬於淨土法門的佛會，在唐代續有發
展。由於唐代社、邑已合流，社可以作爲各類民間團體的名稱，所以唐代以
降，還可以「結社唸佛」作爲佛會的另一個代表名稱。但唐代的結社唸佛仍
如南朝時的情形，大致不脫名士與高僧的結合，或者以某位高僧爲中心的糾

〔註188〕〈白帶山雲居寺碑〉，收入：《房山石經題記匯編》，頁 19～21。
〔註189〕收入《大正新修大藏經》第五十二冊，頁 840 下。
〔註190〕寧可、郝春文輯校，《敦煌社邑文書輯校》，頁 719。

集。如杭州龍興寺僧南操結成的「華嚴經社」，創社於長慶二年（822），其間凡十有四齋，每年四季月，「其眾大聚會於是，攝之以社，養之以齋。」南操從社眾中募斂資金，置良田十頃，「歲取其利，永給齋用」〔註191〕。《宋高僧傳》卷十五〈唐吳郡包山神皓傳〉載乾元末年（759），神皓和尚創設了「西方法社」，每年都要唸九千部《法華經》。江州（今江西省境內）神湊和尚的墓誌銘載其創立了「菩提香火社」〔註192〕。道光末年於紹興大理寺中出土的〈九品往生社〉碑刻，記載唐開成五年（840），會稽禹寺請釋玄英法師講《金剛經》於餘姚平原精舍，會眾達一千二百五十人，結成「九品往生社」，「挹其遺蹤，施有等差，階陳九品」。〔註193〕

再如《續高僧傳》卷二十八〈唐益州福壽寺釋寶瓊傳〉「釋寶瓊，馬氏，益州綿竹人。小年出家，清貞儉素。讀誦大品兩日一遍，爲常途業。歷遊邑洛無他方術，但勸信向尊敬佛法。晚移州治住福壽寺，率勵坊郭，邑義爲先。每結一邑必三十人，合誦大品人別一卷。月營齋集各依次誦，如此義邑乃盈千計。四遠聞者皆來造款，瓊乘機授化望風靡服。」〔註194〕而在唐元和十四年（819）春，九江太守李康見廬山未有承繼慧遠者，遂請請僧人大德主持東林寺，前後結會達十八次，「彼域男女，由我而作比邱者，萬有五千五百七十二人。」〔註195〕

民間的結社唸佛，要待宋代以後才開始廣泛地在民間流傳，最主要的原因還是在於阿彌陀淨土思想要到宋代以後才開始深入民間，並配合居士佛教的發展而相得益彰。唐代仍是以高僧爲中心，或名士與高僧的結合爲主。

除了唸誦佛經之外，亦有寫經者，如《全唐文》卷二六二，李邕〈秦望山法華寺碑〉載唐人王弼與其夫人武氏，均皈依佛門，歸服眞空，「起普賢台一級，寫《法華經》千部，廣化人吏，大啓津途。即普賢台，立法華社，每年二月重會一時。」可見法華社是一個專寫佛經的宗教結社，而其內容亦包括造台。

（六）設 齋

設齋是唐代奉佛團體中最流行的佛事活動。如上述敦煌的行像社在行像

〔註191〕《咸淳臨安志》卷九十七，白居易，〈華嚴經社石記〉。

〔註192〕《宋高僧傳》卷十六。

〔註193〕《唐文拾遺》卷五十，處訥〈結九品往生社序〉；陳去病，《五十脂》。

〔註194〕《大正新脩大藏經》第五十冊，頁688上。

〔註195〕《全唐文》卷七四二，劉珂〈廬山東林寺故臨壇大德塔銘〉。

之餘仍要設齋；益州釋寶瓊每三十人爲一邑，「月營齋集」；南操結成的「華嚴經社」，「攝之以社，養之以齋」，甚至還由社眾出資，置良田十頃，「歲取其利，永給齋用」。唐代僧人也將廣泛流行於民間的「社祭」加以改革，如本願寺法師智琇就曾勸化陸泉縣崇善鄉民眾五十餘人，共與「法會」，去罪根而種善根，「月取三長，齋持八戒，同餐法藥，共庇禪林。」〔註196〕

　　廣設齋會的用意，敦煌寫本中有列：「於是洒掃衢陌，懸列僧幡。嚴飾閭閻，敷張寶座，諸佛延名僧。陳百味之珍焱，著六殊之芬馥。總斯福善，先用莊嚴。官錄以下諸公等，惟願無邊罪障之消除，無量善因此時雲集。法財自富，惠命遐長。災害不入於□門，障例勿侵於巷陌。家家快樂，宅宅歡娛。齋主助籛，咸蒙慶然。後干戈永息，風雨順時。法界蒼生，同霑茲福。」〔註197〕

　　唐代私社的奉佛功能名目繁多而多采多姿，而且也已與北朝時多屬一次性組織的造像團體不同，不但都能維持較長時間的運作，甚至於佛社都還置有良田以供寺院之所需，或者提供齋會之用。

四、商人組織

（一）行與行社

　　唐代長安有東市、西市，洛陽有南市、北市，每市佔地一至二坊；兩京之外，較大的州治、縣治也有這種市，這種三級市場的貿易體制，可以稱爲坊市制的商業交換型態〔註198〕。從秦漢到唐代這種城市中市的制度，大體上並沒有明顯的變化，其設置權、廢止權、管理權皆歸官府所有，直到宋代取

〔註196〕《唐文拾遺》卷四十九，了空〈金剛般若石經贊〉。

〔註197〕許國霖編著，《敦煌石室寫經題紀與敦煌雜錄》卷下（蘭州：甘肅文化出版社，1999年），頁117。

〔註198〕周殿杰、張鄰，〈論唐代經濟結構中的市場因素〉，《中國社會經濟史研究》，1989年第一期，頁2。關於唐代的市場管理制度，已有相當豐碩的研究成果，可參見：陶希聖，〈唐代管理「市」的法令〉，《食貨》四卷八期（1936）；加藤繁，《中國經濟史考證》卷一〈唐宋時代的市〉（台北：華世出版社，1976年），頁308～338；武建國，〈唐代市場管理制度研究〉，《思想戰線》，1988年第三期；凍國棟，《唐代的商品經濟與經營管理》（武漢：武漢大學出版社，1990年）；劉玉峰，〈論唐代市場管理〉，《魏晉南北朝隋唐史》，2002年第六期，頁43～54；武復興，〈唐長安的市場和商業〉，《西北大學學報》，1985年第二期，頁41～43、112。

消了市的制度之後，才形成另一個新的市場制度〔註199〕。包括首都長安、東
都洛陽、其他州治、縣治的市，都有同業商店所集合而成的「行」。本節論述
唐代商人團體的功能，即從市中的「行」——同業商店的街區，這種具有相
同地域與相同職業的結合談起。

1. 行——坊市制下同業的街區

《太平御覽》卷一九一〈居處部・市〉引〈西京記〉云：「東都豐都市，
東西南北，居二坊之地，四面各開三門，邸凡三百一十二區，資貨一百行。」
又云：「大業六年，諸夷來朝，請入市交易。煬帝許之。於是修飾諸行，葺理
邸店，皆使賣宇齊正，卑高如一，瑰貨充積，人物華盛。」這裡指的是隋代
洛陽的豐都市，其在唐代稱為南市。元代的著作《河南志》載：「唐之南市，
隋曰豐都市，東西南北，居二坊之地，其內一百二十行，三千餘肆，四壁有
四百餘店，貨賄山積。」〔註200〕連繫上引諸史料中的「行」，大略能指出應是
商店集合在一起的街區，而其所載之邸店和行的數目雖然有一些差異，但其
意皆同；從隋到唐洛陽市的外部設有幾百個倉庫，市的內部有許多由眾商店
所聚集稱為「行」的街區。同樣在《河南志》中也還有關於洛陽大同坊的記
載：「本曰植業。隋大業六年徙大同市於此，凡周四里，開四門，邸一百四十
一區資貨六十行。」〔註201〕由此可知隋代洛陽的大同市也有和豐都市同樣的
構造。而宋代宋敏求所著《長安志》記：「市內貨財二百二十行，四面立邸，
四方珍奇，皆所積集。」〔註202〕以及圓仁所著《入唐求法巡禮行記》卷四載
會昌三年（843）六月二十七日：「夜三更，東市失火，燒東市曹門以西十三
行，四千餘家。」則是記載了唐代長安的情況。《長安志・西市》中沒有提到
行，但「市內店肆，如東市之制」，因此西市當也有行。

〔註199〕加藤繁，《中國經濟史考證》，頁308～317。劉玉峰指出唐代官府對於市場管
理的具體內容有：(一) 市場啟閉管理；(二) 入市商品質量、規格的管理；(三)
奴婢馬駝騾驢等特殊商品交易的管理；(四) 度量衡器的管理；(五) 市場物
價的制定與調控；(六) 市場交易稅；(七) 市籍制；(八) 分行列物制；(九)
行會對市場的管理；(十) 市場秩序的維持與管理。參見：氏著，〈論唐代市
場管理〉，《魏晉南北朝隋唐史》，2002年第六期，頁43～54。
〔註200〕《河南志》卷一〈河南府路羅城〉，「次北唐之南市」條，收入：《宋元方志叢
刊》第八冊（北京：中華書局，1990年），頁8343。
〔註201〕《河南志》卷一〈河南府路羅城〉，「次北大同坊」條，收入：《宋元方志叢刊》
第八冊，頁8347。
〔註202〕《長安志》卷八〈唐京城二〉，「次南東市」條，收入：《宋元方志叢刊》第一
冊，頁118。

在唐代文獻中可以發現許多行的名稱，如康駢所著《劇談錄》卷上〈王
鮪活崔相公歌妓〉：「……鮪密言，有一事，或可救之，然須得白牛及酒一
斛，因召左右，試令求覓。有度支所由幹事者，徑詣東市肉行，以善價取
之，將牛頭而至。」這是在長安東市「肉行」，搜買白牛頭的記載。又《太平
廣記》卷二六一〈鄭群玉〉：「唐東市鐵行，有范生，卜舉人連中成敗。」傳
述長安有鐵行。此外還有太衣行、鞦轡行、秤行和絹行等，這些應該都是構
成長安東、西市所謂二二〇中的一行，是同業店鋪中的集團。在長安以外的
地方都市也有「行」的名稱，如《太平廣記》卷二八〇〈劉景復〉：「乙丑
春，有金銀行首，糾合其徒。以綃畫美人。捧胡琴以從（吳泰伯廟）。」是蘇
州「金銀行」的首長糾合其徒，作美人畫，獻於吳泰伯廟。而《太平廣記》
卷三四一〈鄭瓊羅〉則是有揚州揚子縣的市吏子將鄭瓊羅屍埋於「魚行」西
渠中的故事。

在唐末到宋初的敦煌寫本文書中亦有關於酒行的記載，如 P.4979〈唐天
寶十（？）載酒行安胡到芬牒〉：〔註203〕

　　1. 酒行　狀上

　　2. 供糟二十甕

　　3. 右胡到芬，比日在於市，納沽酒經

　　4. 紀，緣無本產，伏來經今日□□造

　　5. 酒，請乞給價值。謹狀

　　6. 牒件狀如前，謹牒。（後略）

根據姜伯勤的研究指出這仍是在盛唐時市制之下的酒行〔註204〕。至歸義軍時
期，雖然典型的坊市制已被打破，但「行」仍然繼續保留下來，其中有木行
〔註205〕、金銀行〔註206〕、畫行〔註207〕、紙行〔註208〕、鐵作行〔註209〕等。

<hr />

〔註203〕唐耕耦、陸宏基編，《敦煌社會經濟文獻真蹟釋錄》第三冊，頁 626；池田溫，
　　　　《中國古代籍帳研究・概觀、錄文》（東京：東京大學東洋文化研究所，1979
　　　　年），頁 477。
〔註204〕姜伯勤，《敦煌社會文書導論》（台北：新文豐出版公司，1992 年），頁 177
　　　　～178。
〔註205〕莫高窟 39 窟五代供養人題名：「孫木行都料兼步軍隊頭像奴一心供養。」收
　　　　入：敦煌研究院編，《敦煌莫高窟供養人題記》（北京：文物出版社，1986
　　　　年），頁 12。
〔註206〕安西萬佛峽五代曹氏所開諸窟題名：「社長押衙知金銀行都料銀青光錄大夫檢
　　　　校大子賓客鬱遲寶令。」參見：向達，〈敦煌藝術概論〉，《文物參考資料》二

此外亦有酒店〔註210〕、木匠〔註211〕、金銀匠〔註212〕、畫匠〔註213〕等名稱，
可能是這些行內的成員〔註214〕。此外，在吐魯番出土文書中也可見□布行、
菓子行、采帛行、米麵行、帛練行等名稱。〔註215〕

在五代時則開始有「牙行」的記載。《全唐文》卷九七三〈請禁業主牙人
陵弱商賈奏〉：「如諸色牙行人內有貧窮無信行者，恐已後誤，既許眾狀集出。
如是客旅自與人商量交易，其店主、牙行人並不得邀難遮占，稱須依行店事
例引致。如有此色人，亦加深罪。其有典質倚當物業，仰官牙人、業主及四
鄰人同署文契。」這是後周廣順二年（952）開封府所上之奏。牙人在唐代還
有牙子、牙儈、商儈、主儈等稱呼，是溝通商品交易雙方的中介人，但不直

〔註207〕 卷四期（北京：1951 年），頁 44。

〔註207〕 S.3929〈節度押衙董保德建造蘭若功德頌〉：「厥有節度押衙知畫行都料董保
德⋯⋯故得丹青增妙、粉墨稀奇。手迹及于僧瑤，筆勢鄰於曹氏⋯⋯實佐代
之良工⋯⋯先于當府子城內北街西橫巷東口弊居，聯壁形勝之地，創建蘭若
一所⋯⋯偶因行侶會坐（下略）」。可知董保德爲畫行都料，又有「行侶」多
人。關於敦煌的畫行與畫院，姜伯勤有專文研究，參見：氏著，〈敦煌的畫行
與畫院〉，收入：段文傑主編，《1983 年全國敦煌學術討論會文集（石窟藝術
編）》下冊（蘭州：甘肅人民出版社，1987 年），頁 172～191。

〔註208〕 莫高窟晚唐第 196 窟，即何家窟，供養人題名：「故父紙匠都料何員住一心供
養」、「故弟子紙匠何員定一心供養」。收入：敦煌研究院編，《敦煌莫高窟供
養人題記》，頁 87。

〔註209〕 P.2032 背〈己亥年（939）淨土寺破曆殘卷〉：「粟一碩六斗，鐵匠史都料手工
用」、「粟三碩，史奴奴打釘葉手工用」。

〔註210〕 在十世紀時，如 S.2894 V2-V3 載有安家酒店和曹家酒店、羅家酒店（972），
可能是屬於沙州酒行中的酒店。三件文書分別收入：寧可、郝春文輯校，《敦
煌社邑文書輯校》，頁 260～261、267～268、269～270。

〔註211〕 P.3032V〈己亥年（939）淨土寺破曆殘卷〉：「粟陸碩，造鍾樓木匠董萬遷手
工用。」

〔註212〕 P.2049V（931）：「粟柒涅，造祢（菩薩）頭冠，從二十日至二十九日中間，
供金銀匠及造傘骨闍梨，兼釘鏴博士等用。」

〔註213〕 榆林窟第三十三窟（五代）題名：「清信弟子結度押衙□□相都畫匠作銀青光
錄大夫白般□一心供養。」榆林窟第三十四窟（五代）題名：「□主沙州工匠
都勾當知畫院使歸義軍節度押衙銀青光祿大夫檢校太子賓客武保琳一心供
養。」

〔註214〕 這些手工業的匠，一般並不結合成「行」，除非他們也具有商人的性質。在城
市中他們將商敏提供給商人的行，與行有密切的關係。參見：范文瀾，《中國
通史》第三編第一冊（北京：人民出版社，1965 年），頁 265～266。

〔註215〕 這些「行」的名稱多集中在交河市沽文書中，分別是大谷文書 3044、3054、
3060、3072、3097，收入：小田義久編，《大谷文書集成》第二冊（京都：法
藏館，1990 年），頁 11、13、14、16、24。

接參加交換，在唐代的市制中牙人對於商業的發展有其必要性〔註216〕。在上引材料中，不但首見「牙行」之稱，並是官府運用牙行的的例證。

在歷來的研究中，唐代的「行」，多是以中國近代商業「行會」制度起源的角色來進行討論，並與歐州中世紀的「行會」（Guild）進行比較。目前對於其性質，大致存在有兩種意見：一者是認為唐代的「行」有行會的性質；另一種說法則是認為唐代的行，與歐洲中世的行會或者中國近代的行會是完全不同性質的組織，「行」是因官府的須索才創立的，主要功能是為官府服務，並無管制營業活動的職責，或商業獨佔權之類的活動；且行的組織中並不是全體成員都有共享利害的組織，而是上戶利用特權苛剝下戶，不具有行會的均等原則〔註217〕。目前仍是以前者，也就是唐代的「行」具有行會的性質，有較多的研究予以立論。本書以下論述為求能切中主題，將焦點集中於唐代的「行」是否能視為商人團體？如果答案是肯定的，那麼它擁有哪些功能？以及在往明清時代「行會」制度的歷史發展中，唐代的「行」佔有什麼樣的地位？

唐代同業商人組織的「行」，是當時城市坊市制之下的產物，而一項制度的形成必有其淵源，斷無憑空出現之理。楊德泉指出，隋唐「行」制度的形

〔註216〕關於唐代牙人的研究，可參照：張弓，〈唐五代時期的牙人〉，收入：中國社會科學院歷史研究所魏晉南北朝隋唐史研究室主編，《魏晉隋唐史論集》第一期（北京：中國社會科學出版社，1981年），頁252～266。由於在唐代的市制之下，市上各家坐商開業都有固定的行肆，並在自己的商店前設置題有行名的標誌。而各地的客商由於受到如《唐會要》卷八十六〈市〉的規定：「兩京市諸行自有正鋪者，不得于鋪前更造偏鋪。」這就使客商的經營場所受到限制，他們只能把帶來的貨物儲在邸店裡，就地出售。在急於把貨物及早脫手之時，卻又往往一時不識買主，或與買主不相溝通，在這種情況下，牙人的斡旋對於客商的確是非常必須的。不過商品的定價，仍是必須依照官方頒布的沽價標準酌定。

〔註217〕贊同第一種說法，也就是唐代的「行」有行會的性質者，如范文瀾，《中國通史》第三編第一冊，頁265～266；楊德泉，〈唐宋行會制度之研究〉，收入：鄧廣銘、程應鏐編，《宋史研究論文集》（上海：上海古籍出版社，1982年），頁207～240；胡如雷，《中國封建社會形態研究》（台北：谷風出版社，1987年），頁317～325；加藤繁，《中國經濟史考證》，頁377～411；全漢昇，《中國行會制度史》，頁13～43。至於持第二種說法者，如傅筑夫，〈中國工商業的行及其點〉，收入：氏著，《中國經濟史論叢》下冊，頁387～492；傅氏所持理由有三：一是行是官府的需索才創立的，並非手工業者商人自己的組織；二是行內上下戶等之間矛盾尖銳，而沒有作為行會制度基本精神的「均等原則」；三是行的功能主要是為官府服務。

成，是當時：（一）城市經濟的繁榮；（二）城市工商業人口的日益增長；（三）同業商店和同一專業手工業者之聚居等背景所促成的〔註218〕。其中第三項同業商店聚集的情形，已是由來已久，最早可以追溯到春秋戰國時代，屢為學者作為考究行會制度起源的依據。

在先秦兩漢時就有同業商人於同一地區聚集販賣的規劃。如《周禮‧地官‧司市》：「以次序分地而經市，以陳肆辨物而平市。」但須留意的是在兩漢以前，史料上將這種同業聚集的情形，或者同業的街區，稱為肆、次、列、行列等等，而未見如隋唐時期單以「行」稱呼的例子。而上引《周禮》史料鄭玄注云：「次，謂吏所治舍，思次、介次也，若今市亭然，敘肆行列也、經界也。」「陳猶列也，辨物、物異肆也，肆異則市平。」其意應是指把賣同樣商品的店鋪聚集在一起，適當地分配市內的土地，加以配置，並且在適中的地方設立市吏的廳舍。同業商店的街區叫作「肆」，或「次」。《左傳‧襄公三十年》云：「伯有死於羊肆。」所謂羊肆應即是羊鋪的街區；《莊子‧外物》：「曾不如早索我於枯魚之肆。」枯魚之肆或也可解釋為乾魚鋪的地區。鄭玄在上引《周禮‧司市》的注中另把肆解釋為「行列」兩字，在當時同業的街區可能亦稱為行列，《漢書‧食貨志上》有：「商賈大者，積貯倍息，小者坐列販賣。」《後漢書‧劉盆子傳》：「賜滎陽均輸官地，以為列肆。」列，或者市列、列肆，都可解釋為這種意思。至隋唐時期，雖仍可見把同業商店的街區叫做肆，但主要仍以「行」為主。「行」是同業商人所聚集的性質，一直到宋代以後以迄明、清，都沒有多大的改變，在明末小說《初刻拍案驚奇》卷八中可見所謂「三百六十行」一語，在現代仍是表示各行各業之意。

始自先秦，或稱為肆、次、列，一直到唐代市制下的「行」，所指都是同業商店所形成的街區，這一項發展脈絡應是沒有太大問題的。但若再進一步認為自春秋戰國開始，就有同業商人團體存在的需要，且已能發揮功能，就史料情況而言，並不易令人信服〔註219〕。全漢昇指春秋戰國以降，商人間就存在著必須聯合，或加以組織的因素，如防範盜匪劫奪，共同協力防禦；為

〔註218〕楊德泉，〈唐宋行會制度之研究〉，收入：鄧廣銘、程應鏐編，《宋史研究論文集》，頁207～216。
〔註219〕加藤繁只有指出同業街區存在的情形，參見：氏著，《中國經濟史考證》，頁405～409。全漢昇則認為同業商人聚集販賣的街區，以及同業的商業團體在隋唐以前都是存在的，參見：氏著，《中國行會制度史》，頁13～28。

保持買賣信用，而共同維持良好質料及規定價格的必要；爲了取得統治者的保護與其他特權這三項，因此手工業行會在當時就已存在。但在其所徵引的史料中，並未見得商人團體的實證。如顯示市場有統制的必要性，以《禮記‧王制》云：「用器不中度，不粥於市；布帛精不中數，幅廣狹不中量；姦色亂正色，不粥於市……。」晉左思〈魏都賦〉所載：「廓三市而開廛，籍平逵而九達。班列肆以兼羅，設闤闠以襟帶。濟有無之常偏，距日中而畢會。抗旗亭之嶢薛，侈所䂂之博大。百隧轂擊，連軫萬貫。憑軾捶馬，袖幕紛半。壹八方而混同，極風采之異觀。質劑平而交易，刀布貿而無筭。財以工化，賄以商通。難得之貨，此則弗容。器周用而長務，物背窳而就攻。不鬻邪而豫賈，著馴風之醇醲。」〔註220〕這些例證中並不見商人組織，而應視爲官府的管制爲佳；再者，以《史記‧平準書》：「諸作有租及鑄，率緡錢四千一算。」中所提到的「作」，認爲與宋代《都城紀勝書》所載「市肆謂之行者，……其他工伎之人或名爲作」是同一個意思。但《史記》中的「諸作」，按文意應是指各種小手工業者的簡稱，並沒有手工業行會的跡象。全氏還將鄭國商人弦高一方面犒秦師，一方面又可派人回鄭告急的舉動，認爲不是弦高個人所爲，而是商人團體的共同活動，也是缺乏根據。甚至以《後漢書》卷八十三〈逸民‧韓康傳〉載韓康在長安市中賣藥，三十年口不二價，比附爲是商人組織對市場商品價格的規定，亦爲牽強。〔註221〕

　　那麼「行」開始在隋唐時代出現，除了是市中同業的街區之外，那麼是否已可開始視爲中國近代「行會」的前身，亦即「行」是否具有商人團體組織的性質？

2. 唐宋之際，坊市制崩壞，「行」朝向同業團體發展

　　唐代「行」內的成員已有「行人」的特別稱呼，如《舊唐書‧食貨志下》：「建中元年七月敕：夫常平者，常使穀價如一，大豐不爲之減，大儉不爲之加，雖遇荒災，人無菜色。自今以後忽米價貴時，宜量出官米十萬石，麥十萬石，每石量付兩市行人，下價糶貨。」把官有的米、麥交給各十萬石交給兩市的「行人」，應即是米行的商人，使他們用賤價賣出。而「行商」、「行戶」等則是在宋代的文獻中開始大量出現〔註222〕。至於行的首長則稱爲行頭、行

〔註220〕收入：《全上古三代秦漢三國六朝文》，《全晉文》卷七，頁1888。
〔註221〕全漢昇，《中國行會制度史》第二章〈萌芽時代〉，頁13～28。
〔註222〕如《續資治通鑑》卷二四六〈熙寧六年八月己丑〉：「詳定行戶利害條貫所言，

首或行老。唐代賈公彥在《周禮注疏》卷十五〈地官・肆長〉疏中言：「肆長謂行頭，每肆則一人，亦是肆中給徭役者。……此肆長謂一市立一長，使之檢校一肆之事，若今行頭者也。」將肆長以當時的「行首」來說明。《舊唐書・食貨志上》：「貞元九年三月二十六日敕：……自今以後，有因交關用欠陌錢者，宜但令本行頭及居停主人、牙人等檢察送官，如有容隱，兼許賣物領錢人糾告。」乃使「行頭」及居停主人（旅舍主人）檢察欠陌錢使用的情形。〔註223〕

以上史料中我們可瞭解行有首領——「行頭」，行的成員稱「行人」，似乎已具備了成為團體組織的條件，但包括行頭與行人，其稱呼都來自於官方，也就是官府運用的對象。而「行頭」如何產生，史料未載，但大概不是由行人彼此推選出來的，而是如唐代「船頭」、「捉驛」的辦法。《新唐書》卷一四九〈劉晏傳〉載：「初，州縣取富人都漕挽，謂之船頭；主郵遞，謂之捉驛。」可能是由市司指定行中財力殷實的工商業者擔任，屬色役一類。

但即便如此，由隋唐「行」從零星的史料中，還可以見得「行」本身除了應官差遣之外，對自身「行」內的成員，還能發揮技術上的要求，追求共同的目的，組織祭祀與娛樂，以及形成共同的習慣與語言等功能，這就表示行除了作為官府運用的單位之外，在一定程度上還具有團體組織的性質。

發揮技術上的要求，如《古今圖書集成・考工典》引《盧氏雜說》云：「盧氏子失第，徒步出都城，逆旅甚寒。有一人續至附火，吟曰：『學織繚綾工未多，亂拈機杼錯拋梭，莫教官錦行家見，把此文章笑殺他。』盧愕然，以為白樂天詩。問姓名，曰：『姓李，世織綾錦，前屬東都官錦坊，近以薄技投本行，皆云以今花樣與前不同，不謂技倆見以文彩求售者，不重于世，如此且東歸去。』」反映出李姓織匠因技術不符本行要求，所以投行時遭到拒絕，也可說明行對於其成員的技術有一定的要求。不過這可能並不能完全視為行為提昇競爭力，或為以技術壟斷市場，《唐會要》卷八十六〈市〉的規定：「諸行以濫物交易者沒官。」《唐律疏議》卷二十六〈雜律上〉言當時以「不牢不真」之器物交易者謂之「行濫」。因此行對於技術的要求，也有可能是出自於

據米麥等行狀，歲供……，皆有陪費。」即可見「行戶」一辭。

〔註223〕而「行老」則見於宋代史料，如：宋・真德秀，《真文忠公全集》卷七〈申御史臺并戶部照會罷黃池鎮行鋪狀〉：「……勒令行老，排擔抑表，立定額數，不容少虧。」又如宋代孟元老撰《東京夢華錄》卷三〈雇覓人力〉：「凡雇覓人力，幹當人、酒食作匠之類，各有行老供，雇覓女使，即有引至牙人。」

執行官府對於商品質量的規範。

在商行中也有師父與學徒的關係，這點就頗類似於歐州中世紀的行會。敦煌歸義軍時期的 P.4995〈兒郎偉〉：「（前略）李樂榮社內尊長，萬事惣辦祇當。今載初修功德，社人說好談量。麵飯早夜少吃，都來不飲黃湯。教訓樂行徒弟每日仕事君王。承受先人歌調，齊吹并沒低昂。便是樂營果報，必合壽命延長，身材一似惡鬼，行步似失兒母郎。養甚十男九女，時常乾走乾忙。牙齒早年疏□，坐處先索盤腸。」可知李樂榮是樂行師傅，「教訓樂行徒弟」，說明當時沙州的行不僅有行業、行店、同行組合之意，且亦有師徒關係〔註224〕。再如敦煌的「都料」董保德計議同行修一座畫廊式的蘭若，「乃與上下商宜」，「尋即大之與小，尊之與卑，異口齊歡，同音共辦。」〔註225〕而韓愈〈師說〉：「巫醫樂師百工之人，不恥相師。士大夫之族曰師曰弟子者，則群聚而笑之。」〔註226〕亦說明許多行業有拜師學藝的學徒。

「行」本身亦有追求成員共同目標的功能，如上述敦煌畫行都料董保德計議同行修蘭若，以及下文將談到的以「行」爲單位進行宗教活動等皆是。

以上種種都說明了隋唐的「行」，除了應官差遣之外，還能發揮一些團體的功能。隋唐的「行」除了延續春秋戰國以來，肆、次、列等同業聚集的特色，並配合坊市制而成爲同業的街區之外，也開始具備了商人團體的性質，因此多被認爲是近現代行會的起源，但這與同業商人彼此間爲壟斷或維護某項商業利益，或者彼此共享商業利潤等功能，仍有很大的差距，在隋唐時代，這些近、現代行會的功能，就目前所知的史料是無法證得的。但在唐宋期間，「行」仍向著近現代行會的性質發展，最重要的一項轉變，就是慢慢擺脫原有同業街區的關係，而朝向同業團體發展。

唐宋時期，由原先的同業街區漸漸發展成同業的組織團體，是隨著市制的崩潰而改變的。唐代中期以後市制漸漸崩壞，行人商業的獨佔權瀕於崩潰的危機。所謂的「獨佔權」，是指在行市制度之下的各種商業，大體上都是

〔註224〕姜伯勤，〈敦煌音聲人略論〉，《敦煌研究》，1988 年第四期，頁 5。

〔註225〕姜伯勤，〈敦煌文書中的唐五代「行人」〉，《中國史研究》，1979 年第七期，頁 77～85。敦煌的行中有資產的行東都稱「都料」，有時還取得「節度押衙」的頭銜。在他們之下還有幫工（以博士、匠人爲主），之外還有學徒，亦可參見：氏著，《敦煌社會文書導論》，頁 176。

〔註226〕收入：韓愈，《韓昌黎文集校注》第三冊（成都：四川大學出版社，1996 年），頁 1508～1509。

由市內各街區的同業商店所獨佔，也就是絹的商業由絹行的商人所獨佔，金銀的商業由金銀行所獨佔，而這種獨佔權是市制之下的必然結果，並不是同業團體組織的力量所達成的。市制的廢弛導致了同業獨佔權的漸行喪失，因此行人進而團結並加強組織，才漸漸有類似近代商人行會組織的雛型出現〔註227〕。上引《全唐文》卷九七三所載，後周廣順二年（952）開封府上奏整頓牙人的材料中，「店主、牙行人……須依行店事例引置」，可見當時牙行應已擁有一些行規，官府欲將牙人「貧窮無信行者」逐出牙行，應該還是得透過牙行來執行。在此時的市制已屬漸趨崩壞之時，而逐出牙行也多少表示可能並非所有牙人都必須入行，那麼此時的牙行，就有可能已漸屬於商人團體的性質了，只是官府仍能有相當程度的掌控。在宋代市制已完全崩壞之時，如《文獻通考》卷二十〈市糴考‧鄭俠奏議跋〉有曰：「今立法，每年計官中合用之物，令行人眾出錢，……才立法隨有指揮。原不係行之人，不得在街市賣壞錢納免行錢人爭利，仰各自詣官投充行人，納免行錢，方得在市賣易。」又云：「此指揮行，凡十餘日之間，京師如街市提瓶者，必投充茶行。負水擔粥以至麻鞋頭髮之屬，無敢不投行者。」這裡所指的「行」，似已是一種同業的團體。

據加藤繁研究指出，在宋代市制崩壞之後，商店的分布情況可分為：（一）各種商店毫無限制地任意開設；（二）同業商店雖然脫離了「市」商業區域的拘束，但還是結合成街區，散布在城市內的各個地方。不論是定期市在同業街區中開市，或是配合地一種情況，在交通便利的河畔、橋頭、城門內外開市，它都可以叫作行、市或團等等；所以「行」在此時已不能都全視為同業的街區〔註228〕。在宋代已有許多例子，說明了「行」以是維護行人共同利益的組織，而共同利益中最主要的，就是壟斷某一種營業〔註229〕。但即使在宋代，行以成為追求行人利益的團體，但行仍須應官差遣，這種任務就稱為「行役」，加藤繁指出行役制度起源於唐五代，至北宋時開始成為一種常見的措

〔註227〕加藤繁，《中國經濟史考證》，頁317～335、391～399。

〔註228〕加藤繁，《中國經濟史考證》，頁384。

〔註229〕如《續資治通鑑長編》卷二六二〈熙寧八年四月癸未條〉：「權知開封府司錄參軍朱炎言：『奉詔，在京免行錢，貧下戶減萬緡，已減。百六十餘行，依舊祇應。近有彩色等十三行，願復納免行，欲聽許。』從之。」已經除去免行錢的開封彩色等十三行，願意再納免行錢。這可能是行人對官府的運動，他們發揮團體的力量，對團體外部發生作用。

施，究其發展，與「行」由同業街區轉變爲同業團體組織的演變，在時間上是並行的。就商行的立場而言，爲維護營業的獨佔權而付出行役的代價，這也能配合市制崩壞，行由同業的街區，漸漸轉變爲追求行人自身利益的團體之演變；而在官府眼裡，「行」則是爲了行役而存在的。〔註230〕

　　綜上所述，我們可以瞭解，隋唐時代市制之下的行，是同業商店所組成的街區，也就是同業商店集而成「行」，「行」集而成「市」的制度，同業聚集的情形可能在先秦時就已存在。在市制仍能維持之時，行內的商人也因此制度而能擁有相當的商業獨佔權，但這是制度下必然的結果。隋唐時代的「行」，除了是同業的街區之外，也已有團體組織的性質顯露，在史料上也可見到追求共同的目的，組織娛樂與祭祀，以及形成共同的習慣與語言等功能，但大致上還是以扮演協助官府執行市場管理的角色爲重，即使到宋代亦然。有不少學者即便認爲唐代的行具有「行會」的性質，但仍多指出不可太高估行的商業獨佔權，與保護自身商業利益的功能，因爲官府管控的力量仍是相當明顯。物價與秩序的規制都是屬於「市」的功能，而依「行」的自身意志，進行對物價的控制，維持商業秩序，或保護自身的商業利益，在隋唐時期就目前所知的史料是無法證得的。〔註231〕

　　唐宋時期「行」的性質與功能，是隨著中唐以後市制的逐漸崩潰而演變，漸漸脫離同業街區的束縛，而至宋代時，才成爲具有追求商業利益功能的同業商人組織。日野開三郎即將唐宋期間「行」的性質，劃分爲租庸調制時期、藩鎮兩稅法時期、宋代等三個時期進行比較，即是在此歷史演變的脈絡下，進行較細緻的考察，並予以分期〔註232〕。隋唐時代的「行」，雖已有同業商人

〔註230〕加藤繁，《中國經濟史考證》，頁 391～399。
〔註231〕劉玉峰，〈論唐代市場管理〉，《魏晉南北朝隋唐史》，2002 年第六期，頁 43
　　　　～54。劉氏特別指出有不少著作認爲唐代工商業行會類似歐洲中世紀行會的
　　　　性質，是同類型的工商業者保護自身利益的同業組織，但這是值得商確的看
　　　　法，因爲包括規定各行產品的規格、質量、價格等權力都是明確歸於官府所
　　　　有。官府的力量往往爲人所忽略。胡如雷亦將唐宋時期的行會與歐洲中世紀
　　　　的行會進行了比較，雖然唐宋時期的行會也具有某些工商業者利益相連繫的
　　　　經濟職能，但唐宋時期的行會最主要並不是工商業者保護自身利益的組織，
　　　　而是「封建政權對工商業者進行統治和徵斂的工具」，中國直到明清時期「才
　　　　真正形成了類似西方行會的工商業組織」。參見：氏著，《中國封建社會形態
　　　　研究》第十二章〈城市經濟和城鄉對立〉（台北：谷風出版社，1987 年），頁
　　　　317～325。
〔註232〕日野開三郎，《唐宋時代商人組合「行」的再探討》，收入：氏著，《日野開三

團體功能的發揮，但仍應保守看待，尤其是在中唐以前市制仍能有效運作之時，還是以視爲同業的街區以及官府運用的單位爲宜。換句話說，隋唐的「行」已具有同業商人團體結合的條件，只是尚未全面形成常態性質的同業商人團體，其原因可能還是如上文所論，行的功能主要在於協助官府對於市場進行管制，官府操控的程度仍大，且在行市制度下，各行也都能擁有市場的獨佔權，由此看來，似乎仍缺乏組成一個常態運作團體的動因。

3. 唐代的「行社（邑）」

唐代隨著城市中行制的施行，開始有「行社（邑）」，也就是行人結社的出現，就目前所知的史料中，其功能以屬宗教功能的奉佛活動最爲顯著，相較於此時的「行」，「行社」無疑的更具有民間結社的意義。

《房山石經題記匯編》收錄了今日北京房山雲居寺在唐代時，當地各行結社刻經的題名記，民間刻經的結社可概略分成當地以州、郡、鄉、村居民所結合的地域性結社，與城市內行商所組成的行社（邑）。行社（邑）所分布的地區頗爲集中，除潞河油邑一則外〔註233〕，均屬於幽州范陽郡以及大曆四年由幽州分出去的涿州治所。就時間而言也集中於天寶與貞元兩個時期，前者有八十七件，後者有四十四件，佔了行社（邑）刻經題記總數量一百四十五件的 90%，這個現象與當時幽州地區商業活動的榮枯有關。

幽州范陽郡是唐代幽州總管府、大總管府、大都督府、范陽節度使的治所，一直是政治、軍事的重鎮，且其地亦是內地對東北的重要通道。隋煬帝修運河，「導洛至河及淮，又引沁水到河北，通涿郡」。涿郡即唐代的范陽，其地處於南北大運河的北端，南方物產可經運河運達於此，且唐代開元天寶年間社會繁榮安定，《通典·食貨》載：「開元十三年封泰山，米斗至十三文，青齊穀斗至五文，自後天下無貴物。兩京米斗不至二十文，面三十二文，絹一匹二百一十文。東至宋汴，西至岐州，夾路列店肆待客，酒饌豐溢。每店皆有驢賃客乘，倏忽數十里，謂之驛驢。南詣荊襄，北至太原、范陽，西至蜀川、涼府，皆有店肆，以供商旅，遠適數千里，不持寸兵。」天寶年間范

郎東洋史學論集》第七卷（東京：三一書房，1983 年），頁 263～504。而唐代的坊市制度，也已有不少研究指出是爲了配合均田制實施的需要，此與日野開三郎所述「行」第一個時期的發展——租庸調制時期，是可以互相配合的。參見：周殿杰、張鄰，〈論唐代經濟結構中的市場因素〉，《中國社會經濟史研究》，1989 年第一期，頁 2。

〔註233〕《房山石經題記匯編》，頁 148。

陽郡有紡織、大米、肉行、屠行、生鐵、宴設樓等各類行社達二十八個，正是工商業興盛發達的表現。但安史之亂南北交通阻隔，工商業衰落，至大曆末年（756～779）年間行社刻經活動幾乎絕跡，可能即是反映兵禍的影響。至貞元元年間劉怦、劉濟父子相繼掌握幽州大都督府大權表示歸順朝廷，唐朝亦無力向幽州用兵，因此當地使恢復相對和平安定的局面，且在幽州節度使劉濟的提倡下，貞元年代行社的刻經事業開始復甦，但與天寶時代相比，僅整體數量減少，且天寶時范陽郡的二十八個行社，貞元時已不復見，表示貞元時期幽州地區的工商業雖有復興，但盛況已大不如前。〔註234〕

除了行社（邑）之外，還有屬於地域性質的社邑，通常都以州、郡、縣、村名為名稱，在天寶時代，這類按地緣關係所結合成的社，其成員以工商業者和城市居民為主，但至貞元時期，名稱以鄉社或村社為多，且成員也以鄉村居民為主，這應也能反映，貞元時期城市工商業的發展，已大不如天寶時代。〔註235〕

復次，在刻經題記中所顯示的行社共有四十四個，在諸行社（邑）中，以紡織類的行社為最多，如小彩行邑、大彩帛行社、彩帛行邑、絲綢採帛行邑、絲錦採帛行邑、絲棉行邑、布絹行社、布行社等等；而為米、穀類的行，如米行邑等；其他尚有饅頭行邑、屠行邑、肉行邑、雜貨行邑、長店邑、油行邑、磨行邑、炭行邑、五熟行邑、生鐵行邑、椒笋行邑、菓子行邑、靴行邑、諸行石經邑等。河北道在唐代盛產蠶絲，是當時紡織業的中心之一，《通典》卷六〈食貨〉有載幽州范陽郡貢綾二十匹，范陽節度使所屬的定州博陵郡貢細綾一千二百七十匹，兩窠細綾十五匹，瑞綾二百五十五匹，大獨窠綾二十五匹，獨窠綾十匹。《朝野僉載》卷三載：「定州何名遠大富，主官中三驛，每於驛邊起店停商，專以裘胡為業，貲財巨萬，家有綾機五百張。」可見斯時斯地紡織業的興盛。而大當米行社的興盛則應與上述隋煬帝時南北運河的開通有關。

「行社（邑）」的首領、幹部與當時地域性質的社相同，主要有「邑主——平正——錄事」，或「社官——錄事」這兩個租織系統，這在本書下一節將再行論述。天寶二年至天寶十三年期間，范陽郡的布絹行每年幾乎都進行刻

〔註234〕唐耕耦，〈房山石經題記中的唐代社邑〉，《文獻季刊》，1989年第一期，頁83～84。
〔註235〕唐耕耦，〈房山石經題記中的唐代社邑〉，《文獻季刊》，1989年第一期，頁98。

經活動，題記上的名稱有絹行邑、大絹行邑、市大絹行邑，也有直接稱爲絹行、布絹行、布行、絲綢綵帛行、絲棉□帛絹行等，其首領、幹部多由游家擔任，天寶二年的絹行由游自勛任社官，之後一直到天寶十三年則由游金應擔任，共計十一次社邑的社官，三次任平正〔註236〕，而這也顯示出游氏在當時范陽郡的絲織業，應擁有相當高的地位。相似的情形如范陽的小絹行社或新絹行自天寶六年至十年，社官一直是權思貞〔註237〕；貞元八年至十七年幽州油行邑、油行，社官都是李承福〔註238〕。游金應、權思貞、李承福等人是否有可能是平常行內的行頭或行首，並無其他證據佐證，假使能懂理出行首、行頭與社官、平正等的關係，相信對於「行」的性質及其與「行社」的關係之瞭解，會有突破性的發展。

　　「行」的成員組織成「行社」，以進行刻經的奉佛事業，其組織稱「社」或稱「邑」，社與邑在唐代時已不像南北朝時有嚴格的意義區分，都是民間結社之意。但除了行社、行邑之外，而有些組織在題記中直接書寫行名，也就是直接以「行」爲單位進行刻經，如上述游金應亦擔任過范陽郡絹行、布行的社官或平正。進行刻經的「行」與「行社」的性質與功能，似乎並沒有區別，它們的首領都是社官、平正、錄事等，而不是「行首」。但行或行社組織刻經，其性質大抵上是行人因有共同的宗教目的，於是在同業街區的基礎上組織結社，也就是行人另外組成的團體（結社），所以其性質仍是有別於同業街區的行。那麼爲何有的團體逕以「行」爲名稱，而有些則稱爲「行社」或「行邑」呢？

　　由於行人間具有相同的地緣與職業（同業街區）關係，「行」名可作爲行人的的代表，因此有時也就直接以行名作爲刻經的單位，且還有可能如下文將談到的《太平廣記》卷二八〇〈劉景復〉條中所言，「市肆皆率其黨……祈福於讓王」，「有金銀行首糾合其徒……以從」，由領導者直接率領全行的方式，因此直接以「行」作爲團體名稱，也就不難理解了。另一方面，此應也可以顯示「行」應已具備了一定程度的團體性質。而「社」、「邑」在唐代，本就可以作爲具宗教功能的民間團體名稱，直至宋代，即使「行」已是同業商人團體而非街區，但「行」在參加許多民間的迎神賽會活動時，仍多有稱

〔註236〕《房山石經題記匯編》，頁 83、84～88、92、93、95、97、98、100。
〔註237〕《房山石經題記匯編》，頁 87、89、90、93。
〔註238〕《房山石經題記匯編》，頁 129、133、139、143、146、149。

爲「行社」者〔註239〕。可見唐宋時期，行人彼此糾合進行宗教等活動時，其團體是可以直接以行爲名稱，或者再加社字，以「行社」爲名稱。

除了房山石經題記中所見的行社（邑）之外，在洛陽龍門石窟也可見由行組織行社造像的例子。如〈北市香行社供養佛碑〉：「社官安僧達，錄事孫香表、史玄策、常行師（以下二十名從略）右件社人等，一心供養。永昌元年三月八日起手。」〔註240〕以及北市絲行像龕中的（洞内）〈李懷璧等造像題名〉：「社老李懷璧，錄事張神□（以下十名，從略），平正嚴知正（以下十八名，從略）」；（洞外）〈劉得等造像題名〉「社老劉德，社官宗應，社人魏知里（以下社人十名，從略）。」〔註241〕除了香行、絲行外還有綵帛行等〔註242〕。這些行社中，社老、社官、平正、錄事等職稱，以及成員稱爲社人，就組織而言，均與房山石經題記中的情形相當。

房山石經題記或洛陽龍門石窟造像記中所見的行社（邑），是城市內行商藉由相同的地域與行業之便，彼此再結成組織協力於刻經、造像等奉佛事業。除了奉佛以外，在上引的《太平廣記》卷二八〇〈劉景復〉引李玫〈纂異記〉中，亦可見行人組織其他祭祀的記載：「吳泰伯廟，在東閶門之西。每春秋季，市肆皆率其黨，合牢醴，祈福於三讓王，多圖善馬、綵輿、女子以

〔註239〕宋代以降各類團體在參與各樣的民間宗教活動時，通常多會以「社」稱之。除了下文將徵引《夢梁錄》卷十九〈社會〉中所記「七寶行獻七寶玩具爲社」的例子之外，如《夢梁錄》卷二〈諸庫飲煮〉載臨安府城内外酒庫，每歲清明節前開煮，以樣品呈送本府點檢所「伺候點呈」，至期，各庫差雇社隊鼓樂，排列整肅，「……此以大鼓及樂官數革，后以所呈樣酒數擔，次八仙道人、諸行社隊，如魚兒活擔、糖糕、麵食、諸般市食車架、異檜奇松、賭錢行、漁父、出獵、台閣等社。……后四十餘革，著紅大衣，帶卓時髻，名之『行首』，……。」至無異是諸行商品展銷的大好宣傳機會，所以諸行可以想見當是踴躍參加。值探究意的是，此處提到了「行社」，但有「行首」特別列隊，那麼「行社」是否有社官、錄事等組織，還是直皆由「行首」率領，若是後者，則與目前所知唐代「行社（邑）」以社官、平正、錄事爲首的情況不同。

〔註240〕收入：《北京圖書館藏龍門石窟造像題記拓本全編》第六冊（桂林：廣西師範大學出版社，2000 年），頁 93；錄文見：大村西崖，《支那美術史・雕塑篇》，頁 503。

〔註241〕收入：《北京圖書館藏龍門石窟造像題記拓本全編》第八冊，頁 93；錄文參見：水野清一、長廣敏雄著，《河南洛陽龍門石窟の研究》，附錄二〈龍門石刻錄文〉（京都：座右寶刊行會，1941 年），頁 320。

〔註242〕龍門石窟北市淨土堂内有〈（延載或長安年間）北市彩帛行淨土堂造像記〉，參見：曾布川寬，《龍門石窟石刻集成》（京都：京都大學人文科學研究所附屬東洋學文獻センタ□，2000 年），頁 57。

獻之。非其月，亦無虛日。乙丑春。有金銀行首糾合其徒，以綃畫美人，捧胡琴以從。其貌出於舊繪者，名美人爲勝兒。」每年的春、秋二季，包括金銀行等行商等，都要於吳泰伯廟祭祀。關於這種行商組織祭神的功能至宋代有較多的材料加以彰顯，如吳自牧所撰《夢梁錄》卷十九〈社會〉云：「每遇神聖誕日，諸行市戶均有社會，迎獻不一。如府第內官以馬爲社，七寶行獻七寶玩具爲社，……青果行獻時果社，……魚兒活行以異樣龜魚呈獻。」大抵是遇某個神祇的誕辰或節日，行會都會有祭獻。

　　明清時代以來，較爲人所注目的商人對行業神之崇拜，但唐代以前即已有之〔註243〕。據唐代段成式所著《酉陽雜俎・前集》卷九載北齊天保年間有盜賊祀盜跖的活動，這裡的盜賊大概具有職業性，其所祀盜跖，古稱「盜賊之聖」，盜賊祀盜跖當是作爲其祖師供奉的，這說明了行業祖師的崇拜，大概在南北朝時期就已經存在了，至唐代就有更多的例子。如德宗時趙琳所撰《因話錄》卷三記有茶販祀陸羽；憲宗時李肇所撰《唐國史補》卷下載酒庫祀杜康、茶庫祀陸羽、菹庫祀蔡伯喈。今人高國藩根據敦煌文獻，談到唐代敦煌的建築工匠「上樑要唱魯班」，表明當時的建築工匠已奉魯班爲祖師〔註244〕。只是在唐代，卻尙未見刻如刻經結社般，由同業商人組織團體，祭祀行業神的例子，

　　魏承思有別出心裁的研究，指出中國近代的「行會」，乃是源於唐代的「行社」。其論立基於唐代的「行」只是同業的街區，還不是同業商人團體，因此，由行的成員組織成的「行社」，才可以視爲中國近、現代行會的起源〔註245〕。魏氏對於「行」性質的體認是正確的，因此將具有團體組織性質的「行社」，視爲行會的起源，而不是同業街區的「行」。然其說仍有不少值得存疑之處。其一，魏氏認爲由於市制的逐漸廢弛，城市工商業者的競爭愈爲

〔註243〕關於中國行業神崇拜的研究可參見：李喬，《中國行業神崇拜》（台北：雲龍出版社，1996年）；李喬，《中國行業神》（台北：雲龍出版社，1996年）；葉郭立城，《行神研究》（台北：中華叢書會，1967年）。李喬指出行業神可分爲行業的保護神與祖師神，歷來的探討重點都集中於祖師神上。

〔註244〕高國藩，《敦煌民俗學》（上海：上海文藝出版社，1989年），頁3301、3905的上梁文都提到魯班和現今瓜州渡上梁文也提到魯班。另還可參見：氏著，《敦煌民俗資料導論》第八章〈民間上梁風俗〉（台北：新文豐出版公司，1993年），頁166～167。

〔註245〕魏承思，〈中國行會源於唐代「行社」說〉，《華東師範大學學報》，1989年第六期，頁91～92、87。

激烈，原先在行內同業的工商業者因其獨佔權受到威脅，所以行人組織起來，以維護同業獨佔的共同經濟利益，所以他們組織的團體就是「行社」。但史料中並未能見得唐代或者宋代的「行社」，有任何維護經濟利益或獨佔權的記載，魏氏只是按唐代的私社具有經濟互助的功能而進行推論，恐不具說服力。唐宋的「行社」都是以進行宗教活動為主。其二，魏氏指出行與社有密切的關係，其中卻使用許多敦煌「行人社」的寫本文書為例，來說明行社可能擁有的功能，但敦煌的「行人社」並不是「行社」，而是受官府指揮負則地方警戒、巡邏任務的「行人」，所組成的團體。其三，行社發展至宋代以後漸漸失去「社」的性質，因為「行」發展成為一種特殊地以維護商人利益的團體。但若本書之論述無誤，可知「行」的歷史演變，自唐中期以後漸漸擺脫同業的街區而成為同業的商人組織，這是「行」自身性質的變化，似非如魏氏所言在唐代由「行」結成「行社」，再由「行社」演變為宋代以後的「行」。更何況在宋代以降，行仍多有結成「行社」，參與民間迎神賽會活動之例。

（二）商幫與綱商

除了城市中的行與行社之外，唐代某些特定地方的商人對於該地有名物產的販運貿易，包括了鹽商、茶商、米商、木材商、珠寶商、對外貿易商、絲織品商、南北雜貨商等商人，彼此也有聚集而成商幫的情形〔註246〕。如在鹽商中，以江淮鹽商勢力最大，《新唐書》卷五十四〈食貨志〉載貞元四年，淮南節度使秦少游奏加民賦，自此江淮價每斗增加兩百，「江淮豪賈射利，或時倍之，官不能過半，民始怨矣」。雖然有官方的因素在內，但也可見「豪賈」，就是一群資才雄厚的鹽商，在一定程度上有操控物價的情形〔註247〕。再如珠寶商，《太平廣記》卷一二六〈邢璹〉記：「唐邢璹之使新羅也，還歸，泊於炭山，迂賈客百餘人，載數船物，皆珠翠、沉香、象犀之屬，直數千萬。璹因其無備，盡殺之，投於海中而取其物。」這些「豪賈」或「賈客百餘人」

〔註246〕 鄭學檬，〈關於唐代商人和商業資本的若干問題〉，《廈門大學學報》，1980年第四期，頁126～140、125。

〔註247〕 鹽商麕集於揚州，揚帆於荊湘、淮黃，挾資巨萬，名動海內。因此，許多上農大賈紛紛入為鹽商。唐·白居易，《白居易集》卷六十三〈策林二·議鹽法之弊〉云：「自關以東，上賈大農，易其資產，入為鹽商。率皆多藏私財，別營稗販，少出官利，唯求隸名，居無征徭，行無權稅，身則避於鹽籍，利盡入於私室。」官府對於這些鹽商的獲利也無法徵收到稅錢。

或許都可以視爲一種商幫，他們之間可能有些聯繫，或者於商途互約同行，
一者互相照應，二者聚集實力擴大經濟規模，以穫取較高利潤，但是不是有
固定的組織，在史料上難以判明。至於唐宋時期有關於「綱商」的記載，就
可能即是一種商人間的組織。

　　《舊五代史》卷一四六〈食貨志〉載後唐同光二年（924）：「晏駢安奏：
『市肆間點檢錢帛，內有錫鑞小錢，揀得不少，皆是江南綱商挾帶而來。』
詔曰：『帛布之幣，雜以鉛錫，惟是江湖之外，盜鑄尤多，市肆之間，公行無
畏，因是綱商挾帶，舟檝往來，換易好錢，藏貯富室，實爲蠹弊，須有條
流。』」〔註248〕京城內劣質的錢幣是由「江南綱商挾帶」，「綱商」所指應是特
定的一群商人。他們從江南而來，且「舟檝往來」，這似乎又與船運有關。唐
代有不少大商人擁有自己的船隊，《唐國史補》卷下記載大曆、貞元年間，著
名商人兼船主俞大娘有船最大，「操架之工數百」，「南至江西、北至淮南，歲
一往來，其利甚博」。「綱商」的名稱，還可依其所販賣經營的產業再作區
別，如以運銷茶葉爲業的就稱爲「茶綱」，宋代以後更有有不少例子可以知
道，「茶綱」應是同業的商人團體，如《夢溪筆談校證》卷二十二〈謬誤〉記：
「李溥爲江淮發運使，每歲奏計，則以大船載東南美貨，結納當途，莫知紀
極。章獻太后垂簾時，溥因奏事，盛稱浙茶之美，云：『自來進御，唯建州餅
茶，而浙茶未嘗修貢。本司以羨餘錢買到數千斤，乞進入內。』自國門挽船
而入，稱『進奉茶綱』，有司不敢問。」可見這個茶綱應該是一個從浙江運茶
至京販賣的商人團體，而以船隊銷貨貿易乃是其特徵。

　　其實早在玄宗朝，就有不少關於「綱」的記載，如《全唐文》文就有三
件，卷三十四〈禁重徵租庸敕〉：「如聞天下諸州送租庸，行綱發州之日，依
數收領。至京都不合有欠，或自爲停滯，因此耗損，兼擅將貨易，交折遂多……
自今以後，所有損欠，應須陪塡。一事已上，並勒行綱及元受領所由人知。」
卷三十五〈流宋廷暉周仁公裴裔敕〉：「宣州溧陽令宋廷暉等，……且用輕刑，
宜並配流。即差綱領送。」卷三十六〈賜韋堅等敕〉：「朕思關輔之間，尤資
殷贍，比來轉輸，未免艱辛，故置此潭，以通漕運。萬代之利，一朝而成。……
其押運綱各賜一中上考，準前錄奏。船夫等宜共賜錢二千貫，以充宴樂。」
可見「綱」與漕運息息相關，似是官府爲運送江淮錢糧至京師的組織。再如
《舊唐書》卷四十九〈食貨下・漕運〉載寶應元年（762）：「遂以通州刺史劉

〔註248〕另參見：《全唐文》卷一○三〈後唐莊宗禁鉛錫錢詔〉。

晏為戶部侍郎、京兆尹、度支鹽鐵轉運使。鹽鐵兼漕運，自晏始也。……晏始以鹽利為漕傭，自江淮至渭橋，率十萬斛傭七千緡，補綱吏督之。不發丁男，不勞郡縣，蓋自古未之有也。」以及貞元五年（789），度支轉運鹽鐵奏：「比年自揚子運米，皆分配緣路觀察使差長綱發遣，運路既遠，實謂勞人。今請當使諸院，自差綱節級般運，以救邊食。」

由上述史料可見，由玄宗至德宗朝，「綱」應該都是作為官府的漕運組織，而其成員似是一種力役。《資治通鑑》卷二四三唐文宗太和二年（828）條：「有茶綱役人蕭洪。原文注：凡茶商販茶，各以若干為一綱而輸稅於官。」明確指出蕭洪的身分是役人。但此處卻表明「茶綱」是茶商交納科稅的單位。可見在太和朝之後，「綱」的組織性質可能已經慢慢開始轉變，成為同業商人所組成的團體，只是其特色仍是由江淮，結成船隊運銷貨物進京〔註249〕，可能仍具有進貢、納稅的功能。至於如與官府也還保有一定的互動關係。如《舊五代史》卷十四〈趙犨傳〉：「（趙犨）聞唐朝駙馬都尉杜悰位極將相，以服御飲饌自奉，務極華侈，嚴恥其不及。由是豐其飲膳，嘉羞法饌，動費萬錢，倣斂綱商，其徒如市，權勢熏灼，人皆阿附。」綱商仍是應官差遣的對象。

唐代遠距船運貿易的興盛，與普通商品貿易的發達、水路交通的便利，以及造船業的進步有關。薛平拴對唐代商人經營內容的研究指出，南北朝時奢侈品貿易還占有優勢地位，但至唐代普通商品貿易則開始居於主導的地位。就購買者而言，唐代貴宦官僚對奢侈品的購買力較遜於南北朝的士族豪強；就商人而言，唐代奢侈品的商人中胡商佔了相當比重，而富商大賈則普遍經營普通商品，也就是糧、油、鹽、茶等。在水路交通環境適宜的配合下，商人在貿易中已開始大量使用舟船，所載運者當然都是普通商品，而不是較便於運輸的奢侈品。再者，普通商品貿易的熾盛，也可以從中、小商人空前的增多來反映。〔註250〕

〔註249〕若按《資治通鑑》卷二九一「後周廣順二年（952）條」所記：「慶州刺史郭彥欽性貪，野雞族多羊馬。彥欽故擾之以求賂，野雞族遂反，剽掠綱商。原文注：綱商，往沿邊販易者。」則五代末年的「綱商」，已是往「沿邊」貿易的商人組織，似乎就無漕運進京的特色。綱商在宋代的發展，應是一個頗值得探究的議題。

〔註250〕薛平拴，〈論唐代商人經營內容的特點〉，收入，史念海主編，《唐史論叢》第六期（西安：三秦出版社，1995年），頁271～288。

　　總之，按本書所掌握的史料狀況而言，商綱從官府漕運組織，轉變爲爲同業商人所組成的貿易團體，其出現的時間當不致於太早，可能是在五代時期；至於團體的組成方式與組織型態，則因史載闕如，也無法盡知其詳。

（三）特殊營利團體——進士團

　　「坐列販售」誠然是最爲人所熟知的商業行爲，其中有以同業街區的行所組成的行社，還有遠距運販商品的商人所組成的商綱等商人團體。除此之外，也還有民衆爲了某一項特殊商業利益而結合成的商業團體，如中、晚唐長安城中的「進士團」即屬此類。

　　「進士團」若是顧名思義，很容易將其認爲是由進士所組成的團體，但實際上是在京城長安，專門做新進士生意的民間商業團體。通常在新進士及第後，他們都有一系列約定成俗的活動，從放榜始便有送喜報、謝座主、拜宰相、曲江池歡慶大會、杏園探花宴、慈恩寺大雁塔題名、以及其他各項如聞喜、櫻桃、月燈等大小宴會的節目〔註251〕。中唐時就有一個稱爲「進士團」的團體漸漸形成，每年固定專門操辦這些新進士的活動。

　　《唐摭言》卷三〈散序〉：

> 所以長安遊手之民，自相鳩集，目之爲進士團。初則至寡，洎大中、咸通以來，人類頗衆。其有何士參者爲酋帥，尤善主張宴席。凡今年才過關宴，士參已備來年之費。由是四海之內，水陸之珍，靡不畢備。時號長安三絕（原注：南院主事鄭容、中書門官張良佐，并士參爲三絕）。團司所由百餘輩，各有所主。大凡謝后便往期集院（原注：團司先于主司宅側稅一大第，與新人期集），院內供帳宴饌。

　　「所以長安遊手之民，自相鳩集……，有何士參者爲酋帥」，可知「進士團」並非各行業商人結合成的團體組織，而是由許多遊手之民呼朋引伴，聚集投入的一個商業團體。其首領只提到何士參，此人對於宴席的備辦最是擅長，

〔註251〕對於新進士在及第後的各項活動，《唐摭言》一書中有相當多的記載。該書卷三〈散序〉中記其作者王定保，在唐末時登進士第，其於五代撰寫此書時，曾從不少文人處打聽有關唐代的科舉風習，因此書中記載這方面的情況頗爲詳備。下文所討論的主題——「進士團」，主要即以《唐摭言》所載，作爲行文立論之依據。新進士放榜後的各項宴集，亦可參見：傅璇琮，《唐代科舉與文學》第十一章〈進士放榜與宴集〉（台北：文史哲出版社，1994 年），頁 297～336 之論述。

他與南院主事鄭容、中書門官張良佐在當時號爲長安三絕，大概是他們操辦這些活動配合得很好而得名。進士團有稱爲「團司」的領導機構，其性質當如民間私社的社司，團內每個成員個有個的職責。其規模在晚唐懿宗朝時已頗爲興盛，成員已上百人。

　　進士團會先爲新進士租借一房子，稱爲期集院，通常選擇在主考官或中書省的附近，以便新進士前往謝恩。此外期集院也是新及第進士在舉辦各種禮儀和宴集期間，經常集合聚會的場所。在新進士名單一公布後，進士團便會於禮部取得舉子在應試報名時，所填寫家狀中的聯絡地址〔註252〕，而與所有進士取得連繫，然後派人向進士送喜帖，通知第一次集會的時間。這在史料中亦有材料可證，如《全唐詩》卷五五二高退之〈和主司王僕射酬周侍郎賀放榜〉詩自〈注〉云：「退之自顧微劣，始不敢有叨竊之望，策試之後遂歸蟄屋山居。不期一旦進士團遣人賷榜，扣關相報，方知忝幸矣。」〔註253〕他在武宗會昌三年（843）應試後自認無望即行返鄉，沒想到突然有進士團派人送來及第通知書。住在京師旅店或借宿親友家中的及第舉子，他們的喜帖應也是進士團差人送去的，當然通報者應也可以拿到一些酬勞。

　　進士團會先安排進士拜謝座主，之後這些新進士彼此間也得推舉出這一連串活動的負責人與進士團搭配活動。《唐摭言》卷三〈散序〉續記道：「進士榜出，謝後便往期集院，其日狀元與同年相見後，便請一人爲錄事，其餘主宴、主酒、樂、主探花、主茶之類。咸以其日辟之。」可知進士在謝座主後，便回到進士團活動的大本營期集院。新進士們彼此照面並互相認識後，便請一人爲錄事，並推選主宴、主酒、主樂、探花、主茶等人，進行分工，並與進士團相對應的負責人，就是前述的「團司所有百餘輩，各有所主」，一起商量協調具體的事宜。又據《唐摭言》卷三〈過堂〉載：「其日，團司先於光範門里東廊供帳備酒食，同年於此候宰相上堂後參見。」新進士會選一個

〔註252〕唐代舉子到達京師之後，在每年的十一月末須完成報名手續，上交的必備文書包括文解、家狀和結款通保三種文書，其中結款通保文書上有一條內容，須填寫舉子現在住所，外地舉子要填寫在京師所住旅店的詳細地址。如《新唐書・選舉志》：「（開元二十五年）既至省，皆疏名到列，結款通保及所居，始由戶部集閱，而關於考功員外郎試之。」至於報名的地點，唐前期在戶部，後期在禮部。相關論述可參見：傅璇琮，《唐代科舉與文學》，頁80～84。

〔註253〕清・徐松，《登科記考》卷二十二（台北：驚聲文物供應公司，1970年），頁1379。

日期，由座主（主考官）率領去參謁宰相，進士團就要為此準備酒食。

進士團也還有為進士開道喝路的職責。《唐摭言》卷三亦有記載：「薛監晚年厄於宦途，嘗策羸赴朝，值新進士榜下，綴行而出。時進士團所由輩數十人，見逢行李蕭條，前導曰：『回避新郎君。』逢艴然，即遣一介語之曰：『報導莫貧相，阿婆三五少年時，也曾東塗西抹來。』」薛逢晚年曾任祕書監，故稱薛監，《舊唐書・文苑》、《新唐書・文藝》均有傳。由此可知放榜後新進士列隊而出，進士團有數十人為其開道，陣仗不小。

進士慶祝的高潮是曲江宴，照時俗而言，未經過此宴進士不得出京，故也稱為「關宴」〔註254〕。對於進士團而言亦為壓軸好戲，《南部新書》乙卷有云：「進士春闈宴請曲江亭，在五、六月間。一春宴會，有何士參者都主其事。多有欠其宴罰錢者，須待納足，始肯置宴。蓋未過此宴，不得出京。人戲謂何士參索債宴。士參卒，其子漢儒繼其父業。」〔註255〕進士團操辦的費用，必然是羊毛出在羊身上，何士參確認所有新進士該付的款項都已收齊後才能置宴，故而時人又管此宴為「索債宴」。上引《唐摭言》所言：「凡今年才過關宴，士參已備來年之費。」何士參收齊了款項，又可以開始為明年的生意作準備，將近一年的時間，「由是四海之內，水陸之珍，靡不畢備。」也可見曲江宴的華麗、奢靡。

《唐摭言》所言進士團所操辦的活動只有記載到曲江宴，在此宴之後仍尚有杏園探花宴以及慈恩寺大雁塔題名活動，其與曲江宴對新進士而言，都是屬於盛大的慶祝活動，在新進士的詩文中常可感受到因這些活動而欣喜、榮耀與心醉的氣氛〔註256〕。但進士團是否亦負責操辦或協助這些曲江宴之後

〔註254〕唐人康駢在《劇談錄》卷下中對曲江有概括性的描述：「曲江池，本秦世隑州，開元中疏鑿，遂為勝境。……」關於曲江宴於《唐摭言》卷三中多有記載，如〈慈恩寺題名游賞賦詠雜記〉云：「曲江亭子史未亂前，諸司皆列於岸滸。幸蜀之後，皆燼於兵火矣，所存者惟尚書省亭子而已。進士關宴，常寄其間。既徹饌，則移樂泛舟，率為常例。宴前數日，行事駢闐於江頭。其日，公卿家傾城縱觀於此，有若中東床之選者，十八九鈿車朱鞅，櫛比而至。」再如《全唐詩》卷四七一雍裕之〈曲江池上〉亦云：「殷勤春在曲江頭，全籍群仙占勝游。何必三山待鸞鶴，年年此地是瀛州。」

〔註255〕收入：清・王文濡輯，《說庫》上冊（台北：新興書局，出版年代不詳），頁320。

〔註256〕如唐・孟郊，《孟東野詩集》卷三〈登科後〉：「昔日齷齪不堪言，今朝放蕩思無涯。春風得意馬蹄疾，一日看遍長安花。」《全唐詩》卷五八六，劉滄〈及第後宴曲江〉：「及第新春選勝遊，杏園初宴曲江頭。紫豪粉筆題先籍，柳色

的活動，史無明言。上文有述新進士彼此間必須推選出各個慶祝事項的負責人，與進士團一同商議合作，其中有一職爲「探花」，或許有可能是負責杏園探花宴事宜。在實際上，進士團的業務其實也並不止於這些風光的慶祝活動，新進士若有個人特殊的需要，進士團也多能提供服務，如《唐摭言》和《北里志》都還記載了進士團幫進士劉覃找妓女的故事，甚至進士團還聯同該名妓女謀騙劉覃的錢財〔註257〕。而且新進士與進士團間可能有契約關係，若新進士未出席某些必要的節目是須罰錢的。如《唐摭言》卷三記載了宣宗大中十二年（858）年，進士盧象在臨近關宴時，借口又到洛陽拜見雙親，請假不參與同年宴集，實則仍淹留長安。待到新進士曲江宴時，盧象仍想看熱鬧，於是換上別人的衣服，擁妓坐車遊賞於曲江，「遂爲團司所發」，罰了他一大筆錢。

　　盛大而又風光的慶祝活動，讓新科進士感到無比欣喜與榮耀，且進士團的操辦也給予其極大方便的同時，但卻爲原屬貧寒的士子帶來龐大的經濟負擔。《全唐文》卷八〈戒約新及第進士宴遊〉中即載僖宗於乾符二年（875）下詔云：「近年以來，澆風大扇，一春所費，萬餘貫錢，況在麻衣，從何而出？」因而規定：「每年有名宴會，一春罰錢及鋪地等相計，每人不得過一百千，其勾當分手不得過五十人，其開試關宴必須在四月內。稍有違越，必舉朝章，並委御史臺常加糾察。」詔中雖未提及進士團，但限至「一春罰錢及鋪地等相計，每人不得過一百千」，其中「罰錢」可能即是類似上述大中十二年盧掾未參加曲江宴集，遭進士團罰錢之事。此外，詔令還限制「其勾當分手不得過五十人」，其意似乎是欲把上百人的進士團限制在五十人內。當然執行成效如何便不得而知。但由此因也可側面得知，進士團應是獲利頗豐，且上引《唐摭言》曰：「初則至寡，泊大中、咸通以來，人類頗眾。」當可見進士團應是有厚利可圖，使其組織愈益龐大。甚至於如《南部新書》乙卷記：「士參卒，其子漢儒繼其父業。」何士參過世後還由其子何漢儒繼承此業。

蕭聲拂御樓。霽景露光蒙遠岸，晚空山翠墜芳洲。歸時不省花間醉，綺陌香車似流水。」《全唐詩》卷七〇三，翁承贊〈擢探花使二首〉其二云：「探花時節日偏長，恬淡春風稱意忙；每到黃昏醉歸去，紵衣惹得牡丹香。」這些是新進士們在參加曲江宴及杏園探花宴後的吟詠。

〔註257〕《北里志》所載收入：清・王文誥輯，《唐代叢書》（台北：新興書局，1971年），頁319。

　　或許我們可以將進士團視爲一種新興的行業，但由於「團司所由百餘輩，各有所主」，可見其既有明確的分工又是互相協作的團體，而且「凡今年才過關宴，士參已備來年之費」，爲進士操辦各項活動是屬於一年一度定期性的事業。唐代科舉考試一般是每年舉行的，放榜的月份，根據目前所見史料，有在正月的，有在二月的，也有在三月的，但通常是在二月〔註258〕。因此進士團的成員可能是每年固定在這個時候聚集，由其首領予以分工，業務至少進行到曲江宴結束；只有何士參父子兩人才是先後以此爲業。因此這樣一個組織方式，乃是爲了一項商業目的，使有心人聚集在能力出眾的領導者之下，而組成的團體，可視爲一種具商業營利功能的民間結社，而其特殊之處在於其首領應非由成員推選所產生。何士參長期爲首，這一現象類似於上述的行社中，社官、平正、錄事等職多長時期由固定之人擔任，這些或許可以反映商業團體的首領較其他職能的社邑更需要經驗、本事、以及自身的經濟力量。

第三節　組織與運作

一、私社的組織——朝向定型化發展

　　唐代以前，「社」與「邑」代表不同性質與功能的民間團體，當然也有不同的組織型態，如上文提到的西晉洛陽「當利里社」，可知當時民眾聚居地中，稱爲里、村社的春、秋二社組織，其組織系統是社正、社老、社掾、社史；而北朝以造像爲主的邑、邑義、法義等民間奉佛團體，其領導者主要爲邑主、維那、開經主、齋主、像主等；兩者有著不同的組織系統。唐代以後，「社」與「邑」在作爲民間團體名稱時，不再具有截然不同的區別，尤其是「社」已可作爲各種性質與功能的民間團體名稱。相應於此，民間結社組織的型態相較於前代，雖有些許承襲的痕跡，但仍能逐漸發展出一套簡單化與定型化的組織方式，並反映出當代的特色，開創一番新的風貌。

　　以洛陽的龍門石窟爲例，團體造像的活動，從北朝一直進行到唐代，在

〔註258〕如《全唐詩》卷六○○，伊璠〈及第後寄梁燭處士〉：「十年辛苦一枝桂，二月豔陽千樹花。」歐陽詹，《歐陽行周文集》卷九〈送族叔陽行元落第回廣陵〉詩云：「族叔行元既射策，與主司不合，春二，將歸淮南。」相關論述可參見：傅璇琮，《唐代科舉與文學》，頁297～336。

同一地點、不同時代的背景下，除了反應造像邑活動不及北朝興盛之外，唐代的組織型態也迥異於北朝時期。

在本書所掌握的十例唐代龍門石窟團體造像記中，可見組織幹部職銜的共有三例：（一）〈永昌元年（689）南市香行社供養佛碑〉有「社官」□□□，「錄事」孫香遠；（二）北市絲行像龕（洞內）的〈李懷璧等造像題名〉有「社老」李懷璧，「錄事」張神劍，「平正」嚴知愼；（三）北市絲行像龕（洞外）的〈劉德等造像題名〉有「社老」劉德，「社官」宗應〔註259〕。在唐代以前，誠如本書上一章所述，龍門石窟造像邑的首領，以邑主、都維那、維那、邑正、邑中正、像主、供養主等爲主，屬於北朝造像邑的組織系統，絕不見社老、社官、平正、錄事之稱〔註260〕；且組織的成員在北朝時稱「邑子」，唐代時則爲「社人」。由此更可見得，隨著時序的推移，組織的方式有了明顯的轉變，朝向簡化、固定化發展。而此一趨勢並非只是地區性的特殊現象，包括房山石經（邑）社與敦煌的私社，所反映的現象亦是如此；私社的領導人已簡化爲「社長」、「社官」、「錄事」、「社老」、「平正」。本書以下即就此展開探討。

（一）房山石經（社）邑爲中心之探討

上文已有述及，興盛於天寶與貞元年間的房山石經（邑）社，雖仍有北朝造像「邑」的色彩，但北朝造像邑中繁雜多樣的首領職稱，卻多沒有承襲下來，而是朝向簡化的趨勢發展。房山石經（邑）社的首領職稱，主要爲「邑主」、「平正」、「社官」、「錄事」、「經主」等，此外尚有院主（共二例）、平錄（共四例）、邑錄（共六例）、社錄（共二例）、邑官（共四例）、齋頭（共一例）、都維那（有二例）〔註261〕，但較爲少見。這些職稱當中，只有邑主、經主、都維那是原先北朝造像邑中所使用的職稱。

〔註259〕三件題記分別收入：吳元貞編，《北京圖書館藏龍門石窟造像題記拓本全編》六、八、十冊（桂林：廣西師大出版社，2000年），頁93、93、125。

〔註260〕李文生，〈龍門石窟佛社研究〉，《歷史文物雙月刊》六卷二期（台北：1996年），頁21。

〔註261〕「院主」如〈貞元十四年（798）幽州蘇縣招賢鄉西簒村造《大般若經》題記〉有院主尼智滿。「平錄」如〈天寶十二年合邑等造《大般若經》題記〉有平錄楊八、胡撫。「都維那」如〈幽州蘇縣界市東門外兩店造《大般若經》題記〉邑人題名中有都維那一職。上揭三件造經題記，分別收入：《房山石經題記匯編》，頁141、97、184。至於「邑錄」、「社錄」、「邑官」、「齋頭」等職，留予下文討論。

「邑主」一職，不論是北朝的造像邑，或唐代房山的石經邑（社），大多數都由僧人擔任，領導社邑從事奉佛活動。而「社官」則是唐代民間社邑最常見的領導職之一，在晚唐以後敦煌的私社中，與錄事同樣都列於「三官」之列。除了碑誌與出土文書，在傳統文獻中如《太平廣記》卷二五八〈逸仁傑〉：「每村立社官，仍置平、直、老三員，掌簿案，設鎖鑰。」亦可見「社官」是基層里、村社的首領，究其文意，社官職位似乎還在「平、直、老」之上，而由「平、直、老」擔任實務的管理。而「平、直、老」的「平」可能屬「平正」一類，在上述洛陽龍門石窟的造像邑中也可見「平正」一職。《唐會要》卷十〈后土・社稷〉中，載里社於社日祭祀社神時由社正領導，「平正」是否由此演變則未可知也。且在晚唐五代宋初的敦煌私社中，則無「平正」的蹤跡。至於「平、直、老」的後兩者，可能即是「月值」與「社老」，兩者在幽州石經邑（社）中並未見得，在敦煌私社中有較多的表現，下文將再作論述。

　　至於「錄事」，更是從唐代開始在官府與民間私社中，頻繁使用的幹部職稱，就唐代吏職編制而言，錄事大都指包括中央與地方各部門的首席吏職人員〔註262〕，其職司以掌理簿案爲文書爲主，往後歷代官府吏職中亦皆有錄事一職，在今日台灣地檢署書記官之下亦設有錄事，負責刑事資料之整理與登錄。唐代房山石經邑（社）中錄事的設置非常普遍，共有八十七件，其中更有九個社邑僅單設錄事一人；另外有六件稱爲「邑錄」，兩件稱爲「社錄」〔註263〕，在這八個社邑中都沒有再設置「錄事」一職，可以推測邑錄與社錄應都可視爲「錄事」。晚唐五代敦煌的私社，錄也名列「三官」之一，附表一第十六件社條有規定：「更揀無（英）明後（厚）德，智有先誠，切齒嚴凝，請爲錄事。」雖然敘述並不具體，但按其文意大概可知擔任錄事的條件，必須爲人謹慎、誠信與頭腦靈活。上文曾論及唐代每年新及第的進士，在進士團的協助下，彼此推選各項慶祝活動的負責人，其中亦有新進士擔任錄事。

〔註262〕林煌達，〈唐代錄事〉，《中正歷史學刊》第二期（嘉義：1999年），頁91～116。

〔註263〕六件「邑錄」分別見於：〈幽州蘇縣界市東門外兩店造《大般若經》題記〉、〈乾寧元年（894）莫州造《大般若經》題記〉，收入：《房山石經題記匯編》，頁184、185；以及附表二中第七、十二、十四、十五件題記。而兩件「社錄」則見於：〈天寶十一年（752）屠行造《大般若經》題記〉，收入：《房山石經題記匯編》，頁95，與附表二第八件題記。

《唐摭言》卷三〈散序〉記道：「便請一人為錄事，其餘主宴、主酒、主樂、探花、主茶之類。」錄事並無專司之活動，概是董理庶務，勾當文書。《唐摭言》卷三續言道：「崔沆及第年為主罰錄事」，因為同年盧象未出席關宴，「沆判之，略曰：『深攙席帽，密映氈車。紫陌尋春，便隔同年之面；青雲得路，可知異日之心。』」因而罰了盧象一筆錢，反映了團體給予錄事的職權並不小。中晚唐敦煌的私社，附表一第十六件社條亦有言：「春秋二社舊規，……五音八樂進行，切須不失禮度，一取錄事觀察，不得昏亂是非。」該社領導人設有社長、社官與錄事，錄事負責觀察社人是否違規逾矩；第二十二件社條亦云：「□□□□生之時，不令怠慢，如有高逸，不聽上下，□□□□來者，錄事不准別格，事須重罰。」對於違規的社人由錄事決定懲處。這兩件社條，與上述盧象的例子相同，似已表明錄事尚需對於團體的庶務負起監督以及裁罰的責任。在唐代社會，錄事廣泛使用於各式團體中，政府機關、民間結社，甚至如新進士為籌辦彼此慶祝活動的短期結合皆然。

　　房山石經（邑）社的首領，以「邑主」、「平正」、「社官」、「錄事」為主，但並沒有（邑）社同時都設有這四個職務。據土肥義和之研究，在其所掌握列有首領名銜的一百三十四件題經記中，有「社官」一職者共六十三件，而「平正」一職則為七十一件，只有兩件是「社官」、「平正」兼具，因此土肥義和指出社官與平正在組織中多不會同時出現，社邑似乎存在著「社官」或「平正」兩種系統；復次，在這些造經的社邑中，有四十八件設有「邑主」一職，與其搭配的其他領導人則為「經主」或「平正」，「邑主」與「社官」搭配者只有兩例〔註264〕。但此外有些邑（社）的「社官」會稱為「邑官」，共有五例，五例中與邑主搭配的就有三例〔註265〕；但就總數而言，「邑主」搭配「社（邑）官」的情形仍屬極少數，習慣上應與「平正」同屬一個組織系統。

　　不論是「社官」或「平正」的組織系統，通常也都還會設有「錄事」一職。上文已述，「邑錄」與「社錄」也可以視為錄事，「邑錄」通常與「邑官」

〔註264〕土肥義和，〈唐、北宋間の「社」の組織形態に關する一考察〉，收入：「中國古代の國家と民眾」編輯委員會編，《堀敏一先生古稀記念：中國古代の國家と民眾》，頁 698～701。

〔註265〕設有「邑官」者有五件，為〈幽州薊縣界市東門外兩店造《大般若經》題記〉，收入：《房山石經題記匯編》，頁 184；以及附表二中第十、十二、十四、十五等四件題名記，其中與「邑主」搭配者為第十、十二、十四件。

搭配,而「社錄」則與「社官」配合〔註266〕。社官、社正、錄事三者的關係,由下表所列,在建中、貞元年間涿州的諸行市邑、市雜貨行邑、涿州邑等社邑中,魏庭光、韓堪之職務經歷,或可供說明。

表4-4:房山石經社(邑)中魏庭光、韓堪職務歷練表

序號	社 邑 名 稱	社 邑 幹 部			其 他 人 員	社人數目	造 經 年 月	出處
		社官	平 正	錄 事				
1	涿州諸行市邑		蘭　□		韓堪、陶光嗣、魏光		建中三年四月	114
2	涿州□曾行邑		蘭　壁	魏庭光		33	建中五年四月	117
3	涿州椒笋行石經邑		丁景輝	魏　□	陶光嗣、韓堪等	31	貞元元年四月	118
4	涿州邑		丁景輝	魏(?)	陶嗣、韓堪等		貞元二年四月	119
6	涿州市雜貨行邑			魏庭光	陶光嗣等	26	貞元五年四月	122
7	涿州市雜貨行邑			魏庭光	陶光嗣、韓堪等	30	貞元六年四月	124
8	涿州雜貨行邑		魏庭光	韓　堪	陶光嗣等	34	貞元七年四月	126
9	雜貨行石經邑		魏庭光	韓士堪	陶光嗣等	33	貞元七年四月	128
10			魏庭光	韓　堪	□光嗣等	31	貞元□年四月	132
11	涿州市新貨行石經邑		魏庭光	韓　堪	陶光嗣等	33?	貞元十年四月	132
12	涿州石經邑雜貨行	魏光		韓　堪	陶光嗣		貞元十一年四月	134

說明:出處代號:《房山石經題記匯編》(頁)。

表4-3中的「行邑」是由城市中同業街區的「行」所組成的,亦有稱為「行社」者,或直接稱為「行」,這類社邑在所有房山石經(邑)社有一百四十五件,佔37%之多。由「行」所組成的社邑,成員關係較為穩固,因此表四中各石經邑社人數目都在三十人上下,成員人數變動並不大。由上表可知建中三年至貞元十一年(782～795)的十四年間,涿州雜貨行、椒笋行等多次的結社造經,魏庭光經過一番歷鍊,擔任錄事之後進而成為平正。如果第一件

〔註266〕在六例有「邑錄」的社邑中,有四例與「邑官」搭配,如〈幽州薊縣界市東門外兩店造《大般若經》題記〉,收入:《房山石經題記匯編》,頁184,以及附表二中第十二、十四、十五件;另外兩例〈乾寧元年(894)莫州造《大般若經》題記〉,收入:《房山石經題記匯編》,頁185,與附表二中的第七件,則是領導人僅有「邑錄」一職。至於上文已揭,有「社錄」的兩例中,則完全都與「社官」搭配。

和第十二件中的魏光也都是魏庭光的話，那麼其在社邑的任職就更爲完整；同樣如韓堪本爲社人，但久後即開始擔任錄事。魏庭光和韓堪可能都是長期磨鍊社務而能有所發揮；且從他們兩人的經歷，或可說明在私社組織中，社官、平正的職位應是較錄事爲高。

　　同樣的情形，在由村、里地域所結合的私社中，也可見於大曆至元和年間團柳（村）邑的張庭招、建中至貞元年間幽州石經邑的李潤國身上。他們兩人同樣也是經由擔任錄事後而成爲平正或社官。而這種依地域關係而結合，進行長期多次結社刻經的情形，團柳（村）邑成員最多時有一百一十九人（大曆？），最少時只有五十九人（貞元七年）；而幽州石經邑則分別是一百一十七人（貞元十一年）與四十七人（建中三年）〔註267〕。其成員的穩定性似乎就較不如上述的由「行」所組織的（邑）社。

　　土肥義和所指房山石經邑（社）的組織，主要有「社官」與「平正」兩種系統，再配合「邑主」與「錄事」的設置，可顯現出「社官──錄事」以及「邑主──平正──錄事」兩種組織型態。土肥義和的推測，基於當時由於「邑主」多由僧人擔任，所以將「邑主──平正──錄事」視爲以奉佛功能爲主的社邑的組織方式；而「社官──錄事」則是屬於傳統社邑（私社）的組織系統，其所指應是從事春、秋二社時祭社與宴飲，由地緣關係所結成的民間私社，如兩漢兩北朝的里社等。

　　土肥義和所述「社官──錄事」的組織系統，源於傳統聚落中的春、秋二社組織，這個看法恐仍須再作說明。因爲若按歷史演變的脈絡而言，上述西晉洛陽「當利里社」所見這種春、秋二社的民間地域祭祀團體，其首領爲社正、社老、社掾、社史；而在房山石經邑（社）中，字面上較爲相關的首領名稱爲「平正」，但平正是與邑主搭配，而不是「社官──錄事」這個系統，「社官」應是唐代才開始大量使用的職稱，「平正」也是在唐代才略爲多見。再者，即便房山石經（邑）社中已有許多組織以「社」爲名，但也未必都使用「社官──錄事」這個組織系統〔註268〕。這種情形，我們或許只能說，唐

〔註267〕張庭招在大曆末年至建中年間一直都擔任團櫨邑的錄事，於貞元七年之後開始擔任平正；李潤國則在建中四年開始擔任幽州石經邑的錄事，至貞元十三年成爲社官。有關兩者題記收入：《房山石經題記匯編》，頁109～111、113、128、139、153、155，以及114、116、120、121、123、126、129、131、133、135、136、138。

〔註268〕如〈貞元六年（790）幽州潞縣石經社造《大般若經》題記〉，組織以社爲名，

代的「社」已不單是指春、秋祭社與宴飲的組織，有更廣泛地作爲一般民間團體名稱的意涵，包括奉佛功能的團體；社長、社官、平正等具有傳統地域春、秋二社色彩的首領名稱，也配合「社」的發展趨勢，成爲唐代民間結社主要的首領名稱。至於北朝造像邑中的邑主、維納、經主等首領名稱已漸退出歷史舞台。郝春文的解釋是，這代表了佛教中國化的完成，佛教更深入民間，在一般的社邑組織中，也多能遂行奉佛功能〔註269〕。就實情而言，房山石經（邑）社中，不論是稱爲「社」或稱爲「邑」的團體，都是以造經奉佛爲功能，也都可以選擇這兩種組織系統作爲組織的方式。

那麼在房山石經（邑）社中，「邑主——平正——錄事」與「社官——錄事」的組織方式，社邑在使用上是否有其相應的依據呢？我們得先瞭解這兩種組織方式，並非是絕對的狀況，畢竟仍有某些社邑同時擁有社官與社正，以及邑主與社官之職，而且邑主也並非全然由僧人所擔任〔註270〕，有的社邑或僅有社官、或社正、或錄事〔註271〕，再如上述游金應擔任社官或平正之時，也都完全沒有邑主與錄事的設置。因此對於上述的兩種組織方式，實仍存有不少例外的情形。再如范陽郡的大絹行、絹行與大綵帛行、絲綢綵帛行等，在天寶四年至天寶十三年間，共進行了十七次結社造經，其間游金應擔任了十四次的領導人，在十一次的社官任職間，尚在天寶十二年的絹行邑中連續擔任了三次平正〔註272〕，大絹行或大綵帛行（邑）社選擇以社官或平正爲首領，似乎並無特別的依據。

以上種種，都表示了社邑組織並無完全固定的規制。按唐代房山石經邑（社）的情況，我們只能說民眾在結社時，可以參考當時較爲人所習用的組

而其首領爲「邑主康少榮妻張」、「平正王璡」、「錄事李翰」，可見是屬於「邑主——平正」的系統。題記收入：《房山石經題記匯編》，頁125。

〔註269〕郝春文，〈東晉南北朝佛社首領考略〉，《北京師範學院學報》，1991年第三期，頁55～56。

〔註270〕如〈（幽州）良鄉縣尚義鄉北樂城村邑造《大般若經》題記〉其邑主爲張希品；〈建中五年（784）幽州潞縣石經邑造《大般若經》題記〉邑主爲染懷俊，分別收入：《房山石經題記匯編》，頁158、115。邑主不由僧人擔任的例子，按本書統計還尚有九件。

〔註271〕如〈（范陽郡）永清縣合邑三十九人等造《大般若經》題記〉、〈貞元七年（791）磨行邑（十九人？）造《大般若經》題記〉、〈（幽州）蘇縣婦仁鄉李曲村邑造《大般若經》題記〉其領導人分別都僅有社官董神祐、平正霍歐、錄事裴庭倩一人，三件題記分別收入：《房山石經題記匯編》，頁101、125、137。

〔註272〕《房山石經題記匯編》，頁84～88、92、93、95、97、98、100。

織方式，並視情況予以調整；「社官——錄事」與「邑主——平正——錄事」
這兩種組織系統或許是當時比較流行的組織方式，但在私社運作實際的例證
中，並不見得都能顯現完整的一致性，這多少也表現出民間結社在組織上所
擁有的彈性，可視組織的需要而定。更何況唐代房山石經邑（社）其組織的
目的又頗為單純，有些社邑只是彼此為獻奉石經而出資的結合，通常在造完
石經之後就解散了，那麼實際上，只要有人負責處理造石經的具體事宜即
可，如「貞元十五年（799）易州易縣和淶水縣兩縣合邑」，就沒有任何首領
或幹部的設置，只有一位「勾當經人李宗秘」來負責處理實務；類似的例子
再如「乾寧元年（894）莫州石經邑」除了「邑錄」外就是「都勾當維納」，
和「（年代不詳）幽州良鄉縣交道等村一百人造經邑」，有平正王普國，其下
僅設「勾當錄僧恆信」一人，「都勾當維納」和「勾當錄僧恆信」似乎也都是
實際料理庶務的幹部〔註273〕。而有的社邑除了造經之外還會再進行齋會，如
天寶二年（743）可能是范陽郡的□采（白米？）行結成社邑以造石經，其社
官為郄文景，其下就僅設幹部「齋頭徐崇福」一人〔註274〕，應該就是專門處
理齋會之事。

　　包括「社長」、「社官」、「平正」、「錄事」，以及陸續提到的「勾當」、「齋
頭」等首領稱呼，都能反映唐代的特色。如上述房山石經（邑）社中的「勾
當經人」，以及「都勾當維納」、「勾當錄僧」等〔註275〕。「勾當」是唐代文官
任用方式之一〔註276〕，如《舊唐書》卷十〈肅宗本紀〉：「以河南尹劉晏為戶
部侍郎，勾當度支、鑄錢、鹽鐵等使。」也有專責處理之意；再如《舊唐書》
卷四十八〈食貨上〉：「今繒帛轉賤，公私俱弊。宜出見錢五十萬貫，令京兆
府揀擇要便處開場，依市價交易，選清強官吏，切加勾當。仍各委本司，先
作處置條件聞奏。」甚至在唐僧圓仁所著的《入唐求法巡禮行記》中，記開

〔註273〕上舉三例分別收入：《房山石經題記匯編》，頁145、185、152。

〔註274〕〈天寶二年（743）（范陽郡？）□采（白米？）行造《大般若經》題記〉，收
　　　　入：《房山石經題記匯編》，頁83。

〔註275〕「勾當經人」、「都勾當維納」、「勾當錄僧」見於：〈貞元十五年（799）易州
　　　　易縣和淶水縣兩縣合邑造《大般若經》題記〉、〈乾寧元年（894）莫州石經邑
　　　　造《大般若經》題記〉、〈（年代不詳）幽州良鄉縣交道等村一百人造《大般若
　　　　經》題記〉，分別收入：《房山石經題記匯編》，頁145、185、152。

〔註276〕唐代文官任命除正拜之外，另有許多名稱。「勾當」與「充」、「領」、「判」意
　　　　義相同。相關研究參見：王壽南，〈唐代文官任用制度之研究〉，收入：氏著，
　　　　《唐代政治史論集》（台北：台灣商務印書館，1983年），頁22、44～45。

成四年（839）「五月一日，遣買過海糧村勾當王訓之家，兼問留住此村之事」，可見時人亦將村正逕稱為「村勾當」。在官方與民間普遍使用的情況下，私社加以仿照在組織中運用，這種情形歷代都頗為常見，就如上文論述西晉洛陽〈當利里社碑〉文，當時里社中，社正、社老、社掾、社史等職稱，乃援用於地方政府所設官吏的名稱。

　　此外，在〈天寶二年（743）（范陽郡）□采（白米？）行造《大般若經》題記〉中，除社官之外，還有「齋頭」一職〔註277〕，應是該行造經後舉行齋會的負責人。「頭」是唐代一般對於行政單位或團體首領所習用的稱呼，如唐代詩人王梵志詩有云：「文簿鄉頭執，余者配雜看。」「村頭語戶主，鄉頭無處得。」「里正追庸調，村頭共相催。」〔註278〕對於鄉長官一般逕稱為「鄉頭」、村正稱為「村頭」；圓仁所著《入唐求法巡禮行記》卷一載有：「砂金大二兩於市頭，令交易。市頭秤定一大兩七錢，……。」「市令」又稱「市頭」；在吐魯番出土文書，也可見唐代西州有堰頭、刺頭、隊頭、牒頭、匠頭、作頭等，推測多是為了方便稅的徵收和交納，所組織的團體負責人〔註279〕。中晚唐的敦煌私社組織中，會將社人編組為數「團」，以輪流操辦齋會或局席，各組負責人就稱為「團頭」或「齋頭」，如 S.3793〈辛亥年（951？）某社造齋等破油麵麥數名目〉：「辛亥年五月八日造齋，……已上三等破用，仰一團人上，如有團家闕欠，飯若薄妙（少），罰在團頭身上。」S.5825〈（吐蕃時期）某年四月一日設齋轉帖〉：「五日齋頭李社官。右前件齋准條人各助麥一斗。」〔註280〕李社官為該社某月五日齋會的負責人。

　　唐代房山石經（邑）社的組織，大致上可以歸納為兩個組織系統；此外，包括洛陽龍門石窟的造像邑，相較於北朝同為奉佛組織的造像邑，首領的數目及名稱，也已明顯地簡化，北朝時期的首領名稱已漸漸退出歷史的舞台。在房山石經（邑）社中，除了「社長」一職並未見得外，「社官」、「平正」、「錄事」等首領名稱，都流行於唐代的私社中。首領之外，房山石經（邑）社中

〔註277〕《房山石經題記匯編》，頁83。

〔註278〕詩句分別收入：唐・王梵志著，項楚校注，《王梵志詩》卷二〈當鄉何物貴〉、〈村頭語戶主〉、卷五〈貧窮田舍漢〉（上海：古籍出版社，1991年），頁129、134、651。

〔註279〕關尾史郎，〈唐西州「某頭」考〉，收入：朱雷主編，《唐代的歷史與社會：中國唐史學會第六屆年會暨國際唐史學會研討會論文選集》（武昌：武漢大學出版社，1997年），頁548～556。

〔註280〕寧可、郝春文輯校，《敦煌社邑文書輯校》，頁501、243。

對成員多以「邑人」稱之，也已不同於北朝造像邑的成員多稱為「邑子」。唐代對於民間團體的成員通常稱呼為「人」，如「行人」、「牙人」、「社人」、「渠人」等；且隨著「社」名稱的日趨普遍，包括房山石經邑（社）與洛陽龍門石窟的社邑，則已有稱為「社人」之例﹝註281﹞；至後唐五代宋初的敦煌私社，成員則幾乎都已稱為「社人」。包括首領與成員的名稱，都展現有唐一朝民間結社的特色。

（二）敦煌私社的首領

晚唐五代宋初敦煌私社的組織，不但也能表現出簡化的趨勢，且不論何種功能、何種類型的私社，其首領幾乎都已定型為「三官」，即社長、社官、錄事，已不見邑主、平正的職稱，亦無如北朝佛社中的都維那、維那等職。除了簡單化以外，也反映了定型化發展的趨勢。擔任「三官」的條件與職掌，如附表一第十六件社條：「老者請為社長，須制不律之徒：次充為社官，但是事當其理。」社長與社官似是由社中年紀最長者擔任。社長地位最高，領導社眾，對於違規的社人亦由其制裁；而社官之職，由文書上的字面看來，應是社務的決策人員。至於錄事則不全然以年長者為對象，「更揀無（英）明後（厚）德，智有先誠，切齒嚴凝，請為錄事」，以才幹、歷練合乎上述特質者，經由社眾推選產生，可見錄事是負擔實際庶務的操作，以及簿案的管理，因此更須有一定的辦事能力。敦煌社邑文書中的轉帖文書，幾乎都由錄事所簽發；再如上文所述，錄事平常尚需觀察社內各種活動的進展狀況，並糾舉社人的違規行為，予以告罰。其職掌幾乎涵蓋了私社絕大部分的日常事務。

「社長」雖不在上述房山石經社（邑）的組織系統中，但除了在敦煌私社名列「三官」之首外，如《全唐詩》卷二六七顧況〈田家〉詩云：「帶水摘禾穗，夜搗具晨炊，縣帖取社長，嗔怪見官遲。」李商隱所纂的歇後語中，列有「社長乘涼轎——不相稱」之語﹝註282﹞，可見「社長」一職，於唐代各地私社中，應亦是普遍使用的。

﹝註281﹞如〈天寶十一年（752）范陽郡大絹行邑造《大般若經》題記〉，該組織名為「邑」，但題記中卻稱「合社人等」，再如〈貞元六年（790）范陽縣諸村社造《大般若經》題記〉，成員稱「社人等」。兩件題記收入：《房山石經題記匯編》，頁95、123。在洛陽龍門石窟，如北市絲行像龕（洞外）的〈劉得等造像題名〉有「社人魏知里」的題名，收入：吳元貞編，《北京圖書館藏龍門石窟造像題記拓本全編》六、八、十冊，頁125。

﹝註282﹞《說郛》第七十六，李商隱，《義山雜纂》。

　　敦煌有一些私社還擁有「社老」之職。由前文所述，可知「社老」一稱源遠流長。在西晉的〈當利里社碑〉即有「社老」，《太平廣記》卷二五八〈逖仁傑〉載逖仁傑令「每村立社官，仍置平、直、老三員」。唐代以前，「社」是指依村、里居民祭祀社神，及其後聚會宴飲的組織，其他功能的民間組織並不以社爲名，在北朝的造像邑與南朝的佛會中，都沒有見到「社老」的設置，因此「社老」應是源於傳統的里、村社。以迄唐代，除了敦煌私社之外，如上揭龍門石窟北市絲行像龕的〈李懷璧等造像題名〉、〈劉德等造像題名〉中，也有「社老」的題名。龍門石窟的造像邑，正提供了時段進展變化的明顯例證；在北朝時候完全不見「社老」之設，唐代隨著「社」可以用爲各式私人團體名稱的情況演變下，「社老」不但開始使用於造像邑中，在中晚唐的敦煌私社，也可見在各類型的私社中設置。表 4-5 乃敦煌社邑文書中，本書所掌握設有「社老」的私社，其組織概況一覽。

表 4-5：設有「社老」的敦煌私社組織概況表

序號	文書編號	文書題名	首　　領	出　　處
1	S.6005	（十世紀上半葉）敦煌某社補充社約	社長、社老、錄事	《輯校》19～20
2	S.10184C加S9929	社人身亡轉帖	社官、社長、社老、錄□	《輯校》124～125
3	P.3691	（898 或 958）戊午年九月十一日秋局席轉帖	社官、社老、錄事	《輯校》179～180
4	P.3372V	壬申年（973）十二月二十二日常年建福轉帖抄	社官、社長、社老、錄事	《輯校》264～265
5	P.2708	（十世紀後半葉）社子名單	社僧、社官、社老、虞候	《輯校》340
6	S.5509	甲申年（925）十二月十七日王萬定男身亡納贈曆	社官、社長、社老、席錄、錄事	《輯校》408
7	北圖周字62 號	某年閏四月三日五月設齋轉帖	社官、（錄事？）、三老、齋頭	〈補二〉6～7
8	ДХ.1440	乙巳年九月社司轉帖	社長、社老、錄事	〈補四〉372
9	ДХ.11077	丑年五月社司轉帖	社官、社長、社老、錄事	〈補四〉374～375

　説明：出處代號：《輯校》＝《敦煌社邑文書輯校》（頁）
　　　　〈補二〉＝郝春文，〈《敦煌社邑文書輯校》補遺（一）〉（頁）
　　　　〈補四〉＝郝春文，〈《敦煌社邑文書輯校》補遺（四）〉（頁）

　　由上表可以歸納出兩個現象。其一，「社老」應不屬於三官之列，如第三件和第六件顯示這兩個私社，都有完整的三官設置，之外再另設「社老」。部分學者在提及敦煌私社的「三官」時，通常都會認爲有「社老」代替「社長」的情形，因此「三官」也有謂爲「社官、社老、錄事」者〔註283〕；但由上表觀之，第一、二、四、六、九、十件都有社長與社老之職，可見社老應不等同於社長；社老是否爲三官的一員，實有待商榷。其二，不但沒有私社單以「社老」爲首領，且有「社老」的私社，其組織相較於一般情況，還顯得較爲完備。至於第八件的「三老」，在敦煌私社中相當少見，因爲「三老」的題名之後，緊接著是「何老」、「陸老」，由此推測「三老」應非泛指年紀較大之社員，應也可視爲「社老」。

　　由上述線索大略可知，「社老」之稱淵源於以地域爲結合單位的傳統春、秋祭社組織，至唐代而成爲私人團體幹部的一員。本書第二章已略有說明，「社老」一詞，可能與漢代里社以里三老爲首領之一，並藉由「正齒位」、「分胙肉」等儀式，來象徵以血緣關係爲主幹，所構成的「里共同體」秩序之維繫，發展至西晉如洛陽的當利里社，即始有「社老」一稱。由於私人團體至少早在北朝時的造像邑中，便已發展出以成員結義的方式，由虛擬的血緣關係，來形成有尊卑上下之分的秩序，以便推動團體目標的進展。中晚唐敦煌的私社更將結義關係載諸於文字，成爲一種契約關係，此乃下文論述的重點。或許「社老」之設，與這種虛擬的血緣關係有關，有可能是以德高望重的年長者擔任，作爲一種「尊老」的象徵，以正長幼尊卑之序，並不實際處理社內的庶務，所以表4-5所顯示，有「社老」的私社，在「社老」之外，都還有完備的組織，由三官、虞候等處理社務。唯就目前所知的史料，並不易探得「社老」的職掌與功能，僅只能略作推論。

　　有的私社在「三官」之外，尚有「虞候」〔註284〕與「月値」一職。「虞候」本爲唐代方鎮使府軍將中的重職，嚴耕望指出：「虞候職在整軍紀，刺姦

〔註283〕姜伯勤，《敦煌社會文書導論》，頁240。
〔註284〕組織幹部設置較爲齊全的私社，如 P.3416 加 P.355B〈公元 935 年前後納贈曆〉、P.2842〈己酉年（949）正月二十九日恐兒身故納贈曆〉、S.2472V〈辛巳年（981）十月二十八日榮指揮葬巷社納贈曆〉，這三個私社的組織，有社官、社長、錄事、虞候之職，即「三官」之外，還另有虞候之設。文書收入：寧可、郝春文輯校，《敦煌社邑文書輯校》，頁 413～415、417～418、442～444。

滑。」即是掌「督察」之職〔註285〕。歸義軍使衙中亦當有都虞候、虞候之職，敦煌私社亦借用其名，如 S.329V〈（858〜894）正月十三日常年設齋轉帖抄〉文書最後記：「正月十三日錄事帖。社官郭某，社長武，虞候游通信，竹胡奴（后缺）」；P.2738V〈（十世紀上半葉）秋座局席轉帖抄〉亦有：「二月二十五日錄事索諸升年帖。社長劉奴子，社官王義信，就留德，虞候索進慶（后有九十一人題名，略）。」〔註286〕虞候作爲私社組織的幹部，其職亦用在「監察」。

如 S.3793〈辛亥年（951）社齋破除油麵數名目〉有謂：「其政造三等食飯，一仰虞候監察。三等料會算，一一爲定。」〔註287〕所謂「監察」應指實際查證所辦齋會是否合乎法度，用料是否短少等。而上文有述，「監察」本爲錄事職司之一部分，「虞候」的職掌與「錄事」的部分職責重疊，因此有可能虞候是作爲分擔錄事負擔之用；錄事行文放帖，對於社人該盡的義務則由虞候一一指實。附表一所收入的二十三件社條文書中，第四、八、二十二這三件只有錄事的設置，而無「三官」中另外兩者——社長與社官，但不約而同地都設有虞候一職，或許表示若單僅有錄事的私社，恐還需虞候的配合，分擔監察的任務。甚至還有如 ДХ.2256〈丙午年七月三日石□住男亡轉帖〉〔註288〕該社有錄事孟□□，但該轉帖卻由虞候龍意製發，虞候承擔了更多監察以外，原屬於錄事份內的事務。但這類情形極爲少見。至於私社內虞候的地位，由於諸轉帖所列的社人名單中，社官與社長幾乎都列於最前頭，而虞候之名則都穿插在一般社人之間，所以明顯低於三官；再如第九件社條顯示該社有社長、錄事與虞候，條文有云：「押衙閻願成爲虞候，祇奉錄事條式，比至修窟罷日。」更可見虞候地位低於錄事，奉錄事之命行事。

至於「月值」，若按附表一中第二件社條所述，「所遭事一遍了者，便須承月值，須行文帖，曉告諸家」，按上下文之意，應是指社人若遭喪事，而承社眾之協助，在完事後當須擔任月值，其工作乃是發送社邑通知社人的轉帖。再如 S.5788〈某年十一月二十一日（吐蕃時期）再限納物轉帖〉：「今更限今

<hr>

〔註285〕姜伯勤，《敦煌社會文書導論》（台北：新文豐出版公司，1992 年），頁 138〜139。
〔註286〕S.329V 與 P.2738V 兩件文書收入：寧可、郝春文輯校，《敦煌社邑文書輯校》，頁 246〜247、168〜170。
〔註287〕收入：寧可、郝春文輯校，《敦煌社邑文書輯校》，頁 501。
〔註288〕郝春文，《〈敦煌社邑文書輯校〉補遺（一）》，《首都師範大學學報》，1999 年第四期，頁 27。

月二十二日午時於靈台寺前取身並物，不到者罰半瓮。並須月直納物，亦須知前後。如月直不存勾當，局席不如法及不辦。重科。」有些私社將擔任月直作為違規的懲罰，該轉帖最後尚有加註：「馬大奴、李善奴、董憨奴。已上差副月直，屈到被處。如違。罰。楊讓。」表示實際上已有社人被處以輪值月值。而 S.5823〈寅年十一月（吐蕃時期）社司月直令狐建充次違例牒〉：「社司月直令狐建充次。右件人次當充使，不依眾烈（例）。往日以前所差者並當日營造。今被推延，故違眾烈（例）。請處分。」〔註289〕月直令狐建推延了私社的差使，而遭到該私社首領提出請求處分的文狀。可見在敦煌私社中，「月直」並非組織幹部，而是一種在社人平常所須承擔義務之外的額外差使，通常都由接受社眾協助者，或者違反私社規定的社人充任。一般而言，他們多得負擔諸如傳遞轉帖的差事，或者供私社領導人充使、送物、納物等。因此，在社條文書中也未見得以「月直」作為私社領導人的例子。至於《太平廣記》卷二五八〈逖仁傑〉所記每村置「平、直、老三員」的「直」，若果真是如敦煌私社的「月直」，那麼在這種具官方色彩的社組織中，「月直」的地位就就顯得提高了許多。

　　唐代私社的組織，從北朝的「社」、「邑」兩種不同的組織型態加以簡化與定型，在盛唐以迄中唐的房山石經邑（社）中，已能略為歸納成「社官」與「平正」兩個系統，而龍門石窟造像邑從北朝發展至唐代，也能顯見簡化之趨勢。這個趨勢仍持續至晚唐以後的敦煌私社，各類私社中，領導組織簡化、定型為「三官」，有時再輔以社老、虞候共同領導社事；敦煌私社的功能愈多，組織愈為簡化且定型，似乎也意味著相較於前代的民間團體，有更為成熟的表現。

　　總結上述，製作表 4-6 如后。就房山石經社（邑）、敦煌私社、龍門石窟邑與傳統文獻中，所顯現的唐代私社首領作一比較。龍門石窟所見雖只有區區三例，但由於該石窟的造像活動乃自北朝之直接延續，相較其他案例，有其獨特的意義。房山石經社（邑）與敦煌私社，由於材料數量豐富，所以再區分為「常見首領名稱」、「較少見首領名稱」兩項。為求簡要清晰，且各項資料上文已皆有述及，所以表中所列各項首領名稱，就不再注出處。

〔註289〕S.5788 與 S.5823 文書收入：寧可、郝春文輯校，《敦煌社邑文書輯校》，頁307～308、716～717。這兩件文書，寧可與郝春文推測有可能是同一個私社的文書。

表4-6：唐代私社主要首領名稱比較表

	房山石經社（邑）	敦煌私社	龍門石窟邑	傳統文獻
常見首領名稱	邑主、社官、平正、錄事	社長、社官、錄事	社官 錄事 社老 平正	社官 「平、直、老」 社長 錄事 社正
較少見首領名稱	院主、平錄、邑錄、社錄、齋頭、都維那、經主	社老、虞候、團頭		

由表中可見「社官」與「錄事」，是唐代最常援用的首領名稱，其次則是「平正」（或「社正」）、「社長」、「社老」。因此，我們大致上可以認定，社官、錄事、平正、社長、社老等，應即是唐代最普遍的首領名稱；復次，再包括「虞候」、「團頭」、「齋頭」等職稱，也都能反應當代的特色。

不過最後必須附加說明的是，如同上文第二節所述，隋唐時代仍尚有一些奉佛團體，從事著自北朝流傳下來的造像活動，其中有部分仍沿用著北朝造像邑的組織方式，如〈開成二年（837）佛峪金剛經會碑〉〔註290〕，載此金剛經會共有成員一百一十人，其首領分別為院主、都維那、維那與功德主。這個時處中唐的組織，所使用的完全是北朝所流行的造像邑首領名稱。不過其成員卻不是如北朝時所習稱的「邑子」，而稱為唐代所流行的「邑人」，倒也能展現些許時代的特色。相似的例子尚有數例，不再一一備舉。只是相對而言，這類的組織在唐代畢竟仍屬少見，並非一般廣泛運用的模式。

二、私社的常務運作

私社的常務運作，係指在執行功能（如喪葬互助、急難互助）運作之外，對於維持組織穩定、以及能確保功能得以遂行的運作，包括對於私社運作期限的設定、成員責任歸屬之界定、違規成員的處理、成員的變動（入社或出社）、首領的更迭等。這些運作大多需要一個固定的領導組織，在一段時期內的日常中，不斷地賡續進行。

本章第一節所提到唐初浙江地區的「米社」，乃智聰和尚率楊州三百清信，「人別一石年一送之，由此山糧供給道俗乃至禽獸，通皆濟給」；玄宗詔令立「勸農社」：「使貧富相恤，耕耘以時。」《唐會要》卷七十二〈馬〉所載道防秋兵中，為添補馬匹而社立的社，或者如敦煌寫本 P.3899 號背所載，府

〔註290〕收入：《八瓊室金石補正》卷七十三。

兵制度中官營的，祭祀馬神，後爲官府征錢對象的「馬社」；《新唐書》卷一九七〈循吏・韋宙傳〉載韋宙爲民置社，以成員月繳「會錢」的方式，令無牛者「探名市牛」。上述的例子，明顯都是長期運作的結社組織，而這些結社可能多僅有單一功能，雖在記載中可見其爲達成目的的運作之法，但功能的運作之外，組織中日常的基礎運作細節、辦法，卻無從徵得。至於幽州石經社（邑），雖然有數量龐大的題經記，顯示許多村落或商業街區的行，在一段時期內，固定於每年結社造經一次，但其性質多屬於「一次性」組織，每一次的首領也都有可能變動；按此，應也無基礎之運作可供觀察。所幸敦煌的私社，藉由大量出土文書之便，各類實用的社邑文書，呈現了基礎運作中細膩、清楚的過程。本書以下即以敦煌社邑文書所見之情形，進行探究。

（一）私社常務之運行──社司、轉帖與社條

進行基礎運作，敦煌私社具備了一項特點，即是許多組織都普遍擁有春、秋祭社、生活互助或奉佛等多重功能，並配合首領的簡化、固定，展現出其成熟性質。爲追求這些功能的發揮，敦煌的私社，有常設性的領導機構，稱爲「社司」，而能賡續維持較爲長期的社務運作，私社活動亦顯得更爲活絡。

社司日常傳達社內事務的文書稱爲「社司轉帖」，所通知的事由包括私社功能的逐行，如常年局席，春、秋座局席，設齋，喪禮納贈，身亡送儀酒，建福，起病餵腳（慰問）等，以及聚眾商議等日常事務。此外轉帖文書，還會書明社員必須親自出席，或繳交物品的名稱、數量，並規定時限，以及違約的罰責。最後註明發帖時間，發帖者的職務、姓名，通常這多是由錄事簽署。被通知者接到轉帖後，或在轉帖上自己姓名的右下角寫上「知」字，或在姓名右側用筆加一墨點，表示已經知曉，再轉給下一人，最後再傳回發帖者手中。轉帖的傳遞，有時也有如上述，交由「月值」一一通知的情形〔註291〕。轉帖最後社司仍會再利用，在社人姓名邊加圓圈或勾劃，表示到場及納物與否。〔註292〕

敦煌私社在立社之初，都會由社人聚會一起製定共同的規約，稱爲「社條」，一般都會述明結社目的、立條緣由，並規定組織權力、活動內容、社人

〔註291〕寧可、郝春文輯校，《敦煌社邑文書輯校》，〈前言〉，頁12～14。
〔註292〕如 S.5632〈丁卯年（967）二月八日張憨兒母亡轉帖〉即是一例，收入：寧可、郝春文輯校，《敦煌社邑文書輯校》，頁102～103。

的權利與義務、違規罰則等具體條款。社條的訂定，也讓社眾平常的運作有了明確的準繩與依據，保障組織功能的彰顯。本書共收集有二十七件社條文書，為方便各章節之討論，將各社條按文書編號、題名、年代、首領、人數、功能與文書出處等八個項目，製成附表一〈敦煌寫本社條文書一覽表〉。為節省篇幅與方便察找，本書所徵引的社條文書，皆以附表一中之序號來表示。這二十七件社條文書，按其類型有可分為實用文書與文樣（包括抄或稿），前者代表當時確曾為社邑所使用過而遺留下來的寫本，當然最具代表性；後者則是當時製成供民眾立社定約時參考用的文書，或者是習字時抄寫或預擬的稿件，亦有其參考價值〔註293〕。所以不論是實用文書或文樣均收入於附表一中。

私社運作時間的長短，在某些社條中即能顯現，如第十六件社條所云：「立其條案，世代不移」、「結為邑義，世代追榮。」就表明了永續經營的願景。但有些私社，由於其功能單純，或僅為開佛窟而結合，其社條便訂有所謂的「落日條款」，如第九件社條云：「……等壹拾陸人發心於宕泉，修窟一所。……祇奉錄事條式，比至修窟罷日，斯憑為驗。」此一私社到修窟完畢後可能就自動解散了；第二十一件社條則云：「一齊同發心，限三年願滿。三年滿後，任自取散，不許錄事三官把勒。」博望坊巷的女性為上窟燃燈而結成私社，約定三年為期，期限一到，三官等幹部自動解職。所以私社運作的期限可長可短，端視社條之約定。

主要的社條，稱為「祖條」或「大條」〔註294〕，在訂立以後，平時需「封印」保存，非特殊情況不能隨便開封：如附表一第六件社條云：「社內先初合義之時，以立明條，封印訖。」〔註295〕顯示社條即為私社運作的根本大法，有其神聖性質。但有時社務運行一段時間後，難免必須對社條進行一些修改或補充，則在祖條之外另訂補充社約，如附表一中第六件社條，即是在祖條之外製定的補充社約。其條文云：「若件件開先條流，實則不便。若不

〔註293〕寧可、郝春文輯校，《敦煌社邑文書輯校》，〈前言〉，頁8～9。

〔註294〕「大條」可見於附表一第六件社條，謂：「餘有格律，並在大條內。」「祖條」則見於附表一第十七件社條，其條文開頭即云：「上祖條：至城（誠）立社，有條有格。」

〔註295〕再如附表一第四件社條即是一件當時被「封印」的社條，該件在展開前是被捲成一卷封黏起來的，在封口處寫著社條的名稱和「封印」者錄事王慶住等社邑首領的題名。參見：寧可、郝春文輯校，《敦煌社邑文書輯校》，〈前言〉，頁10～11。

抄錄者，伏恐陋（漏）失，互相泥莫。遂眾商量，勒此偏案。」「若社人忽有無端是非行事者，眾斷不得，即須開條。若小段事，不在開條之限，故立此約。」明確指出何以另立補充社條的緣由，而且也間接指明了只有在裁定社人是否違反規定，且「眾斷不得」的糾紛之時，才是「祖條」或「大條」開封的時機。

正條之外的補充社約，在文書中稱爲「偏條」或「偏案」，如上揭第六件社條即言「偏案」；第二十四件社條文曰：「更有碎磨格式，偏條所錄也。」所謂碎磨格式目前仍不知其義，恐怕是指一些零星的細節。而文中言另有偏條，也可見第二十四件社條應該就是正條。再如第三件社條云：「敦煌義族後代兒郎，雖（須）擇良賢，人以類聚，結交朋友，追兇逐吉。未及政（正）條，今且執（製）編（偏）條。」可見這也是一件屬於偏條的社條。〔註296〕

此外，還有一些社邑因隨著時間推移而原社條已顯得不夠完備，以致不能適應實際狀況時，就會重新再製定一次社條，如附表一中的第一、二、七、二十等件社條即是。第一件有云：「爲城煌（隍）賊亂，破散田苗，社邑難營，不能行下。今大中九年……就張錄子家，再立條件爲馮（憑）。」第七件謂：「女人社因滋（茲）新歲初來，各發好意，再立條件。」可知前者立條是在敦煌歸義軍政權建立初期，之前因經歷了一段不安定的時局，以致私社的運作中斷了一段時間；而後者則是就在原有的組織基礎上，再訂立新的社條。而第二件社條本件由四個部分組成，書寫時期各不一樣，最早書於吐番時期，一直到歸義軍時期，期間一共有三次分別在翟英玉家、張曹二家、馬興晟家，重列社人名單，並對社條內容再做補充，展示了這幾十年間此私社發展變化的軌跡。〔註297〕

民間私社的組成，多是在於彼此有志一同，因而結合成團體，以追求共同的目標，並擬定社條，規定成員的權利與義務，將其訴諸於文字，由每位社人簽字以示遵從。社人對於團體所具有的權利與義務，已使私社不同於臨時性的糾合，不論是短期且目標單純者，或是較長期且不斷運作擁有多重功能的結社，都能以社條的簽定，確認社人的權利與義務，展開並賡續維持團

〔註296〕郝春文近年對於社條文書的類型再進行補充說明，指出有祖條、偏條之分，參見：氏著，〈《敦煌社邑文書輯校》補遺（四）〉，浙江大學漢語史研究中心、浙江大學古籍研究所編，《漢語史學報》第三期，《姜亮夫、蔣禮鴻、郭在貽先生紀念文集》（上海：上海教育出版社，2003年），頁369～370。

〔註297〕寧可、郝春文輯校，《敦煌社邑文書輯校》，〈前言〉，頁11、4～6。

體功能的發揮。

　　有不少學者認為這是一種契約化的過程，謝和耐即指出：「佛教的社都可以不同程度地跨入契約性組織的道路。在前一種社中（按：如北朝的造像邑），每個人所納份額的多少完全取決於各自的慷慨程度；在後一種社中（按：敦煌私社），每個人的份額都是根據社條而確定和結算的。」〔註298〕這種「契約性質」，反映在奉佛的宗教功能上，社人透過社邑組織，參與開窟、齋會與佛教節日的活動，即如謝和耐所言，已非取決於個人自願的捐獻；在生活互助的功能上，也不是在社人有困難時，依同情心或者交情的多寡給予濟助，而都是按社條或臨事由社司規定具體的辦法，以及每位社人所須繳納的物品額數。為了保障每一位社人都能得到一定的權益，因此就必須有強迫性質的付出，以維持長期而穩定的社人間權利與義務的關係，私社內部組織力量的重要性，往往就因此而突顯出來。

（二）社人須盡義務之擔保機制

　　社條中，成員間所約定的權利與義務，也不單僅限於成員自身，多半還延續到後代子孫。如第十四件社條：「凡為立社，切要分（久）居。本身若去亡，便須子孫丞（承）受，不得妄說辭理。恪（格）例合追遊，直至絕嗣無人。不許遺他枝春（眷）。」第十六件社條：「結為邑義，世代追榮。」「立其條案，世代不移，本身若也盡終，便須男女丞（承）受。……至有閉門無人，不許紲（遺）他枝眷。」第十七件社條：「山河為誓，日月證之。三世莫見佛面，用為後驗。」似乎只將義務限定在子孫一脈，其目的多在於「切要久居」，以維持私社賡續不斷的運作，社人的義務一直到絕戶才告解除；但子孫之外，並不涉及其他姻親家人。在敦煌社邑文書之中，對於社人有時以「社戶」稱之，或許與這種兒女子孫繼承社事的方式有關。如 S.5698〈癸酉年（853？）三月十九日社司准社戶羅神奴請除名狀〉〔註299〕，是「社戶羅神奴及男文英義子三人」請求退出私社，所呈上的文狀，所以可知「社戶羅神奴」包括了羅神奴及其子與義子三人。

　　另外，社人對私社仍有欠物，或義務未了之時，又即將遠行，通常也會比照民間債務處理的方法，在子孫之外另再尋保人擔保。如 P.36362〈丁酉年

〔註298〕謝和耐著，耿昇譯，《中國五至十世紀的寺院經濟》（台北：商鼎文化出版公司，1994 年），頁 339～341。

〔註299〕收入：寧可、郝春文輯校，《敦煌社邑文書輯校》，頁 708。

五月二十五日社戶吳懷實託兄王七承當社事憑據〉〔註300〕即是實際操作的例
證。乘安坊巷社社人吳懷實，因「……社內使用三贈，懷實全斷所有，罰責
非輕，未有排批」，因違反該社喪葬互助中使用三贈的規定，尚有罰物待繳
〔註301〕。但今欲出使新城鎮，所以立一憑據，以其兄吳王七擔保其責任：

> 破罰之時，著多少罰責，地內所得物充爲贈罰。物不充，則將田地
> 租典，取物倍（賠）社。或若懷實身東西不來，不管諸人，只管口
> 承人王七身上。恐後無人承當社事，故勒口承人押署爲驗。丁酉年
> 五月二十五日
>
> 社人吳懷實（押）　　口承人男富盈（押）　　口承人吳王七（押）

若視吳懷實爲債務人，乘安坊巷社爲債權人，則此一憑據與當時敦煌民間的
借貸習慣是相契合的。吳懷實找其兄吳王七擔保其所欠繳之物，可視爲借貸
行爲中，「留住保證」的擔保性質。羅彤華師對此已有精闢的研究，其引唐〈雜
令〉說明道，此一性質的債務保人，是指在債務人逃亡而不履行債務時，爲
之代行償負責任的第三者。債務保人償債的前提是「負債者逃」，並非只要債
務人欠負，就被要求清償。而其另層涵義則是，只要負債者不逃，無論其是
否有償債能力，保人原則上都無需代償。易言之，債務保人擔保的是債務人
的行爲，其目的在防止債務人逃走，促其勇於面對債務，而非與債務人負同
一義務〔註302〕。所以吳懷實所立憑據即指明由其田產租典以償其「債」，而口
承人吳王七只是在吳懷實「身東西不來」時，才須負擔責任。「身東西不來」
的「東西」是東奔西逃，「逃避不在」乃唐人的慣用語〔註303〕；而歸義軍時期
的保人則多改稱爲「口承人」，「口承」乃允諾、許下、承認之意，本非保人
的專用別名，或許因爲保人也允諾承擔一定契約義務，遂亦稱之爲「口承人」

〔註300〕收入：寧可、郝春文輯校，《敦煌社邑文書輯校》，頁746～747。

〔註301〕在 P.36361 中〈（公元979年前後？）社司罰物曆〉是二十三位社人遭社罰物
的清單，其中列有「吳王七粟二斗」、「吳懷實兩石四斗」，雖未能推斷吳懷實
所欠罰物，是否即是此處所列的「兩石四斗」，但此兩件同編號的文書，極有
可能是屬同一私社的文書。

〔註302〕羅師彤華，《唐代民間借貸之研究》，頁312；另可參閱：中田薰，〈我古法に
於ける保證及び連帶債務〉，收入：《法制史論集》卷一（東京：岩波書店，
1943年），頁129；仁井田陞，〈唐宋時代の保證と質制度〉，收入：《中國法
制史研究——土地法・取引法》（東京：東京大學出版會，1981年），頁500
～501。

〔註303〕仁井田陞，《唐宋法律文書の研究》（東京：東京大學出版會，1983年），頁
301～302。

〔註304〕。尤其吳懷實又即將要前往新城鎮，尋一「口承人」爲其作「留住保證」的擔保，對於安坊巷社而言更是有其必要。

該憑據最後口承人之押名，有吳懷實之子富盈與其兄王七，但憑據中只提及「只管口承人王七身上」，並未提及其子富盈。誠如上述社人的權利與義務在其去亡時，則由子孫承受；且在唐代的借貸習慣中，無論法理上債務人是否立有保人，也無論債務人所立的保人是否包含親人在內，一旦債務人欠付不償，至少其共產親的償付次序，優先於任何其他人；在親屬中，最多的是以妻子兒女爲保，其次才是兄弟爲保〔註305〕。所以吳懷實所遺留的社事，其子富盈應爲當然的擔保人，而又因即將遠行，所以須再提一人作保，其兄王七按慣例乃是適當的人選。

除了像吳懷實這類較特別的例證之外，如第二件社條所示：「後入七人，若身東西不在，口承人：張履屯、馬苟子、郭小通……。」可見有些私社對於中途加入的新社人，也會要求有口承人擔保。張履屯、馬苟子在原先社人的名單中都有列名，而郭小通自身則是新增社人，似乎只要有私社成員可以爲保即可，其義仍在於以備社人「若身東西不在」時，可以有保人承擔社事。

社人權利與義務的歸責，當然作爲私社組織的長久運作所需，以確保團體利益不受影響。在社人有欠繳或罰物之時，雖仍不免以民間習用的債務履行辦法處理，但上揭的第十四和十六件社條中，都說明只有在「本身若去亡」、「本身若也盡終」的情況下，才由子孫承受遺留之社事，且不許「遺他枝春（眷）」，文書中也未見妻子方面的責任，與唐代以父母之外的同居共財親屬爲當然擔保人的習慣，在範圍上相對縮小了許多；且在特殊情況如社人即將遠行的情形，才再另立保人擔保。畢竟私社組織是屬於互助團體，其目的在使所有社人能互蒙其利，一方面社人的義務也是基於此義，與欠債償債的意義多有不同；另一方面，私社可以運用團體的力量來加以制裁，這是透過結義的精神，與立社條的契約關係來達成，不似一般民間在債務履行不遂之時，就只能報官仲裁了！

（三）社人違約之罰責

以上討論了私社成員權利與義務的承擔範圍。而在私社常務的實際運作中，爲了落實組織規範，確保團體利益，及私社組織的井然秩序，通常在社

〔註304〕蔣禮鴻，《敦煌變文字義通釋》（上海：上海古籍出版社，1997 年），頁 213。
〔註305〕羅師彤華，《唐代民間借貸之研究》，頁 316、321。

條文書中如果列有社人所應付出的詳細項目，也多會連帶規定未能遂行義務的罰責，包括酒、麥、油等實物的罰繳，以及宴請社眾賠罪之外，也有施以「決杖」之刑者，如第一件社條：「其齋社違月，罰麥一碩，決杖三十。」情節更為嚴重者，甚還有如十六、十七件社條所載，驅逐出社之規定。罰責的訂定，使私社成為一個有私法、有私刑的私人組織，其「自治」性質也由此來體現。

但由於社條多僅是提綱挈領，宣示原則，因此都會另賦予三官或眾社，臨事時討論決定的權力。如第三件社條所言：「三官及眾社，臨事眾有決罰。」第五件社條：「其社眾並於三人所出條式，專情而行，不得違背，或有不稟社禮，□□上下者，當便三人商量罰目。」第十三件社條：「三官權知勾當。」第十四件社條：「立條以後，一取三官裁之，不許眾社紊亂。」第十六件社條：「上件事段，今已標題，輕重之間，大家思酌。」除了對於違反基本秩序的罰責載諸於社條之外，由於三官或社眾臨事所作出的決定，都會透過轉帖詳細述明，週知所有社人，所以罰責的規範，也絕大部分是在轉帖中詳列。在本書所收集的二百一十五件轉帖中（不包含半官方性質的渠人及行人轉帖），可辨識出載有罰責的共一百三十八件，其中就有一百二十七件是以「捉二人後到，罰酒一角；全不來，罰酒半瓮」，或類似辦法，來作為處罰條例，而 P.2556V〈社司處罰違紀社人記錄〉：「沒到人張安午，罰酒半瓮。」〔註306〕應即是社司按此條例實際處罰社人的記錄。因此可知，不論是通知社人參與助喪、局席、齋會、建福、設供或聚會商量等轉帖，絕大多數所規定的處罰對象都是召集時後到者，甚或完全缺席者，當然後者也通常都是沒有繳納規定份額物品的社人。如 S.10184〈社人身亡轉帖〉則規定有：「如有後內（納）者，罰酒一角；全不內（納）者，罰酒半瓮。」在一百二十七件轉帖之外，另有六件是以麥為罰物，但仍然有針對於後到或後納者予以處份〔註307〕；以

〔註306〕寧可、郝春文輯校，《敦煌社邑文書輯校》，頁316。

〔註307〕六件文書為：S.5139V/3〈某年（十世紀二十至三十年代）四月正十三日春座局席轉帖抄〉、S.329V/5〈公元 858～894 年正月十三日長年設齋轉帖抄〉、P.2825V〈（十世紀後半葉）某年正月設齋轉帖〉、S.6583V/1〈常年設供轉帖抄〉、BL 李 73v〈丙辰年（896）閏二月八日社司轉帖〉、ДХ.11084〈社司轉帖〉，分別收入：寧可、郝春文輯校，《敦煌社邑文書輯校》，頁 153、246、271、276。Yamamoto Tatsuro, Ikeda On, Okano Makoto, Dohi Yoshikazu, Ishida Yusaku eds, *Tun-huang and Turfan Documents concerning Social and Economic History, IV She Associations and Related Documents (A) Introduction & Texts*

及有四件，僅是簡單地規定在時限內不到或未納者，「准條科罰」或「准上科罰」，其罰責不明，可能是依據社條所定行事〔註308〕。只有 P.T.1102〈（吐蕃時期）申年二月二十一日社司轉帖〉〔註309〕一件，是「如違時，欠少一色，罰酒一角」，同時針對逾時與納物數量不足，作相同的懲處。

由上述可知，私社組織的罰則所針對者，除了未履行義務的欠繳之外，還包括了行為上的怠慢，呼應了第十四件社條所規定：「忽若錄事帖行，不揀三更夜半，若有前劫（卻）後到，罰責致重不輕。」可見私社組織應已有相當的「公權力」，在個人所應盡的明確義務之外，尚能在紀律上予以要求，期能達到如第八、十二、十三、十四、十七件社條所期待的，「各自榮生死者，納麵壹涅，須得其同，不得怠慢」、「或有榮葬之日，不得一推一後，須要榮勾」、「及至葬送，亦須痛烈，便供親兄弟一般輕（経）舉，不許憎嫌穢污」、「更有諸家橫遭厄難，亦須眾力助之，不得慢說異言」、「社內有當家兒禍，……便事親痛之名。……不德（得）臨事疏遺，勿合乖嘆」，在社人間的助喪與逢災救濟，不但行動不得推拖，亦不能有不悅的神情與抱怨，由外在的約束來維繫結義應有的情誼，與發揚蹈勵、眾志成城的精神。

再者，在第一、二、七、十三、十四、十六件社條中，都有對社人杖罰的條例，但在一百九十八件轉帖文書中，卻只有一件敦煌研究院藏 322 號〈庚午年（950）十二月八日夜社人遍窟燃燈分配窟龕名數〉，對於未盡燃燈責任的社人，「匠人罰布一疋，充為工（公）廨；匠下之人，痛決尻杖十五，的無容免」〔註310〕，有杖罰的規定。這六件訂有杖罰的社條所針對的對象，第一

(Tokyo: The Toyo Bunko, 1989), p.27。郝出文，〈《敦煌社邑文書輯校》補遺（四）〉，浙江大學漢語史研究中心、浙江大學古籍研究所編，《漢語史學報》第三期，《姜亮夫、蔣禮鴻、郭在貽先生紀念文集》，頁 375。

〔註308〕四件文書為：S.5825〈（吐蕃時期）某年四月一日設齋轉帖〉、Ch.IOL.82V〈（吐蕃時期）某月十三日設供轉帖〉、P.28423〈（九世紀末至十世紀上半葉（？））某月七日建福轉帖〉、北圖周字 62 號〈某年閏四月三日五月設齋轉帖〉，分別收入：寧可、郝春文輯校，《敦煌社邑文書輯校》，頁 243～244、254；郝春文，〈《敦煌社邑文書輯校》補遺（二）〉，《首都師範大學學報》，2000 年第二期，頁 6～7。

〔註309〕文書收入：Yamamoto Tatsuro, Ikeda On, Okano Makoto, Dohi Yoshikazu, Ishida Yusaku eds, *Tun-huang and Turfan Documents concerning Social and Economic History, IV She Associations and Related Documents (A) Introduction & Texts* (Tokyo: The Toyo Bunko, 1989), p.20；郝春文，〈《敦煌社邑文書輯校》補遺（一）〉，《首都師範大學學報》，1999 年第四期，頁 25。

〔註310〕此件文書雖非轉帖，然其用途是向社人分派燃燈任務，亦具有通知的性質，且

件是齋會或社日局席未按時備辦的主人，第二件是對於社邑如齊赴科稅、賑濟急難等規定，有「滿說異論，不存尊卑」者，第七件所針對的是中途退社的社人，第十三件是「不樂社事，不聽三官條式」者，第十四件類似第十三件，第十六件則是局席或齋會之時，藉酒作鬧的社人；所以大體而言，應是針對破壞私社日常運作秩序的社人，所以通知社人備齊參加助喪、局席、齋會、開會之物的轉帖，可能因此就沒有「決杖」的處份，而多是後到者，罰酒一角；全不到（納）者，罰酒半瓮。

但在屬於半官半民性質的渠社中，其轉帖文書卻呈現略為不同的情形，七件轉帖以「捉二人後到，罰酒一角；全不來，罰酒半瓮」為罰責〔註311〕，但仍有八件是「捉二人後到，決杖七下；全不來者，官中處分」〔註312〕，另有一件 P.5032〈公元 984 年渠人轉帖〉則為：「捉二人後到，七棒；全不來，罰一瓮。」而與渠社性質類似的行人社，也有一些相同的例證〔註313〕。由此

亦有罰則。收入：寧可、郝春文輯校，《敦煌社邑文書輯校》，頁281～282。

〔註311〕P.4003〈壬午年（923？）十二月十八日渠社轉帖〉、北圖殷字第41號V〈大讓渠渠人轉帖抄〉、P.5032〈戊午年（958）六月六日渠社轉帖〉、P.5032〈西元 958 年前後渠社轉帖〉、S.6123〈戊寅年（978）七月十四日宜秋西枝渠人轉帖〉、P.5032〈甲申年（984）四月十二日渠人轉帖〉、P.5032〈甲申年（984）十月三日渠人轉帖〉。上揭七件文書收入：寧可、郝春文輯校，《敦煌社邑文書輯校》，頁 366～368、371～375、378、386、390。

〔註312〕P.3412V〈壬午年（982）五月十五日渠人轉帖〉、P.5032〈甲申年（984）二月二十日渠人轉帖〉、P.5032〈甲申年（984）四月十二日常年建福轉帖抄〉、P.5032〈甲申年（984）九月二十一日渠人轉帖〉、P.5032〈甲申年十月四日渠人轉帖〉、P.5032〈甲申年（984）某月十七日渠人轉帖〉、P.4017〈甲申年某月十七日渠人轉帖〉、ДХ.11196〈某年十月九日渠人轉帖〉。其中 P.3412V 略有不同，其為「捉二人後到，決杖十一：全不來者，官有重責」。上揭八件文書收入：寧可、郝春文輯校，《敦煌社邑文書輯校》，頁 380～385、388、392、394、399～400；郝春文，〈《敦煌社邑文書輯校》補遺（二）〉，《首都師範大學學報》，2000 年第二期，頁 9～10。

〔註313〕本書所掌握的行人轉帖，載有罰則的共有八件，其中有三件是以決杖為罰，如 P.2877〈己丑年正月十六日行人轉帖〉、S.4504 1v-2v〈年次未詳十一月五日行人轉帖〉、S.4504 2v〈年次未詳七月三日行人轉帖〉都是規定「捉二人後到，決杖七下：全不來官有重責」，這三件與上述八件渠人轉帖所載罰則全同。其他如 S.1159〈年次未詳二月四日神沙鄉散行人轉帖〉、S.6039〈年次未詳四月八日行人轉帖〉、P.2342 piece2-3〈年次未詳行人轉帖〉、S.6010〈年次未詳行人轉帖〉等四件，則是比較籠統地規定「如有後到及全不來者，罰責不輕」、「全不來官有重□□」、「如有後到及全不來者，重有科罰」。只有一件 S.6272〈年次未詳行人轉帖〉是以罰麥為主，「……麥七斗，全不來罰麥一石」。上揭八件文書收入：Yamamoto Tatsuro, Ikeda On, Okano Makoto, Dohi

看來，大概棒打七下，應相當於罰酒一角；而第十六件社條有載：「不守嚴條，非理作鬧，大者罰醲□一席，少者決杖十三。」「決杖」之刑，也還輕於宴請所有社人以爲賠罪。所以杖罰在敦煌社邑中當不算是太重的責罰，雖然缺乏社司實際施行的例證，但相信應非只僅止爲具文。而且在帶有官方色彩的渠社、行人社中，以決杖做爲處罰方式的情形，則似乎較一般私社爲多。〔註314〕

　　由結義關係再加上共立文字規約以爲保障，私社的組織已堪稱嚴密，因此若有社人中途欲意加入或退出，就實屬不易。新社人的中途加入，必須經過一定的過程與儀式，以完成結義與收名入案，如P.2498〈投社人馬醜兒狀〉：「若有入社筵局，續當排便，伏乞三官眾社等收名入案。不敢不申。」P.3216〈顯德二年（955）正月十三日投社人何清清狀〉：「投社人何清清狀……。後入社者一延（筵），□□伏望三官錄事，乞賜收名，伏請處分。」P.4651〈投社人張願興王祐通狀〉：「伏乞三官收名入案。合有入社格禮，續便排備。」S.2596V〈咸通七年八月三日投社人王贊贊狀〉：「贊贊先開（？）三官錄事等許贊贊投社。當日筵屈社人。已後社內若有文帖行下，贊（贊）依例承文帖知承三馱。」〔註315〕ДХ.12012〈清泰二年三月投社人王粉子狀抄〉：「投社人王粉子，……伏望三官社眾，特賜收名。應有入社之格，續便排備。」〔註316〕上揭五件投社狀，是馬醜兒、何清清、張願興、王祐通、王贊贊、王粉子等人欲投入私社，所呈遞的狀帖，這種情形，通常需要筵請社人，並經過一定的「入社格禮」，才能「收名入案」。

Yoshikazu, Ishida Yusaku eds, *Tun-huang and Turfan Documents concerning Social and Economic History, IV She Associations and Related Documents (A) Introduction & Texts*, p.75~79。

〔註314〕除了渠社與行人社之外，佛教寺院教團的轉帖也有不少是以決杖爲罰責。如P.4981〈乙寅年四月甘七日徒眾轉帖〉、ДХ.1378〈年次未詳當團轉帖〉都規定有：「捉二人後到，決杖七下；全不來，罰酒一瓮。」「捉二人後到，決杖十五；全不來，官有重責。」兩件文書收入：Yamamoto Tatsuro, Ikeda On, Okano Makoto, Dohi Yoshikazu, Ishida Yusaku eds, *Tun-huang and Turfan Documents concerning Social and Economic History, IV She Associations and Related Documents (A) Introduction & Texts*, p.80, 84。

〔註315〕以上四件文書收入：寧可、郝春文輯校，《敦煌社邑文書輯校》，頁700、702～703、704～705。

〔註316〕收入：郝春文，〈《敦煌社邑文書輯校》補遺（四）〉，浙江大學漢語史研究中心、浙江大學古籍研究所編，《漢語史學報》第三期，《姜亮夫、蔣禮鴻、郭在貽先生紀念文集》，頁385。

　　由於私社的性質在於集眾人之力，以完成個人無法達到的功能，因此中途若有社人萌生退意，就會使組織少了一分力量，對於團體的運作必會產生影響；再者，社人入社之時也都經過結義的盟誓，結成義兄弟姊妹，並保證共同完成目標，中輟的情形無異於違背誓言，所以對於要求退社的社人，私社一般都會向其要求嚴格的饋贈，或施以杖刑。如第七件社條即有規定：「若要出社之者，各人快（決）杖三棒，後罰醴□局席一筵，第無免者。」第八件社條云：「在後不承文帖及出社者，罰醴□（一）筵。」第十二件社條云：「後有人或是忽努（怒），不聽大小，先說出社者，願賢聖證之。」

　　除卻因社人違反規定，情節嚴重而遭私社除名者，也有不堪社事負擔而自請出社的情形，如 S.5698〈癸酉年（853？）三月十九日社司准社戶羅神奴請除名狀〉〔註 317〕，即是羅神奴因「家貧闕乏」，請求三官眾社賜以條內除名。由此私社的互助功能便非是濟貧的萬靈丹，反倒是類似今日的保險。社眾的互助是建立在社邑強制、定額的分配，而不是社人間隨喜的樂捐，亦即個人必須有一定程度的付出爲前題，甚至如喪葬互助中「三馱請贈」的辦法，就必須先繳納一定數量的物品，才能取得屆時受到資助的資格。有部分研究即指出，在敦煌私社中，某些情況下社人的負擔是相當沉重的，其法對於較富有的社人相對有利〔註 318〕。總之，就組織角度而言，團體分子的變動，當然會影響運作的穩定性與公平性，即使在社條中有對於嚴重違規的社人，予以驅逐出社的處分，然所有社邑文書裡，卻尚未見有私社開除社人的牒文，想必當是不常有的現象；再就成員個人的角度而言，爲求生活經濟的未雨綢

〔註 317〕收入：寧可、郝春文輯校，《敦煌社邑文書輯校》，頁 746～747。

〔註 318〕郝春文即指出，某些敦煌私社須爲寺院設三大齋、行香、印沙佛等活動，以及地方僧官和寺院的臨時攤派，若再兼行春、秋二社與喪葬互助，那麼每位社人所需繳納糧食就超過一石，還有力役及柴、油、織物等，不可謂不重。而且「寺院對其所控制的私社之『剝削』，實質上是僧人對私社中勞動者的『剝削』」。參見：氏著，〈隋唐五代宋初傳統私社與寺院的關係〉，《中國史研究》，1991 年第二期，頁 8～10。不過參與佛事的支出，並不能與純粹互助功能的支出相提並論；但不論如何，在實際上，每一位社人應都有相當程度的付出。再者，姜伯勤亦認爲：「社戶資格應與一定的財產財力有關，能夠備辦局席及交納義聚所需的，屬於小有產者身分以上。而赤貧者無法履行社人義務。這或許說明了所謂私社雖帶有私人性和自願性，但卻同時受著身分性的制約。」參見：氏著，《敦煌社會文書導論》，頁 241。在實際的案例中，如上文所揭的 S.5698〈癸酉年（853？）三月十九日社司准社戶羅神奴請除名狀〉，即是羅神奴因「家貧闕乏」，已無法承擔社事，請求三官眾社賜以條內除名，讓他和兒子與義子三人「放免寬閑」。

繆，以及上文所談到的加強社會人際關係的功能，社員退社的情形自是非比尋常，更何況還有載之於社條的規約，與結義的誓言。

私社除了對社人權利與義務進行規範外，爲了發揮組織的功能，對於領導者也是有所要求。如第五件社條是在「三官」改選之後所訂定：

> 以上物色等伏緣錄事不聽社官件件眾社不合，功德難辦。今在請慶度爲社官，法勝爲社長，慶戒爲錄事。自請三官以後，其社眾並於三人所出條式，專情而行，不得違背，或有不稟社禮，□□上下者，便當三人商量罰目。

這是專爲修佛堂所結成的社，因爲錄事與社官產生了嫌隙，使社務的運作窒礙難行，「功德難辦」，所以對三官進行改選，並要求社眾都須服從其「所出條式」。

敦煌的私社，有社人彼此約定並遵守的社條，載明了組織運作的期限，結社的目的與功能，首領的選任，社人權利、義務的歸屬範圍，有的甚至還規定了違約之罰則。主要的社條稱爲主條、大條，在此之外，若尚有臨時事宜或其他事務之細節，則另訂偏條補充之。藉由社條的約定，以及許多私社擁有多重功能，而能有相對長期且穩定的組織。私社的日常事務由三官等首領所組成的社司處理，使用轉帖將社務轉知社人，除了通知執行功能運作的具體辦法，也會因臨時有事而放帖召集社人。在平時，社司必須持續運作，除了上述事項之外，有時還得處理社人的入、退社，社人因事所呈上之狀文〔註319〕，活動過程的記錄〔註320〕，以及活動過後對違約社人的記錄與處罰。

三、結義與存禮

民眾結社的動機，多在於結合眾人之力，以達成個人力有未逮的目的，如附表一第十四件社條所言：「談量幸解嚴詰（語）美辭，自不能實，須憑眾賴。所以共諸無（英）流，結爲壹會。」此社條包括有生活互助、佛事奉佛

〔註319〕如本章第二節徵引過的 S.1475V〈申年五月社人王奴子等狀〉，即是某些社人聚集商量，草擬社人遠行餧腳或病損的互助辦法，請求社司採納的文書。收入：寧可、郝春文輯校，《敦煌社邑文書輯校》，頁 713～714。

〔註320〕如 ДХ.5092〈社邑活動後到、全不來人名目〉，即是記錄助喪活動遲到及未到之社人名目。收入：郝春文，〈《敦煌社邑文書輯校》補遺（四）〉，收入：浙江大學漢語史研究中心、浙江大學古籍研究所編，《漢語史學報》第三期，《姜亮夫、蔣禮鴻、郭在貽先生紀念文集》，頁 382。

與春、秋二社等相當齊全的功能，「自不能實，須憑眾賴」，所以須「結爲壹會」。在此情況下，由於每個人都帶著自身的目的加入私社組織，而團體的功能即在於滿足己利，並追求更大的利益。這種必須藉由「公利」才能完成「私利」的情形，胡同慶即針對敦煌私社進行研究，認爲「利用他人，利用集體，就必須考慮他人，考慮集體，這就是個人利益和集體利益之間的基本關係」，尤其在敦煌地區的地理環境和社會環境有很大的特殊性，「更須要利用集體的力量來幫助自己生存發展」〔註321〕。在敦煌私社的團體與個人利益關係的議題上，胡氏之說可謂發人所未發，論述亦無不妥；然而其主要論點是依據馬克思與恩格思之說進行推論，對於社邑文書的實證研究，有明顯不足之憾。

（一）「結義」以創造秩序

敦煌私社的社條文書，提供了許多私社如何營造團體中彼此的關係，以及團體組織如何排除個人因素的干擾，而能賡續運作的線索。下文即根據附表一所收錄的社條文書進行討論。

敦煌私社多有稱爲「邑義」者，也承襲了北朝以來社邑成員結義的精神。私社社人的結義是與立社條共同配合的，其精神同於北朝邑、邑義、法義的香火盟誓，如第四、七、十六、十七等四件社條分別有云：「結義等今（金）蘭，不及之（知）聞，略爲記耳」、「立條件與（已）後，山河爲誓」、「乾坤至在，不許敗散，立條與件，山何（河）罰誓，中（終）不相違」、「所以某乙等壹拾伍人，從前結契，心意一般。大者同父母之情，心意一般，長時供奉，少者一如赤子，必不改彰（張）。」將結義之盟誓訴諸於社條，除了精神上彰顯社人結義之情外，對於社人權利與義務亦予明載，最基本的即是對社人平常所應遵守的倫理秩序，進行具體的規範，這方面主要產生於對私社領導人、以及輩分較長者的服從，如第三件社條：「立條後，各自識大敬小，切雖（須）存禮，不得緩慢，如有罪亂拔拳充（衝）突，三官及眾社，臨事眾有決罰。」第五件社條：「其社眾並於三人所出條式，專情而行，不得違背，或有不稟社禮，□□上下者，便當三人商量罰目。」第十三件社條：「合社以後若有不聽無量，衝底（詆）三官，罰羊一口，酒壹瓮，合社破用。」以及「三官權知勾當，自後若社人不聽三官條式者，痛丈（杖）十七。」第

〔註321〕胡同慶，〈從敦煌結社活動探討人的群體性以及個體與群體的關係〉，《敦煌研究》，1990 年第四期，頁 56、71～75。

十五件社條：「若無禮□，臨事看過衍輕重，罰……若不順從上越者，罰解齋一筵。」

至於結義的功用，即是在精神上，創造一種可以消泯因利己心態，而防礙團體目標追求的秩序。第十五件社條有云：

> 今乃時代末登，值遇危難，准章呈（程）須更改易。佛法儀誡，警無有虧。世上人情，隨心機變，憎和共住，判養同均，若不結義為因，易（焉）能存其禮樂，所以孝從下起，恩乃上流。

第十六件社條則云：

> 恐時撓伐（代）之薄，人情以（與）往日不同，互生分（紛）然，後怕各生己見。……雖則如此，難保終身，盞酒肉，時長不當。飢荒儉世，濟危救死，益死榮生，割己從他，不生吝惜。所以上下商量，人心莫逐時改轉，因茲眾意一般，乃立文案，結為邑義，世代追榮。

這兩件社條都有提到人心之私利的問題，「世上人情，隨心機變」，「人情以（與）往日不同，互生分（紛）然，後怕各生己見。」亦即在私社運行之後，社人原先結社初始的心願產生了變化，例如「割己從他，不生吝惜」等，人心日久難測，這是很自然而然的情形；而且一群人相約結社，彼此的親疏友好關係不同且複雜，正所謂「憎和共住，判養同均」，能否一心一意為彼此共同的目標奮鬥，亦令人懷疑，因此唯有社人間建立結義的關係以成邑義，在結義的基礎上來規範秩序，俾能「存其禮樂」，達到有難互助的目的。

那麼透過結義所創造的團體秩序又當是為何呢？如第三件社條言：

> 立條後，各自識大敬小，切雖（須）存禮，不得緩慢。

第四件社條言：

> 乃義（義）軒降世，置社為先，弟互適奉尊卑。。……遂使互懷慕暮（慕）善，周結良緣。且為連辟（璧）之交，義後（厚）斷今（金）之志。

第七件社條言：

> 結交朋友，世語相續，大者若姊，小者若妹，讓語先登。

第十三件社條言：

> 況一家之內，各各總是弟兄，便合識大敬小，互相懿重。今欲結此勝社，追兇逐吉，應有所勒條格，同心一齊稟奉。

第十四件社條言：

> 古人有三州父子，五郡兄弟，長幼已有□流，尊卑須之範軌。……
> 悉是高門君子，爲結交情，□新社則，乃具條分明，義須禮儀，長
> 幼有差。

第十六件社條言：

> 所以某乙等壹拾伍人，從前結契，心意一般。大者同父母之情，心
> 意一般，長時供奉，少者一如赤子，必不改彰（張）。

第十七件社條言：

> 大者如兄，少者若弟，讓議（義）先燈（登）。

第十八件社條言：

> 長幼已有□流，尊卑須之範軌，龍沙古制，則有社邑之名。……義
> 須禮儀，長幼有差。

第二十一件社條言：

> 自從立條已后，便須齊齊鏗鏗，接耗歌歡，上和下睦，識大敬小。

在在顯示私社的結義就是使社人間能「大者如兄，少者若弟」，彼此成爲兄弟的關係（「女人社」則互爲姊妹），而能「識大敬小」，創造出一個「大者同父母之情，心意一般，長時供奉，少者一如赤子，必不改彰（張）、「孝從下起，恩乃上流」的秩序環境。在「朋友」的社會人際關係上，建立一個虛擬的血緣關係，不但可以發揮溫情脈脈的精神功能，更能產生輩分倫理分明的秩序，故而第十五件社條有云：「若不結義爲因，易（焉）能存其禮樂。」更明確表明結義之後才有禮樂秩序可言。在此在社內尊卑秩序明確的情形下，如上述三官中的社長、社官或社老，即是按年歲輩分推選，其權力除了社條規約的賦予外，其背後更有倫理力量的保障。所以敦煌私社結義的關係，是創造一個有兄弟姊妹之情誼，又上下有序的團體秩序，作爲達成團體目標的重要手段，即如第十四件社條所謂謂：「先且欽崇禮曲（典），後乃逐告（吉）追兇。」先立秩序、訂規矩，才能發揮私社的功能。

　　結義之禮除了表現在對三官、長者的尊重外，局席宴飲之時的儀態與禮節也爲私社所著重，且將其規範載諸於社條中。如第七件社條云：「或有社內不諫（揀）大小無格在席上暄（喧）拳，不聽上人言教者，便仰至眾社就鬥罰醴□局席一筵，眾社破用。」第十二件社條云：「或若團座之日，若有小輩啾唧，不聽大小者，仍罰醴□一筵，眾社破除，的無容免。」第十六件社條

云：「稍有倚醉沱（兇）詔，來晨之須重罰。」「局席……，飲酒罪亂，沱（兇）
悖詔豪，不守嚴條，非禮作鬧，大者罰醵□一席，大者決杖十三。」私社設
置局席的功能，與春秋祭社後的宴飲活動有關，也是社眾聯誼、社交的重要
場合，這在下一章還會再談到。局席中尊敬長、老的禮節，除了表現出對於
結義關係中，兄弟姊妹輩分的遵守之外，或許還有上古秦漢社中醵釀聚飲之
時，須正「齒位」，胙肉也得按長幼秩序來分配的古早淵源。秦漢聚族里居之
下，由「釀」的禮儀，作爲「里共同體」以血緣聯繫爲主體的鄉里秩序之儀
節；而自北朝開始發展以迄唐代，民間私社以結義的虛擬血緣關係來組織社
眾，藉由局席中禮節的規範，來象徵以及維繫具有尊卑長幼的社眾秩序，因
此即使是具有娛樂與交際性質的宴飲，當也不容社眾因醉酒而失禮。所以
唐代敦煌私社對於局席秩序的規範，與古早先秦秦漢民間社中聚飲儀節，在
意義上有其相似之處；上文對於私社中「社老」功能的推測，也是基於此一
理由。

　　結義所形成上下分明的秩序，及其所相應的禮教、規矩，在敦煌私社的
社條中，每每視爲傳統儒家倫理精神的發揮，如第十四件社條云：「竊以敦煌
勝境，地傑人奇，每習儒風，皆存禮故（教）。……共諸無（英）流，結爲義
會。」第十八件社條云：「夫立義社，以忠孝爲先，六量（？）和會，然可書
條。……悉是高門君子，爲結交情，□新社則，乃具條分明，義須禮儀，長
幼有差。」禮教儀範、忠孝情操、長幼秩序，都是傳統儒家人倫結構的表徵。
而此也多爲學者所據，提出敦煌私社除了深受佛教氣息影響外，傳統儒家思
想亦有發揮的論點，這一方面的成果，可以陳祚龍的研究作爲代表〔註322〕。
蓋較早期敦煌私社的研究，自那波利貞以下，山崎宏、謝和耐、竺沙雅章、
邱古耶夫斯基等學者，其討論的重心多偏重於寺院與敦煌私社的關係，以及
佛教對敦煌私社的浸漬與影響，近年的研究如郝春文亦有專文論述，指出敦
煌的十七所寺院控制了絕大部分當地的私社，由此進而幾乎控制了所有居民
〔註323〕。因此陳祚龍論述敦煌私社實際上深受儒、佛兩家之影響，可以補充
較偏向佛教性質探討的研究成果。甚至陳氏還指出，社人間因是基於「互助」、

〔註322〕陳祚龍，〈敦煌古鈔（社條）三種〉，《孔孟月刊》三卷七期（台北：1965年），
　　　　頁22～24，以及氏著，《敦煌學海探珠》（台北：台北商務出版社，1979年），
　　　　頁364；姜伯勤，《敦煌社會文書導論》，頁256。
〔註323〕郝春文，〈隋唐五代宋初傳統私社與寺院的關係〉，《中國史研究》，1991年第
　　　　二期，頁10。

「互惠」精神之結合，故而將儒家傳統的影響擺在首位；由此更衍申出敦煌私社的佛、儒色彩，孰輕孰重的議題，供後進探究。

敦煌私社與寺院關係之密切，以及奉佛功能的發達，當是自不待言。至於「儒」的影響，若按本書上述，對於敦煌私社社條中儒家倫理思想的表現，是經由結義所表現出來的尊卑觀念，以造成上下分明的團體秩序，那麼所謂的「佛」與「儒」是不適合相提並論的。因為奉佛是屬於私社功能的表現，如建佛窟、設齋會與佛節活動等；至於儒家精神的發揚，則是確保社務運作的方式。如上揭第三、四、七、十三、十四、十七等件社條，可知這些社邑的功能包括了奉佛、生活互助與春、秋二社；而他們仍都以結義的尊卑、孝義之序，作為組織的基礎。當然把這種結義的人際關係，視為私社的功能或許亦無不可，但其不會是社邑團體的主要功能，在社條中並沒有發現僅為結義而結社之例，因此頂多也僅只能視為一種附加的功能。

因此欲如陳祚龍所言，敦煌私社實際深受佛、儒兩家的影響，原則上是可以這麼認為的，但還須辨明「佛」與「儒」所影響的層面，前者表現在社人的宗教信仰，私社奉佛功能的活絡，以及寺院對私社相當程度的影響甚至控制；對於後者，代表儒家思想，由結義所形成的尊卑、禮義的秩序，則是當時社邑形成與運作的基礎。「佛」與「儒」兩者可以並行不悖。此一特色，誠如本書第三章所言，北朝民眾選擇以造像作為奉佛的方式，乃是利用諸多佛經存在的差異性，可以不用持奉戒條，亦即在不影響本土固有的生活與行為方式下，所做的群體選擇；佛教信仰可以在本土的宇宙觀下，與固有的生活與行為方式同時並行。敦煌民眾結社力行開窟、設齋、燃燈等奉佛活動，反映在信仰的選擇上多少也有這層意義。再如敦煌寺院的僧人，他們多半不住寺〔註324〕；在傳統春、秋二社日的歲時節日中，也會舉行源於祭社之後的局席（宴飲活動）〔註325〕，而這並不屬於佛教的節日與活動。因此，私社組

〔註324〕郝春文，〈唐後期五代宋初沙州僧尼的特點〉，收入：姜亮夫等編纂，中國敦煌吐魯番學會編，《敦煌吐魯番學研究論文集》（上海：漢語大詞典出版社，1990年），頁817～857。

〔註325〕如S.5139V〈某年（十世紀二十至三十年代）四月十三日春座局席轉帖鈔〉：「右緣常年春座局席，……四月十三日上座惠貞帖詔。僧政、樂法律、都司法律、張法師、劉法律、郭老宿、龍法律、索法律、閻上座、吳闍梨、張寺主、田禪師、信成、靈淨、善淨、寺主法政、保會、海住、願伴、保達、沙彌善伴永保海清智恩慶之記。」這是通知社人置辦「春座局席」的有關規定。所通知的社人應該清一色都是寺院的僧人，可見此應為僧人所組成的私社，

織中同時存在著佛法與儒風的影響，應不相違，更何況兩者發揮之處，各有其不同的領域。

（二）庶民社會中「禮」的實踐

在此必須再特別指出的是，敦煌私社中所展現的儒家思想，其核心意義，其實是民間社會對於「禮」的實踐。配合上文所述，我們或許可以這麼說，唐五代宋初敦煌的私社，其組織的基礎，乃是由成員結義的方式，以形成長幼分明的人際關係，再藉由禮教的規範，創造有法有度的秩序，以保障組織運作之遂行。

唐代私社大盛，一方面反映了庶民生活的面向更加寬廣、空間更為擴大；另一方面，民眾也藉由社邑的組織，拓展人際關係，並學習合乎社會認同的禮節。在社人的投社狀中，即可發現新成員投身私社的原因，除了表示經濟狀況不佳，為求得互助的機會之外，有相當部分仍是鑑於私社能提供良好規範的社交環境。如 P.3216〈顯德二年（955）正月十三日投社人何清清狀〉：「右清清不幸薄福，父母併亡，更無至親老婆侍養，不報恩德。忽爾冥路，敢見父母之恩須緇俗不同。」P.3266〈投社人董延進狀稿〉：「右延進父母生身，並無朋有（友），空過一生，絕無社邑。金（今）遇貴社，意欲投入。」何清清與董延進新投入私社的原因，似都與身邊喪失親人，或欠缺朋友有關。P.2498〈投社人馬醜兒狀〉更言：「鴛鴦失件（伴），壹隻孤飛，今見貴社齋集，意樂投入。」馬醜兒喪失配偶後，看到某一私社齋會聚飲之樂，便欲意加入〔註 326〕。誠如劉永華研究指出，中唐以後敦煌地區民眾，因家庭多有殘缺化的現象，藉由社交的擴展，私社也正好彌補了部分原是家庭所應提供的親情功能。〔註 327〕

拓展人際關係，並學習社交之禮節，如 P.3198〈投社人某乙狀〉即言：「右某乙貧門賤品，……全闕尊卑之禮。況聞明賢貴邑，……訓俗有立智之能，指示則如同父母。」表示投社的目的在於學習「尊卑之禮」；如第三件社條云：

雖為佛教僧侶，但他們也進行「常年春座局席」的活動。敦煌私社的春、秋座局席活動，乃由傳統社日的宴飲發展而來，此已於上文論及。上引文書收入：寧可、郝春文輯校，《敦煌社邑文書輯校》，頁 153。

〔註 326〕以上三件投社狀，分別收入：寧可、郝春文輯校，《敦煌社邑文書輯校》，頁 702、706、704～705。

〔註 327〕劉永華，〈唐中後期敦煌的家庭變遷和社邑〉，《敦煌研究》，1991 年第三期，頁 81～87。

「今且執編條，以後街衢相見，恐失禮度；或則各自家內有其衰禍，義濟急難。」可見私社組織除了發揮「義濟急難」的功能外，社人在日常生活中的互動，也必須本於團體中的禮法，因此在街道上相見，也得執結義尊卑之禮。第十三件社條有云：「竊以人居在世，須憑朋友立身；貴賤一般，亦資社邑訓誨。」不但社人經由結社拓展社交關係，且每一分子不分貧富貴賤，都接受禮教秩序的安排，學習與人交往，並作爲立身處世的一種訓練。私社成員間結義的關係，以及所接受、學習的禮儀，不僅止適用於私社的聚會或社務運作之時，也運用於日常生活中。

原屬於士大夫風範的禮儀，由原先的「禮不下庶人」，至唐代在庶民社會中實踐，有其劃時代的意義。唐代以前的禮學原屬三禮《周禮》、《儀禮》、《禮記》之學，但至唐代「儀注」開始發展，其特色是偏重於日常生活的禮數，且能因時代而變通，由此唐禮即展現了簡約化、實用化，往下移發展的趨勢〔註328〕。隨著門閥勢力的衰弱，禮儀制度仍不斷變通，在貞元、元和年間更是一個變禮迭出、儀注興革，變化紛陳的年代。除了應付番鎮膨脹和加強王權，朝廷對陵寢之禮和郊祀之禮進行整備之外；另一方面，則是家禮散佚和私家禮儀逾制，引起朝廷和禮學家對士庶吉凶禮儀的整頓。敦煌寫本 S.6537《大唐新定吉凶書儀》，乃元和年間大儒鄭餘慶因諸禮經太過繁綜而作，其中數卷，就包含了「凡庶」吉喪禮規定的新事務，一改過去禮不下庶人的情形。禮儀的實用化、庶民化，展現了一個新的時代特色。〔註329〕

歷來學者對於唐宋變革期社會型態轉變的研究，幾乎都能肯定有唐一代，產生了世族式微、門第沒落，庶民文化逐漸興起的變遷〔註330〕。庶民社會對於禮的實踐，應是庶民文化崛起的最佳註腳之一。中唐以後民間接受、學習原屬士大夫階層的禮節儀範。這其中蘊藏著庶民社會產生了異於以往的

〔註328〕姜伯勤，《敦煌社會文書導論》，頁 1～2。

〔註329〕姜伯勤，〈唐貞元、元和間禮的變遷——兼論唐禮的變遷與敦煌元和書儀文書〉，收入：黃約瑟、劉見健明編，《隋唐史論集》（香港：香港大苦學亞洲研究中心，1993 年），頁 224、227～228，亦收入：氏著，《敦煌藝術宗教與禮樂文明》，頁 446、453～454。

〔註330〕内藤虎次郎，〈概括的唐宋時代觀〉，《歷史と地理》九卷五期（東京：1922年），頁 118～119，現收入：氏著，《内藤湖南全集》第八卷〈東洋文化史研究〉（東京：筑摩書房出版，1969 年）。邱添生，《唐宋變革期的政經與社會》，第五章〈社會型態的轉變〉（台北：文津出版社，1999 年），頁 171～202。

變遷。例如在經濟方面，眾所皆知，儒家對於庶民禮治秩序的建構，首先還是在於經濟生活層面的基本要求，如《禮記注疏》卷四十七所云：「致物用，以立民紀也者。民豐物用，則知榮辱禮節，故至於物用，可以立人紀也。」唐代庶民的經濟生活水平，較之於前代是否有所提高？又是何時產生變化？是值得深入探究的議題。在如知識方面，由於科舉取士已不再重經學，而經學講究師傳、家法，有一定的壟斷性質，非庶民所能輕易獲與。當經學不再是主流，庶民知識的獲得是不是應該更為方便，且更有動力〔註331〕？庶民知識若真有所提昇，是否也跟著提高了學習「士大夫風範」的興趣？

　　私社是民間社會習禮的一種實踐方式，這多少也意味著庶民文化具有一定的主動力量，屬於文化內涵的諸多元素，恐怕並非盡是經由上而下的傳播所形成〔註332〕。因此，由民間私社出發，以庶民文化的主動力量為關注的焦點，將中心議題聚焦於庶民社會中禮的發展，分析唐代這個驟然崛起的庶民文化，其本身所具備的發展特質，應將會是頗具意義的後續研究。

四、組織的地域基礎——以村、里為中心之探討

　　民眾結社，除了功能因素之外，地域關係往往提供了聯繫的基礎與助力〔註333〕。尤其古代交通較為不便，生活機能也較為單純，民眾遠行機會不

〔註331〕關於唐代庶民階層接受知識的途徑，及其知識水平的評估，已有學者論及，可參見：吳楓、鄭顯文，〈唐代庶民階層的文化素質初探〉，收入：中國唐史學會編，《中國唐史學會論文集》（西安：三秦出版社，1993年），頁184～204。文中指出唐代地主階級的知識水平下降，庶民階層的知識水平呈上升的趨勢。

〔註332〕如姜伯勤所言，「禮儀的庶民化、實用化及不與社會生活實際脫離，用國家提倡的意識型態來提昇日常生活習俗，通過建立新規範來鞏固政治」；以及趙和平之說，「書儀是封建社會中士大夫階層的行為規範，但它是統治階級的思想，必將對全社會發生決定性的影響」，幾乎都將視角鎖定於禮儀由上而下的傳播。姜伯勤，〈唐貞元、元和間禮的變遷——兼論唐禮的變遷與敦煌元和書儀文書〉，收入：黃約瑟、劉見健明編，《隋唐史論集》，頁229，亦收入：氏著，《敦煌藝術宗教與禮樂文明》，頁456。趙和平，《敦煌寫本書儀研究》（台北：新文豐出版公司，1993年），頁20。

〔註333〕在社會學的理論中，通常把「社區」看作區域社會，把「社團」看作社區的下位團體，也就是社區內部的一個器官，是為達到一定的特殊目的並發揮作用，而人為地組織起來的。在日本社會學界，則普遍採用基礎集團和功能集團的分類方法。「基礎集團」的定義是，「作為連接共同的血緣關係，和鄉親關係的紐帶而自然形成的，並具有產生其他集團的基礎性意義」；而「功能性集團」的定義是，「作為連接人們的共同目的、意義和利害關係的紐帶而起特

大，日常活動領域當更有其限制。即便到了近代，民眾生活水平已有提昇，活動範圍增加了；明、清時代，開始有類似今日進香團性質的結社，稱為「香社」或「香會」。如山東的鄉村小民，「百十為群，結社而往」，「群聚為會，東祠泰山，南祠武當」〔註334〕，結社的功能能在全國各地發揮；但在唐代以前，除了從事遠距貿易的商人組織之外，還尚未見得類似的情形。不過即使如明、清時代的香社、香會，活動範圍雖然廣大，但其組織的基盤，究竟還是屬於同鄉的合夥團體，仍具有相當程度的地域色彩。

民眾聚落中傳統的春、秋二社組織，歷兩漢南北朝稱為里社，但在南朝文獻中已開始有村社的記載，延續至唐代，仍有里社、村社，持續發揮其傳統的功能。這類組織，以聚落為單位，雖然自漢代「里、社分離」之後，乃民眾自由參加的祭祀組織，但上文已有說明，社事一直都是鄉里民眾日常生活的一部分，即使不是聚落全員參與，但社日活動仍是聚落的一大盛事。在這層意義上，里、村社多少還是能代表基層的聚落單位。唐代的里、村社，開始出現里社漸少，而村社愈興的趨勢，這在本章第一節已有基本的闡述。此一趨勢也正反映了唐代，村已漸取代了里，成為民眾聚居的聚落。這一演變，從漢代的「里、社分離」，已顯現了里已無法完全代表民眾聚居的聚落；持續到唐代，里的性質與功能，已被村所取代。

本小節即以探討唐代里、村性質與功能之演變，藉以說明作為聚落祭祀組織的里社、村社發展之遞變。

關於唐代鄉、里、坊、村等地方基層行政單位的隸屬關係與職掌，於《通典》卷三〈食貨典・鄉黨〉〔註335〕、《舊唐書》卷四十八〈食貨志〉〔註336〕、

定作用，為此，是人為地、有計劃地形成的；他以基礎性集團的生活為基礎，並又從中派生出來。」參見：橫山寧夫，《社會學概論》（上海：藝文出版社，1983年），頁108～109、124。可以輔助瞭解地域基礎與具有功能性的結社，彼此之間的關係。

〔註334〕顧炎武，《天下郡國利病書》第十五冊〈山東〉引《青城志》。再如《古今圖書集成・方輿匯編・職風典》卷一七五〈常州府部〉亦載清代吳地之人，還有去武當進香之習。每次進香，必定在無錫相會。所以每逢二月，無錫北塘就會有「香燈之會」。

〔註335〕其文載：「《大唐令》：諸戶以百戶為里，五里為鄉，四家為鄰，五家為保。每里置里正一人，若山谷險阻，地遠人稀之處，聽隨便量置。掌按比戶口，課植農桑，檢察非違，催驅賦役。在邑居者為坊，別置正一人，掌坊門管鑰，督察姦非，並免其課役。在田野者為村，別置村正一人，其村滿百家，增置一人，掌同坊正。其村居如（不）滿十家者，隸入大村，並別置村正。諸

《唐六典》卷三〈戶部郎中員外郎〉〔註337〕中有較爲完整的記載。鄉、里都是按戶數劃分行政責任區，每「鄉」下轄五個「里」，因爲每百戶爲一「里」，所以一「鄉」當轄五百戶；「坊」與「村」並沒有戶口劃分上的規制，蓋其爲民眾集居的社區。「鄉」的功能主要在於總成與監督「里」的工作，於實務運作上，「鄉」幾乎可以視爲虛級單位〔註338〕。而里應是鄉的派出單位，且爲縣以下的實際行政運作單位〔註339〕。而村、坊由民眾聚居的社區，也開始被官方賦予地方行政的功能，《通典》卷三〈食貨典·鄉黨〉：「在邑居者爲坊，別置正一人……。在田野者爲村，別置村正一人，其村滿百家，增置一人，掌同坊正。其村居如（不）滿十家者，隸入大村，並不別置村正。」《唐六典》卷三〈戶部郎中員外郎〉：「里及村、坊皆有正，以司督察。」村、坊唐代開始設有坊正、村正，其與里正皆屬「色役」的性質。〔註340〕

村與坊，前者可以視爲「自然村」的概念，是民眾自然聚居的聚落，至於坊則在城市之內，是經由官方規劃的居民居住區塊，雖在性質上不同於「自然村」，但村與坊兩者都是民眾聚居的社區。在唐代僅只有在敦煌寫本中有坊巷社的組織，但並不以春、秋祭社爲功能，不能視爲傳統的聚落祭祀組織，而是巷中居民爲某種目的的結合；至於傳世文獻則尚未見坊社的記載。村社的記載就頗爲豐富，在本章第一節，與第二節論及私社的春、秋祭社功能時，已都有列舉。在同是民眾聚居社區的意義上，坊應同於村；且在上引《通典》與《唐六典》的材料中，村、坊皆設「正」，官方所賦予的行政地位亦相同。所以下文就不再提到「坊」，而專就「村」進行討論。

里正，縣司選勳官六品以下白丁清平強幹者充；其次爲坊正，若當里無人，聽于比鄰里簡用，其村正，取白丁充。無人處，里正等并通取十八以上中男殘疾等充。」

〔註336〕其文載：「百戶爲里，五里爲鄉，四家爲鄰，五家爲保。在邑居者爲坊，在田野者爲村。村坊鄰里，遞相督察。」

〔註337〕其文載：「百戶爲里，五里爲鄉，兩京及州縣之郭內，分爲坊，郊外爲村。里及村、坊皆有正，以司督察。里正兼課殖農桑，催驅賦役。」

〔註338〕趙呂甫，〈從敦煌吐魯番文書看唐代「鄉」的職權地位〉，《中國史研究》，1989 年第二期，頁 9～19。何汝泉，〈關於唐代「鄉」的兩點商榷〉，《中國史研究》，1986 年第四期，頁 69～72。

〔註339〕齊濤，《魏晉隋唐鄉村社會研究》（濟南：山東人民出版社，1995 年），頁 67～68。

〔註340〕孔祥星，〈唐代里正〉，《中國歷史博物館館刊》，1979 年第一期，頁 58～59。並論證里正的地位還是要高於村正，里正既是鄉官亦是色役。

　　村由於並非按戶口劃分的行政單位，而是民眾聚居的聚落，所以在上引《通典・食貨典・鄉黨》中所載，有百家以上的村，也有不滿十家的村。對於村的實際描述，文獻中並不多見，唯《入唐求法巡禮行記》中，記錄該書作者日本僧圓仁，於唐文宗開成三年，至唐宣宗大中元年（838～847），遊歷中土九年之久，經過有名稱記錄的「村」達八十餘處。各村的規模大小不一，大者可爲鄉治所在，如揚州海陵縣延海村可能即是延海鄉鄉治所在，而小者只有三、五戶人家，如京兆的三家店，最初恐怕只有三戶人家〔註341〕。圓仁直接記錄村落規模的有五處。《入唐求法巡禮行記》卷一載開成三年（838）其由水路北上時：

　　　　二十二日，平明，諸船亦水牛牽去。白鵝白鴨，往往多有，人宅相

　　　　連。巳時以后，或行三十里，方三四家，有無不定。

既有連屋接宅的較大村落，也有三、四家的小村居；卷二記李村「有二十餘家」，古城村有三十戶人家；卷三記桃柳店「有五六家」。李村、古城村若按《通典》之規制，就應有村正之設置，也就是已兼具有行政單位的性質。至於像桃柳店這樣的村落，在行政關係上恐怕就要隸屬於某一大村，就如圓仁所述：「從縣西行十五里，到霍昌村馬家店宿。西行十里，到馮翊縣安遠村王明店王家斷中。」馬家店、王家店分別隸屬於霍昌村和安遠村〔註342〕。在地理景觀上，縣之內的鄉與里，都按戶口數劃有固定的行政區域，而「村」則是星羅棋布的散佈在諸里之中，或可能一村劃爲數里，亦有可能一里內轄有數村。

　　在唐代中期，由均田租庸調制轉向莊園兩稅制發展，國家在地方的統治結構也產生了變化。由於農村貧富階級的分解，造成「里」機能的崩壞，官方對於村落的統治職司，也漸漸由里正轉移至村的首長上。村首長已非由原先鄉里制下，村正以白丁選任，而是由村中的有力人戶出任，通常這類人戶

〔註341〕齊濤，《魏晉隋唐鄉村社會研究》，頁68～74。
〔註342〕據齊濤之整理與研究，《入唐求法巡禮行記》中所見的村落，大致上可分成四種類型，一是以單姓命名的村落，如陶村、邵村、劉村、宗家店等；二是以聯合姓氏命名的村，如王徐村、張越村、張李村等等，這樣的村落多以幾個大姓組成，並不一定只限於村名中所出現的姓氏；三是以地理位置或其他標誌物命名的村，有赤岸村、望海村、粉店古縣村等等，大部分是雜姓相居，外來人戶較多；四是特殊類型的村落，多是田莊型，一般是以莊主一族爲主，雜以他姓組成，如卷二記圓仁所過的「使莊」，即是鎮州前節度使王太尉之莊。參見：氏著，《魏晉隋唐鄉村研究》，頁68～74。

都以耆、老的名稱出現，如村老、鄉村老人、鄉村父老、耆長等。如《入唐求法巡禮行記》卷一記開成四年（839）四月五日：「援村老王良書云，……只今此村有州牒，……便將僧等，往村長王良家住，軍中請具錄留卻之由於押衙。」可見「村老」即為「村長」。《唐會要》卷八十五〈逃戶〉條記大中二年（848）正月敕曰：「所在逃戶見在桑田屋宇等，多是暫時東西，便被鄰人與所由等計會，雖云代納稅前，悉將斫伐毀折，及顧歸復，多已蕩盡，因致荒廢，遂成閑田。從今以後，如有此色，勒鄉村老人，與所由並鄰近等同檢勘，分明分析作狀，送縣入案。」《冊府元龜》卷五五三〈詞臣部・獻替〉載後唐天成三（928）年七月于嶠上書云：「伏以朝廷先有指揮，今年不更通括苗畝，宜從特旨，頒作溥恩，……特於淹浸之田，別示優隆之澤，重委鄉村父老通括，不令州縣節級下鄉，如或檢驗不虛，即日蠲減租稅。」由屬於色役的村正，向以鄉村老人擔任村長的轉變，當然配合著莊園制的大土地耕作，以及兩稅法的賦稅型態而來，官府以擁有較高經濟能力的莊園主來處理逃戶、閑田等問題，並配合量出為入的賦稅徵收型態，由其攤派所需的稅額。村落內地主體制的法制化，構成以「村」為單位新的農村秩序；「村」不但是實體的聚落，在國家地方行政上的地位，也益趨突顯，而終取代原有的里〔註343〕。佐竹靖彥、堀敏一等學者，對此變化已有詳盡的論述。〔註344〕

　　而地處邊境的敦煌，在歸義軍執政之時，亦即晚唐五代宋初，由出土文書所顯示，雖然仍有鄉里之制，但亦呈現如內地「里」機能崩潰的趨勢。陳國燦指出，里與里正雖然都仍存在，但里正的任務卻已減輕。唐前期，鄉的事務由五個里正共同負責辦理；而歸義軍時，則直接設置了各管專務、各負其責的各類知鄉務官。所以很少有里或里正活動的記載，歸義軍政權似乎更重視鄉的效能和作用。敦煌在吐蕃統治時期廢止了原來的鄉里制，而用千

〔註343〕唐代的「里正」發展到宋代，張澤咸指出：「唐代的里正相當於宋代的戶長，宋代的里正乃相當於唐代的鄉正。」里的職司已漸走向虛級化，應為已脫離民眾聚落之故。參見：氏著，《唐五代賦役史草》（北京：中華書局，1986年），頁372。

〔註344〕佐竹靖彥，《唐宋變革の地域的研究》，第一章〈宋代鄉村制度の形成過程〉（京都：同朋社，1990年），頁21～68；堀敏一，《中國古代の家と集落》，第九章〈唐代の鄉里制と村制〉（東京：汲古書院，1996年），頁401～476。如佐竹靖彥據《全唐詩》卷二六七，顧況〈田家〉：「帶水滴禾葉，夜搗具晨炊，縣帖取社長，嗔怪見官遲。」指出，中唐以後，由村中有力人戶領導的村社，對國家的壓力與日漸增

戶部落、將頭制統治地方，前者類似原來的鄉，後者則類似原來的里。後來的歸義軍政權雖然恢復了鄉里制度，但此時的鄉已多少具有聚落的性質〔註345〕。如當時因吐蕃時期粟特人聚落的消散，也使得以其聚落為基礎的從化鄉取消了建制〔註346〕。所以歸義軍時期敦煌的鄉，與內地單純以戶數為區劃的鄉，可能並不全然相同。所以晚唐五代宋初的敦煌，地方行政權力由「里」向「鄉」發展，雖不似內地有「村」的崛起，但其朝向自然聚落賦予行政職責的意義，應該是相同的。

唐代里的虛級化，以及村的發展，不但已是民眾群居的聚落，且漸被國家運用為地方行政的單位，或許可以用以解釋唐代罕見里社，而多有村社記載的原因。

但有兩點必須特別強調。其一，不論是里社或村社，都是源於先秦兩漢聚落中春、秋二社的祭祀組織，有宗教、社會與娛樂功能，以民眾聚居聚落的名稱為社名，而這些「社」都屬於私社性質，由地域居民自由結合而成。其二，春、秋祭社的功能，在唐代也並非只限於里、村社具備，在敦煌私社中許多各式私社也都能擁有；另一方面，里、村社的功能也可能不僅只是春、秋祭社，而另有其他功能，如輔助官府處理地方事務等，這在下文會再論及。

第四節 國家與民間結社

一、官方的態度：放任、禁制或勸立

唐代私社盛行，除了偶有官員大吏，對於諸如民間進行喪葬互助的結社，因已逾禮制，且助長奢靡的歪風，恐造成庶民百姓生計難以維持，而痛陳有抑制的必要〔註347〕；或者因皇帝個人的信仰禁斷某些私社，如《冊府元龜》卷八十六〈帝王部・赦宥〉載天寶七年（748）詔曰：「又里閭之間，例有私社，皆殺生命，以資宴集。仁者之心，有所不忍，永宜禁斷。」〔註348〕此詔

〔註345〕陳國燦，〈唐五代敦煌縣鄉里制的演變〉，《敦煌研究》，1989年第三期，頁155～180；亦收入：氏著，《敦煌學史事新證》（蘭州：甘肅教育出版社，2002年），頁376～380。

〔註346〕池田溫，〈八世紀中葉におけ敦煌のソケト聚落〉，《ユーラミア研究》（一）（東京：1965年），頁49～92。

〔註347〕《舊唐書》卷一七四〈李德裕傳〉。

〔註348〕另可參見：《大唐詔令集》卷九〈冊尊號赦〉。

令內容，多爲玄宗皇帝崇道的種種措施。但大致上，國家對於民間結社，多還是採取放任的態度。因爲事實上，唐代私社的盛行，仍是不爭的事實。地方官吏仍會協助百姓，組織以生活互助爲功能的私社，如上文提過的《新唐書》卷一九七〈循吏・韋宙傳〉所載，爲韋宙爲協助百姓買牛而組織的結社，便是最顯著的例子。而且私社中經濟生活互助的功能，對於作爲帝國基礎的自耕農民社會，應能發揮一定程度的穩定功效。此外，地方官府有時也必須仰賴私社，協助完成地方事務。如歸義軍時期的敦煌，也可見到歸義軍節度使的喪禮，需要民間私社來加以襄贊〔註349〕；再如唐懿宗咸通九年（868），在高壁鎮所建的通濟橋，便是當鎮兵馬使張謐清，商請當鎮寺院咸通音院住持普安與其他僧人，勸化民眾，「結聚青髦」，而終能修成。〔註350〕

但官府在面對民間信仰團體之時，因其具有政治潛力，所以總是防範甚深，在官方文獻中，多可見到對於淫祀左道的深惡痛絕，地方官憲也多以掃除「信巫祝，惑鬼怪」〔註351〕的風俗引爲善政；與此一體兩面之事，即是國家對於春、秋二社的勸立與扶植，不僅只是消極的防範，更以積極的方式將風俗導入國家所認可的民間信仰系統。

（一）官方對民間淫祀組織的禁制

對於民間宗教團體所進行的信仰活動，常被官方視爲「淫祀」，而須加防範與矯正。所謂「淫祀」，《禮記》卷五〈曲禮下〉有言：「非其所祭而祭之，名曰淫祀，淫祀無福。」按唐人的說法是：「雖嶽海鎮瀆、名山大川、帝王先賢，不當所立之處，不在典籍，則淫祀也；昔之爲人，生無公德可稱，死無節行可獎，則淫祀也。」〔註352〕官府特別擔心集體的宗教活動或是宗教組織，因爲這可能給某些圖謀不軌的人提供機會，歷朝歷代官員的奏疏中對於這種

〔註349〕 如〈丙子年（976）七月一日司空遷化納贈曆〉，收入：寧可、郝春文輯校，《敦煌社邑文書輯校》，頁 436～439。但「司空」雖然一般咸認是指當時的歸義軍節度使曹延恭，但郝春文在該錄文后之說明，亦指出其有疑義之處，所以此社爲節度使助喪，仍屬推論而來，在此特加說明。

〔註350〕 《山右石刻叢編》卷九〈高壁鎮通濟橋碑〉載：「兵馬使清河張公領是鎮，初有關城居人百姓等偕詣柳營，請建長橋，以達津阻，公挺雋人表，導全禮兼經濟，才爲時生，深惻隱運，良籌允所陳，……遂請當鎮咸通觀音院德普安激勸多輩，結聚青髦，兼自減月俸，以咸通九年五月九日與良工。」

〔註351〕 《舊唐書》卷一七四〈李德裕傳〉。

〔註352〕 唐・趙璘，《因話錄》卷五「徵部」，收入：《西京雜記（外二十一種）》（上海：上海古籍出版社，1991 年），頁 497。

焦慮，也一直直言不諱〔註353〕。以唐代文獻中所載，有關於彌勒信仰團體的
行事之例，如 S.1344〈開元戶部格〉載咸亨五年（674）七月十九日：

> 敕長夭等宜令州縣嚴加禁斷，其女婦識文解書堪理務者，並須送比
> 校內職。

以及《唐大詔令集》卷一一三，開元三年（715）十一月十七日條云：

> 比有白衣長髮，假托彌勒下生，因爲妖訛，廣集徒侶，稱介禪觀，
> 妄說災祥。或別作小經，乍云佛說，或輒蓄弟子，號爲和尚，多不
> 婚娶，眩惑閭閻，觸類實繁，蠹政爲甚。

詔令最後嚴令，不對此類團體進行舉報和捕拿的官吏，都要被降級。這個彌
勒信仰團體既假託彌勒，則應當非「正統的」佛教、道教教派，更非春、秋
二社的組織，顯然是屬於淫祀之流，被視爲「長夭」。而且咸亨五年敕中還提
到，對於教內識字的婦女，還須特加看管，大概因爲「別作小經」，且有師徒
制度。這樣類似性質的團體的確曾經發生過暴動事件〔註354〕，但敕令裡對此
隻字未提，而是強調一個獨立的信仰團體，對於國家既定的信仰體系，所產
生的干擾。對於信仰體系的干擾，也就是傷風敗俗之後，更恐其傷及統治秩

〔註353〕如《大元通制條格》卷二十九有載：「有的俗人每無做道場的體例有，夜頭聚
　　　　眾人多，做道場打饒鈸作鬧有，恐怕生做賊說謊的勾當，遮當呵，不可有。」
　　　　《大清會典》卷三九九載 1739 年乾隆皇帝認爲：「小民知識短淺，往往惑於
　　　　鬼神之說。……每日千百成群，先至省會城隍廟，申疏焚香。……然後分金
　　　　四出，成行結隊，填塞街衢，樹幟易幡，鳴金擊鼓，黃冠緇衣，前後導引。
　　　　男女雜遝，奸良莫辨。此等陋習，在目前則耗費錢財，而將來則恐流於邪教。」
　　　　表現出把這種集體儀式，當作潛在動亂根源的憂慮。
〔註354〕與彌勒信仰有關的謀亂事件，在隋代即有四例，如《資治通鑑》卷一八一「煬
　　　　帝大業六年正月條」云該年（613）正月，數十名素冠練衣之人，焚香持花，
　　　　自稱彌勒佛出世，闖入洛陽皇城端門，奪取衛士兵杖，與齊王暕的衛隊遭遇，
　　　　戰敗被殺，「于是都下大索，連坐者千餘家」。另三例以宋子賢、向海明、高
　　　　曇晟爲首的起事，可分別參見：《冊府元龜》卷九二一〈妖妄〉、《隋書》卷二
　　　　十三〈五行志〉、《舊唐書》卷五十五〈高開道傳〉。唐代則可以《太平廣記》
　　　　卷二三八〈詭詐·白鐵余〉所載，高宗永淳二年（683），白鐵余先埋金銅佛
　　　　像於地，後詭稱其下有佛光而掘出，據此斂財，一、二年後，「鄉人歸伏，遂
　　　　作亂」，白鐵余「自稱光王」。（又可見：《資治通鑑》卷二○二「高宗永淳二
　　　　年四月條」，通鑑考異曰：「（白鐵余）自號月光王。」）暗喻唐高宗爲黑暗皇
　　　　帝，而自比光明皇帝。相關研究可參見：汪娟，〈唐代彌勒信仰與政治關係的
　　　　一側面──唐朝皇室對彌勒信仰的態度〉，《中華佛學學報》第四期（台北：
　　　　1991 年），頁 288～296；滋野井恬，〈唐朝の宗教政策〉，收入：氏著，《唐代
　　　　佛教史論》（京都：平樂寺書店，1973 年）。

序，《全唐文》卷四一〇，常袞〈禁僧道卜筮制〉有載：

> 左道疑眾，王制無捨。……仍又託於卜筮，假說災祥，豈直閭閻之
> 內，恣其誑惑。……將恐寖成其俗，以生禍亂之萌。明艱已來。禁
> 網疎闊，至令此輩，尚有矯詭。害政之深，莫過於此。

可知左道淫祀，先是誑惑閭閻而「寖成其俗」，如此而成「禍亂之萌」。相關
的例子不勝枚舉，再如《全唐文》卷二十九〈玄宗禁左道詔〉，以及同書卷三
十一〈玄宗禁卜筮惑人詔〉、〈玄宗嚴禁左道詔〉，也都言「左道」之行，「妄
有占筮，誑惑士庶，假說災祥，兼託符咒」、「占相吉凶，妄談休咎，假託卜
筮，幻惑閭閻，矜彼愚蒙，多受欺誑」、「託稱佛法，因肆妖言，妄談休咎，
專行誑惑」。

官方文件反覆使用諸如「誑惑士庶」、「燒香惑眾」、「眩惑閭閻」等詞
語，因認定這些宗教團體的成員只是脅從者，原則上都是善良老百姓，只是
「矜彼愚蒙，多受欺誑」而已，真正的問題還是藉由傳教蒙蔽百姓的人，可
能別有企圖。些宗教活動之初始，可能僅是信仰而不具有政治性質，但其所
蘊含的宗教動機，在官府立場，是不會、也不可能去理解的，官方所在乎
者，乃是憂慮民間信仰團體可能造成的政治危害。如《舊唐書》卷一七一〈高
少逸傳〉：「尋而藍田縣人賀蘭進，與里內五十餘人相聚念佛，神策鎮將皆捕
之，以爲謀逆，當大辟。元裕疑其冤，上疏請出賀蘭進等付臺覆問，然後行
刑。從之。」由此記載可知賀蘭進應只是邀聚里內居民唸佛，卻被視爲意圖
謀反。這類情事不惟唐代，往後歷代各朝亦是如此，如明代官吏亦指出：「梟
頑之徒，假燒香誦佛之名，以醵召無賴，而無知之民紛然而從之。蓋其初
也，惑於妖怪之說而冀免於禍災；而其終也，卒剽掠攻劫，而爲盜賊之計。」
〔註355〕這與上文徵引〈禁僧道卜筮制〉所言：「將恐寖成其俗，以生禍亂之萌。」
不也如出一轍嗎？因此傳教者與造反者，也就僅存一線之隔了，端看官方如
何去認定了。

討論左道、淫祀之餘，在史料中還可以發現，即使是佛教的講經或齋會，
如果在夜間進行，稱爲「宿宵」，亦在官方嚴禁之列。如上文所述，官府對於
民間的信仰活動本就有其政治疑慮，因此固定於夜間聚集的宗教活動，當然
更是敏感，須嚴令禁止，《全唐文》卷三十〈禁僧徒斂財詔〉對宿宵之行徑描

〔註355〕明·練子寧，《練中丞金川集》，〈與葉知縣書〉，收入：清·潘錫恩，《乾坤正
　　　氣集》卷一六八。

述道：

> 近日僧徒，此風尤甚。因緣講說，眩惑州閭，谿壑無厭，唯財是斂。
> ……出入州縣，假託威權；或巡歷鄉村，恣行教化。因其聚會，便
> 有宿宵。左道不常，異端斯起。自今已後，僧尼除講律之外，一切
> 禁斷，六時禮懺，須依律儀，午後不行，宜守俗制。

僧徒因緣講說的聚會，也如同淫祀被官方認爲是「眩惑州閭」、「恣行教化」，
已與上述的左道、淫祀並論；並且對於施主的布施，也會被視作「唯財是斂」，
上文已提過，組織人眾，聚集物資，就具有政治潛力，所以亦如〈神龍散頒
刑部格〉所載：「宿宵行道，男女交雜，因此聚會，並宜禁斷。」〔註356〕是不
容於官方的。然而唐代許多君主崇佛之盛，亦是有目共睹，所以對政治方面
的疑懼，乃由信仰上著手，規定僧尼只准講律，且一切佛事依律而行，而佛
教律儀是在一定程度上，是可以經由官方規範的；但在實際上，就宗教的傳
播而言，要求僧尼只能講律，恐怕此詔令也只能徒爲具文吧！

再者，若只是外表披著佛徒袈裟，而實際上卻是淫祠的傳道者〔註357〕，
所進行的夜間集會，就更不爲政府所能容忍的了。這種情形在唐代以降，文
獻記載中也屢屢可見，如《明律‧吏律》卷十一：「妄稱彌勒佛、白蓮社、明
尊教、白雲宗等會，一應左道亂政之術，或隱藏圖像、燒香集眾，夜聚曉散，
佯修善事，扇惑人民，爲首者絞，爲從者各杖一百，流三千里。」除了白蓮
社、明尊教、白雲宗等宗教教派非爲唐代所有之外，「夜聚曉散，佯修善事，
扇惑人民」，與唐代官府所慮者不也相同嗎？只是對於「宿宵」的認定，與唐
代國家所認可的道、佛兩教，當然也沒有那麼容易區分，如《全唐文》卷三
十九〈加應道尊號大赦文〉有載：

〔註356〕劉俊文，《敦煌吐魯番唐代法治文書考釋》（北京：中華書局，1989 年），頁
253、266 註23。

〔註357〕除了佛教之外，同屬於國家信仰體系中的儒、道教，亦都有藉以造反的事件，
如《新唐書》卷一〇九〈崔義玄傳〉、《資治通鑑》卷一九九「高宗永徽四年
十月」條，載其時（653），睦州（金浙江淳安）人陳碩眞，「自言仙去」，之
後「自天還，化爲男子，能役使鬼物，轉相熒惑，用是能幻眾」，終自號「文
佳皇帝，以（章）叔胤爲僕射」，即是利用道教起事之例，至於儒學的運用，
表現在妄託天命、模仿儒家經典置百官、借用歷史上著名帝王將相之名以相
號召，可參見：李斌城，〈隋唐五代農民起義與宗教及儒家的關係〉，收入：
中國唐史學會編，《唐史學會論文集》（西安：陝西人民出版社，1986 年），
頁 297～324。這些最後走上政治反叛的信仰組織，其所傳佈的宗教思想，雖
以佛、道等爲名，但與佛、道等「正統」教義，都有不小的差距。

太平崇元二觀各一百戶，並蠲免租稅差科，長充修葺灑掃，應天下
靈山仙，並宜禁斷樵採弋獵。如聞山林學道之士，每被搜括，且法
之防邪，本有所以。至於宿宵妖訛，亡命聚眾，誘陷愚人，故令禁
斷，郡縣遂一槩迫逐，使志道之士不得安居。自今已後，審係清潔，
更不得恐動，以廢修行。

此敕文乃天寶七年大赦天下，文中有一連串的崇道之舉，這與玄宗皇帝個人
對道教的信奉有關，他希望山林中的學道之士能有良好的清修環境。但文中
卻也描述出，地方官府努力的查禁宿宵，致山林中的道觀每被搜索，而使修
道之士不得安居；一方面也多少暗示了，官府判斷民間淫祠左道與道教的困
難。連官方都無法清楚劃列，更何況黔黎百姓呢？而這又得回到上文曾反覆
論述的議題上：國家對於鎮壓異端信仰的動機，不僅在於政治因素，同樣也
包括信仰體系的衝突。換句話說，民間的宗教信仰團體，即使無任何政治意
圖或舉動，也不爲所容；即使只是單純的宗教動機，在官府立場，是不會去
理解的。因爲非屬國家信仰體系內的信仰，多數會被認爲，「浸成其俗，以生
禍亂之萌」，最後恐將爲具政治企圖者所利用。

　　這種情形不只存在於官府對民間的態度上，同樣也「適用」於官場之上。
《通典》卷一六九〈刑法典・守正・大唐〉載：

汾州司馬李思順，……。被韋秀告稱：「思順共秀竊語云，汾州五萬
戶，管十一府，多尚宿宵，好設齋戒。大雲經上道：『理復思順好，
李三五年少。』思順恰第三，兄弟五箇者。」監察御史李恆等奏稱：
「據思順潛謀逆節，苞藏禍心，研覈始引唐興辯占，復承應讖。請
從極法。」

李思順被告有謀反之心，並與其管地汾州所流行的宿宵牽連在一起，已非單
純的「文字獄」性質；李思順私解之《大雲經》乃佛教經典，原是朝廷所認
可的，但卻是當地宿宵齋戒時所據引之經典〔註358〕。該文續言：「主簿程仁正
批：『合從妖處絞。只向韋秀一人道狀，當不滿，合斷三千里者。』」經過一
番議論，「有功議曰：『李思順解大雲經，韋秀稱其竊語私解，明非說。竊語
不合人知，虛實唯出秀辭，是非更無他證。縱解『三五年少』，只是自述休徵，
既異結謀之蹤，元非背叛之事。請依程仁正批，妖不滿，處流三千里者正。』」

〔註358〕《大雲經》或名《無想經》，現存（北涼）曇無讖譯，《大方等無想經》六卷，
收入：《大正新修大藏經》第十二冊，0387 號。

幸有此議，最後經皇帝裁決的結果，李思順因已身死，而不流放。但不論如何，縱使知道無「結謀之蹤」、非「背叛之事」，但因與宿宵扯上關係，而使謀反的指控更據說服力，單憑韋秀片面一言，即可論罪，議者也都將他和「妖」並稱。但事實上，汾州的宿宵或許也未必有造反之舉。

　　總而言之，唐代對「宿宵」之禁，是相當嚴厲的，《全唐文》卷三十一〈玄宗令寫元元皇帝眞容分送諸道并推恩詔〉，記玄宗皇帝頒睿宗皇帝像於諸道，並行大赦，「天下見禁囚徒，其十惡罪者，及造僞頭首，并謀殺、故殺、祅訛、宿宵人等，特宜免死配嶺南」。可知宿宵之罪，原與十惡、謀殺等同爲死罪。復次，「宿宵」也每每成爲朝廷特別要求巡察等使，必須舉報的重要犯罪，如《全唐文・唐文拾遺》卷五〈侍御史據六典舉奏敕〉言貞元十年（794）御史奏曰：「凡兩京城內，分知左、右巡察。其不法之事，謂左降流移，停匿不去，及妖訛宿宵，蒲博盜竊，獄訟冤濫；諸州綱典貿易，賦斂違法；如此之類，方合奏聞。」〔註359〕以及《唐會要》卷七十七〈諸使・巡察按察巡撫等使〉載開元三年（715）：「巡察使出，宜察官人善惡。……妖訛宿宵，姦猾盜賊，不事生業，爲公私蠹害者。……並訪察聞奏。」

　　就官方立場而言，屬於淫祠的民間信仰「必然」或者「按常理推論」，當導致禍患，那麼最好的預防方式，就是讓這些民間信仰不要產生，使國家子民都能在官方所制定，或所能掌握的信仰內安分守己。因此在上述史料中，所看到的都是對民間信仰的痛詆，以及預測未來必生之禍。歐大年（Overmyer, Daniel L.）就強調，官方對於鎮壓異端信仰的動機，不僅在於政治因素，同樣也包括信仰體系的衝突。因爲國家所要維護的是儒家的國家，是一個聲稱在普天之下，包括在宗教或精神的領域內都要實施權威的國家〔註360〕。楊慶堃也指出，「傳統的政府是以奉爲至尊的正統儒家思想作爲統治依據的」，一旦發生叛亂，「以異教教義取代儒教的正統地位總是一個核心問題。」〔註361〕兩者都是以強調儒家作爲正統官方學說爲立論基礎。儒家爲官方統治的秩序源出於《禮記》，當中列有適合統治秩序中從皇帝到百姓，每一等級身分的各種祭祀儀式，尊循這些禮儀就會天下有序，反之則亂。而在這個體系外的其

〔註359〕另可參見：《唐會要》卷六十〈御史臺・殿中侍御史〉。

〔註360〕歐大年，《中國民間宗教教派研究》（上海：上海古籍出版社，1993 年），頁23。

〔註361〕C. K. Yang, *Religion in Chinese Society* (Berkeley: University of California Press, 1961), P.P.197~198.

他宗教信仰，至多只能勉勉強強地得到默認，因爲除了祖先和社稷諸神的祭祀外，至多如《全唐文》卷三十一〈禁卜筮惑人詔〉所規定：「緣婚禮喪葬卜擇者聽，自餘一切禁斷。」婚、喪、占卜的場合之外，其他都是不必要的。

雖然始自漢武帝即獨尊儒術，但歐大年與楊慶堃所強調的儒家信仰體系，在宋代理學發揚之後，較之於唐代可能更能突顯。另一方面，在儒家學說之外，由於唐代王室本身亦崇佛、信道，民間佛教流佈之盛更無需贅言，因此儒、釋、道三教也都是國家信仰系統的一員。《全唐文》卷三十九〈玄宗加應道尊號大赦文〉指出，「道教之設，淳化之源，必在宏闡，以敦風俗」，顯然認可道教是國家的信仰系統，不同於淫祀左道，而可端正風俗；在佛教信仰上，朝廷也開始著手編定《大正藏》，整理佛教經典，希冀天下信佛者所依據，都能在國家所認可的範圍之內。此外，在廟堂之上，也致力於儒、釋、道三教信仰系統的調和，以搏成官定的信仰系統。

至於唐王朝對於民間信仰的整頓，在實際的作法上，以要求合乎祀典的祭社來消滅淫祀，達成移風易俗之效，是最主要的一個環節。一者，山川嶽海、名山大澤均由官府致祭，民間信仰限於祭社，也可減少淫祀的產生；二者，「社」的信仰在先秦時，本就是士庶唯一可以進行的公共祭祀，歷兩漢魏晉南北朝，一直都是傳統悠久而重要的民間信仰；而且對於土穀之神的祭祀，以求祈農報功，亦具有勸農之效。三者，除了信仰問題之外，聚集人眾亦爲官方所憂慮者，而除統祭社時的「祭酺合醵」，本有濃厚的政治教化意義，也提供民眾宴飲、聚會、娛樂的功能。因此祭社似就成爲官方所推行的不二之選。

（二）國家對春、秋二社的勸立

唐甫開國，高祖即下詔立社。《全唐文》卷三〈高祖立社詔〉、《唐會要》卷二十二〈社稷〉均載武德九年（626）正月高祖親祀太社，詔曰：

> 率從百僚，以祈五穀。今既南畝俶載，東作方興，州縣致祀，宜盡祗肅。四方之人，咸勤殖藝，別其性類，命爲宗社。京邑庶士，臺省群官，里閈相從，共尊社法，以時供祀，各申祈報，兼存宴醑之義，用洽鄉黨之歡。具立節文，明爲典制。進退俯仰，登降折旋，明加誨勵，遞相勸獎。

此詔所言有三個目的，其一是要其求州、縣所立的官社能按社法，「州縣致祀，宜盡祗肅」。其二是關於「四方之人」所立的「宗社」，這在本章第一節

即有討論，其性質雖難以判定，或許是指各行各業之人，但可以肯定的是，應仍與春、秋二季的祭社功能有關。其三包括「京邑庶士，臺省群官」，都能在村、里間，各立傳統進行春祈秋報祭社的社。希望這三種社，都能「共尊社法，以時供祀，各申祈報」，能發揮祈農報功之義。至於「兼存宴酺之義，用洽鄉黨之歡」，是村、里間祭社組織的功能，在屬於國家典制內的社法體制下，聚集人眾，進行有悠久傳統的「合醵」，提供社交、娛樂的場合。所以高祖下詔勸立之社，乃是民間進行春、秋祭社的社。

按〈高祖立社詔〉所言，春、秋二社由朝廷的祭祀儀典而下達鄉里社會，「爰暨都邑，建於州里，率土之濱，咸極莊敬」，將官方認可的民間信仰，定調在「勸農務本，修始報功」上，由此而能「敦序教義，整齊風俗」。詔文續言，「末代澆浮，祀典虧替；壇壝闕昭備之禮，鄉閭無糾合之訓」，便由信仰層面轉移到政治層面，直接點明了官方所擔心的「鄉閭糾合」無法規範。國家希望日常民眾的信仰與聚集宴樂，都能效遠古鄉里「祭酺合醵」之移風，才是善美淳厚的風俗。如此在信仰與政治層面上都能照顧周全。

當然對於民間祭社之法，官方必須有所規範。《唐會要》卷二十二〈社稷〉載天寶元年（742）玄宗詔令：〔註362〕

> 其社壇側近，仍禁樵牧。其百姓私社，亦宜與官社同日致祭。所由檢校。

官府要求祭社要和官社祭典的時日一致，以符合官方認可的社法，以免在平常藉祭社之名而行淫祀。在這樣的基礎上，在重大節日國家也會要求這種村、里間祭社組織的私社，進行官方規制下的慶祝與宴飲聚會活動。如《舊唐書》卷八〈玄宗紀〉載開元十八年（730）禮部奏曰：「請千秋節休假三日，及村閭社會，……報田祖，然後坐飲。」《舊唐書》卷十三〈德宗紀〉載貞元五年（789）：「李泌請中和節日，令百官進農書，司農獻穜稑之種，王公戚里上春服，士庶以刀尺相問遺，村社作中和酒，祭勾芒，以祈年穀。從之。」不但將民間的信仰，導正在對於土穀之神祭祀，發揚勸農之義；另一方面也將民眾的糾合，限制在社日或其他重要節日，提供宴酺之義，鄉黨之歡。

因此對於春、秋二社以外民眾的集結，唐代朝廷也曾頒過禁令，如《舊唐書》卷五〈高宗紀〉載咸亨五年（674）即有詔曰：

> 春秋二社，本以祈農，如聞此外別爲邑會。此後除二社外，不得聚

〔註362〕另收入：《冊府元龜》卷三十三〈帝王部・崇祭祀〉。

集，有司嚴加禁止。

《唐會要》卷二十二〈社稷〉另有載咸亨五年三月十日詔，其曰：

> 春秋二社，本以祈農。比聞除此之外，別立當宗及邑義諸色等社。
> 遠集人眾，別有聚斂，遞相承糾，良有徵求。雖於吉凶之家，小有
> 裨助，在於百姓，非無勞擾。自今以後，宜令官司禁斷。

這兩條詔書都明確指出，春、秋二社組織之外的「遠集人眾，別有聚斂」，乃
爲官府所不能接受者，如 S.1344〈開元戶部格〉亦有長安二年（702）七月二
十八日敕：「敕諸山隱逸人，非規避等色，不須禁斷，仍令所由覺察，勿使廣
聚徒眾。」再者，雖然官方也承認喪葬的互助仍有裨助，但多屬擾民，而擾
民應即是擔心造成社會的不穩定。至於詔書中遭官府點名的「當宗及邑義諸
色等社」，是指哪些社？本章第一節已有闡述。官方並沒有多考慮他們的功
能，只是鑒於人眾以及物資的聚集，恐怕對於政治統治會有負面的影響。但
至於實際查禁的行動與成效，由於史料無徵，不易另作推斷，但由唐代私社
盛行的情況而言，只要不危及治安、統治，官方應還是採取放任的態度。

但在地方官憲實際的施政作爲中，就可以看到勸獎春、秋二社，以積極的
作法來改良民間的風俗。尤其在江南地區淫祀之風自古即盛，清除淫祠的行動
在當時也顯得頗爲突出〔註363〕。如《舊唐書》卷八十五〈張文琮傳〉有載：

> （文琮）出爲建州刺史。州境素尚淫祀，不修社稷，文琮下教書曰：
> 「春秋二社，蓋本爲農，惟獨此州，廢而不立。禮典既闕，風俗何
> 觀？近年已來，田多不熟，抑不祭先農所致乎！神在於敬，何以邀
> 福？」於是示其節限條制，百姓欣而行之。

建州風尚淫祀，張文琮任刺使，認爲「禮典既闕，風俗何觀」，欲正其俗，以
重立春、秋二社爲法。唐代州、縣、里皆立有官社，建州各級行政單位，當

〔註363〕其原因不僅是因爲要糾正自古吳、越之民，素信鬼神，重巫術的遺風，如《全
唐文》卷四七八楊憑〈唐廬州刺史本州團練使羅珦德政碑〉，言屬於江南的廬
江之俗：「不好學而酷信淫祀，豪家廣占田而不耕，人稀而病於吏眾。藝桑鮮
而布帛疎濫，有札瘥夭傷，則損敗生業，捨藥物而乞靈於鬼神。」除此之外，
更是爲了江南對唐王朝在經濟上日益佔有舉足輕重的地位，尤其在唐中期以
後即如韓愈所言：「當今賦出於天下，江南居十九。」參見：韓愈，《韓昌黎
集》卷十九〈送陸歙州詩序〉（北京：中國書店，1991年），頁275。唐代對
江南淫祠的廣泛清理，在史書上主要表現有兩次，分別是在武周與穆宗長慶
年間之時。參見：嚴耀中，〈唐代江南的淫祠與佛教〉，《唐研究》第二卷（北
京：1996年），頁51～53。

不致連官社都棄之不顧，故張文琮應是「下教書」、「示其節」、「限條制」，整肅鄉閭間的私社，輔導民眾行祭社之法。張文琮所欲改造的風俗，當如《全唐文》卷五八一，柳宗元〈道州毀鼻亭神記〉載河東薛公任屬於江南道的道州刺使時，毀祀鼻亭神的象祠，並下教書言其擔任刺使的任務，乃在於：「教孝弟，去奇邪，俾斯人敦忠睦友，祗肅信讓，以順於道。吾之斥是祠也，以明教也。」所謂「明教」，也就是上文所述之官方的信仰體系，而春、秋二社之法，則是表彰這個信仰體系的具體儀式，並還可藉由祭社後的聚飲，要求民間的聚會只盡於此，而不需再另行聚集，甚或另立私社組織。

除張文琮之例以外，亦有《舊唐書》卷一七四〈李德裕傳〉載：

> 九月出德裕爲浙西觀察使，……江、嶺之間信巫祝，惑鬼怪，有父母兄弟屬疾者，舉室棄之而去。德裕欲變其風，擇鄉人之有識者，諭之以言，繩之以法，數年之間，弊風頓革。屬郡祠廟，按方志前代名臣賢后則祠之，四郡之內，除淫祠一千一十所。又罷私邑山房一千四百六十，以清寇盜。人樂其政，優詔嘉之。

李德裕任浙西觀察使時，爲導正「信巫祝，惑鬼怪」之歪風，曉以大義，行法制，除淫祠；並且禁私邑、毀山房。「私邑」，唐代私社組織或稱社，或稱邑，也可社邑連稱，所以私邑當是私社；至於山房，應爲山野林中之住所，常爲盜賊棲息之地，如《新唐書》卷一六四〈王彥威傳〉所載：「（彥威）俄檢校禮部尚書，爲忠武節度使，毀山房三千餘所，盜無所容。」這些盜賊有固定的藏匿之處，可能也已具有組織的性質。而私邑與山房並列，作爲官府「以清寇盜」的目標，多少也暗示了民間的私社組織，有時或有傷風敗俗之行，甚或用以作姦犯科，而成爲滅淫祠正風俗之時，必須掃除的對象。

在山林中聚集已成盜寇當不爲官方所容，上文所引 S.1344〈戶部格殘卷〉載長安二年（702）七月二十八日之敕，即表明若爲山林中的修道隱逸之士，不用禁制，但若廣聚徒眾，就不在允許之列。更何況成爲「山房」的盜寇組織或聚集地。同件文書亦載景龍元年（707）十月二日敕：「如聞諸州百姓，結構朋黨，作棑山社。宜令州縣嚴加禁斷。」棑，應爲盾、弓檠之類的器具〔註364〕，「棑山社」可能是指山林中百姓所聚集的武裝組織，或用於自衛，或

〔註364〕棑，或作「棐」，原是指使弓弦端正不曲屈的器具。《集韻》指「棑」爲盾；《段注說文解字》指「棐」爲弓檠之纇。在宋代時有「傍棑」，宋・高承，《事物紀原・戎容兵械部・傍棑》：「《實錄》曰：『傍棑，自夷牟始也。』或曰：『傍棑，近世兵杖中，有鏢牌，蓋出溪洞之蠻。』熙寧中，王師征交趾，其法乃

別有目的，遭官府特別「點名」禁斷。

　　唐代官方對於民間宗教信仰團體抱持著戒愼恐懼的態度，因而不斷重申包括宿宵在內的左道淫祀等，必須嚴加禁斷。在文獻中，多是批判其對國家信仰體系的衝擊，但最後仍終歸於政治考量。除了在消極面上禁制民間宗教團體的活動之外，也積極的勸立鄉閭間的春、秋二社組織，以效遠古鄉里「祭醑合釀」之遺風，而能「兼存宴醑之義，用洽鄉黨之歡」，改良社會風俗。至於民間所盛行的各式私社，雖然對其組織「遠集人眾，別有聚斂」，並不是很放心。且偶而也會擔心，民間爲應厚葬之風而結社相資，以致百姓貧破；或認爲生活互助結社恐「非無勞擾」。但官府大抵上還是抱持著放任的態度，因爲一方面百姓當有其需求；另一方面私社也時常爲官方所運用，協助官方統治。

二、官方對私社的運用

　　唐代國家亦利用私社以協助統治。就目前所見的史料而言，私社擔任了輔助國家勸農政策推行的角色；以及負有地方監察與徵發賦稅任務。前者與均田制的實施有密切的關係，這類例證至晚不超過盛唐以後；而後者主要是方便官府進行地方統治事務，時間在唐代中期以後。

（一）官方運用私社執行勸農政策

　　在隋代與唐代初期，均田制、租庸調法尚存之時，國家本著「勸課農耕」的精神，致力於整體農產量的提昇，至於增產的具體作法，即是由牧守令長掌握民戶、土地，並擔任指導勸課之任。「勸課」雖有其強制性，但並不是採取直接的人身強制措施，而是以指導、監督農業生產的方式來達成。西魏六條詔書中的第三條「盡地利」所論，百姓欲足衣食就得盡地力，而此又非正確有效的勸獎不爲功。而對於荒怠不力之人，鄉里長正必須呈報州縣，守令必須加以懲處以敬效尤。鄉里長正若有失職，亦將遭致懲罰。至唐代在仍有執行土地還受的均田之法時，鄉、里、村等各級地方行政組織，仍多有承襲北魏立三長制的意義，以「勸課農耕」諸工作，爲鄉、里、村長正最主要的

盛傳於中國。至神宗，設於行陣，令諸軍習之也。《宋朝會要》曰：『太宗開南方以標槍傍徘爲兵，令蕭延皓取廣德軍習之。』軍士之用標牌，此其始也。」所以「棑」應是指武器之類。土肥義和即認爲「棑山社」是農民的武裝組織，參見：氏著，〈唐、北宋間の「社」の組織形態に關する一考察〉，收入：「中國古代の國家と民眾」編輯委員會編，《堀敏一先生古稀記念：中國古代の國家と民眾》，頁 702。

職責之一。在《通典》卷三〈食貨典・鄉黨〉，以及《唐六典》卷三〈戶部郎中員外郎〉所載里正的職掌中，有「課殖農桑，催驅賦役」。而村至唐代也開始有其行政地位，一個里中可能有數個村（聚落），村正扮演著配合里正遂行地方事務的角色，即如王梵志詩所云：「里正追庸調，村頭共相催。」〔註365〕協助里正「課殖農桑，催驅賦役」。

在史料中，還可見由社與村正共同負擔勸耕的任務，其功過以催驅賦役的成果來衡量，而這仍是奠基於整體的農產量，也就是實踐「地無遺利」、「人無遺力」理想指導的一部分。大谷文書 2838 號〈唐長安三年（703）前後敦煌縣牒〉〔註366〕所載可以為例：

> 鄉，耕耘最少，此由社官、
> 村正，不存農務，即欲加決，正屬
> 農非，各決貳拾。敦煌、平康、龍勒、
> 慈惠肆鄉，兼及神沙，營功稍少，符令節級科決，各量決
> 拾下。洪他鄉，州符雖無刻責，
> 檢料過非有功，各決五下。
> 其前官執祭，諮過長官，
> 請量決罰訖申諮。　　（署名）示
> 　　　　　　　　十六日

文書背面有：

> 懸泉鄉
> 合當鄉見社官、村正到。

另有：

> 二月十六日社官、村正到。

此例乃記錄官府（州司）對於勸農不力的社官與村正，決杖處分的官方文書，可見每鄉應都有社官與村正承擔官府事務。文書中的社，部分學者將其指認為官社，一者因其性質為官方文書，又因《太平廣記》卷二五八〈逯仁傑〉中有載，逯仁傑自地官令史出尚書，「每村立社官，仍置平、直、老三員。掌簿案，設鎖鑰。十羊九牧，人皆散逃。……其法遂寢。」每村由官方

〔註365〕唐・王梵志著，項楚校注，《王梵志詩》卷五〈貧窮田舍漢〉，頁651。
〔註366〕小田義久編，《大谷文書集成》第一冊（京都：法藏館，1984年），頁108～109。

立社官，以及平、直、老三員，但由於「掌簿案，設鎖鑰」，本是鄉長官、里正、村正的職責，行政上疊床架屋，故而云此現象爲「十羊九牧」，其後遂至不行。此件和上引大谷文書2838號這兩件文書的時間，都是在武周朝，所以由官方每村立社官的社，很容易就會和大谷文書2838號中被處罰的社官聯想在一起。玄宗時也有關於立「勸農社」的記載，《資治通鑑》卷二一二玄宗開元十三年（725）二月庚申條：「又委使司與州縣議作勸農社，使貧富相恤，耕耘以時。」這一條記載的背景，可能是作爲前年宇文融任勸農使的配套措施。

上述的這三種社，性質是否相同，限於史料之缺殊難判別，但可以肯定的是都有官方力量的介入，但也不是單純從事春、秋二社祭典的官社；如果眞爲官方所立，當帶有特殊任務。如2838號文書中的社官，就必須和村正一同擔任勸農責任，和《資治通鑑》中所載的勸農社功能類似。但聯繫這三種社的材料也可以發現，若爲官方所特設之社，則可能因非常式而廢立無常。

但如果把大谷文書2838號中的社，和《資治通鑑》中開元年間所設的勸農社，認爲是官府對現存私社的運用，亦不無可能。尤其是聚落中以春、秋二社爲功能的村、里社，因祭社之旨在祈農報功，與農事本有密切的關係，《太平廣記》卷二五二〈千字文語乞社〉：「敬白社官三老等。切聞政本於農，當須務茲稼穡。……」即可知與農事的休戚關係，用以勸農最是適合不過。而且在大谷文書2838號中，在鄉的單位下，社官與村正並列負勸農成效之責，賦予村社社官勸農的責任，應也不違常理。而且村、里社雖然有聚落居民按自由意願組成，但由於「祭醮合醵」已是人民社會生活中重要的一部分，參與的居民當是不少，因此村、里社在一定程度上，應也可以代表聚落單位。誠如是，則這又可以與隋代唐初設置義倉的社連繫在一起，都是私社，而以村、里社最有可能，並配合國家行政機關參與勸農。所以本書另備一說，包括社中設倉，或者配合村正勸課農耕，應是由國家權力介入現有的私社，以進行運作。

最後值得一提的是，北魏時在「勸課農耕」的政策下，國家也如同漢代以來的豪族，組織自耕農民「人牛力相貿」的換工，但在「人無遺力」、「地無遺利」的理想爲指導原則下，與豪族的組織換工意義並不相同〔註367〕，國

〔註367〕豪族組織換工，在本書第三章業已討論。如《魏書》卷八十〈樊子鵠傳〉載樊子鵠「並遣人牛易力，多種二麥，州內以此獲安」。

家用力於所有的資源都必須充分地用在生產之上。景穆帝、孝文帝即有詔令地方令守必須「使無牛家以人牛力相貿」，「若不從詔，一門之內終身不仕」，因而「墾田大爲增闢」〔註368〕；這種換工正配合著勸農政策的推行，透過種種辦法「勸」到所有人、工具都投入生產始得爲功。不過值得留意的是，自北魏以降，一牛一犁式較先進的耕作方法，已漸漸普及於自營小農的耕作法之中，一般自營農民的施作對於牛隻的仰賴也加深。北魏時期當牛隻發生溫疫時常伴隨著普遍的饑饉，因而朝廷履頒禁殺牛馬的詔令。至唐代計口受田的均田制崩潰，轉向租佃制發展，一牛一犁式的耕作法提供了必要的條件。相較於前代使用二牛三人操作的大型犁，這種小型的犁自耕小農已較有能力擁有，基本上只要能具備土地、牛等生產資料，就能有一定的農產量，土地不足可透過租佃補足，而牛隻則可運用「人牛力相貿」之換工達成；或者如《新唐書》卷一九七〈循吏・韋宙傳〉所載，韋宙爲民置社，成員每月繳交固定會錢，以探名市牛等方式來加以解決。就目前所見史料而言，所呈現的都是地方官吏所組織的事例，並未見得民間自行發起的例證，但在唐代民間以契約方式進行僱工、租佃、借貸盛行的情況下，彼此基於契約關係所組織的換工，或結社置會錢以市牛，亦不無可能。只是這與漢代民間組織中協力共耕的功能、內容，已有不同。以勞力結合的耦犁、人耦或鋤耕，在唐代以後，華北的農作經營方式中，以漸漸退出主流的地位。

（二）私社輔助地方監察與徵發賦稅

　　在《通典》卷三〈食貨典・鄉黨〉、《唐六典》卷三〈戶部郎中員外郎〉、

〔註368〕《魏書・景穆帝紀》記恭宗監國時曾令曰：「其制有司課畿內之民，使無牛家以人牛力相貿，墾殖鋤耨。其有牛家與無牛家一人種田二十二畝，償以私鋤功七畝，如是爲差，至與小、老無牛家種田七畝，小、老者償以鋤功二畝。皆以五口下貧家爲率。各列家別口數，所勸種頃畝，明立簿目。所種者於地首標題姓名，以辨播殖之功。」該時尚未實施均田制，其詔令是針對首都近畿以爲國家編戶的自耕農民而設，把需要牛力耕作的無牛之家，必須償還的勞力耕作畝數都明列出來，在此並可見所謂的人力指的是「鋤功」，也就是無牛的農民他們的耕種無法使用「犁」，而是事倍功半的「鋤」。此外詔令中還規定「禁飲酒、雜戲、棄本沽販者」，並把每個家口所「勸種」（其實是強制的意思）的畝數都明列造冊，可見其目的就是要以國家的力量強制所有的勞動力與生產資料都投入生產。《魏書・孝文帝紀》則記：「有牛者加勤於常歲，無牛者倍庸於餘年」；「同部之內，貧富相通。家有兼牛，通借無者，若不從詔，一門之內終身不仕。」更明確指出這種換工是牧守令長的職責，若有失職當受處分。

《舊唐書》卷四十八〈食貨志〉中，已可知「檢察非違」的保防監察工作，是里正與村（坊）正的職責；除此之外，唐代官府也運用「伍保制」組織民戶〔註369〕。中唐以後，業已可見民間的私社開始加入「伍保制」的系統。羅彤華師指出唐代中期以後，政府爲了因應「伍保制」之效未如預期，在面對日益複雜的政經情勢，而另有「團」、「社」的編組。〔註370〕

　　中唐以後官府運用「社」，進行地方保防監察工作的實際例子，《太平廣記》卷一七一〈精察・袁滋〉有一則記載：

> 李汧公勉鎭鳳翔，有屬邑編甿因耨田，得馬蹄金一甕。里民送於縣署，公牒將置府庭。宰邑者喜獲茲寶，欲自以爲殊績，慮公藏主守不嚴，因使實於私室。信宿。與官吏重開視之，則皆爲塊矣。甕金出土之際，鄉、社悉來觀驗，遽爲變更，靡不驚駭。以狀聞於府主，議者僉云姦計換之，遂遣理曹掾與軍吏數人，就鞫其案。於是獲金里、社咸共證，宰邑者爲衆所擠，擁沮莫能自由，既而詰辱滋甚，遂以易金伏罪。

此處所載爲一地方案件，民衆欲將甫出土的馬蹄金送交縣署之時，先經過了鄉、社的觀驗；之後金塊遭置換，府司審案之時，並得「里、社咸共證」。此案發生之處，只簡單載爲鳳翔府之屬邑，所以其守、正亦簡稱爲宰邑，推測應爲某里或某村之長正。由觀驗的鄉、社，或作證的里、社，都可以知道在民間提供公驗的單位包括了「社」。這個社應該是私社，且不太可能隨便找一個民間爲喪葬互助，或出資奉佛等目的所結成的社，可能還是以各村里居民所組成的里村、社，機會最大。代表村、里社的社長，一同與當時已漸屬虛級的鄉里長正，協助處理該村所發生之案件。民間私社所負擔的保防監察之功能，《新唐書》卷五十四〈食貨志〉載宣宗朝，兵部侍郎周墀建議徵治盜販之法是：「迹其居處，保、社按罪。」周墀之法既需「迹其居處」，顯然其所

〔註369〕關於唐代鄰、伍保之制的研究，中、日學者已有相當豐碩的研究成果，羅師彤華集其大成，並將學界廣泛習稱的「鄰保制」或「鄰保組織」，統一以「伍保制」稱之，以求接更近制度本名。羅師指出，唐代「伍保制」可發揮：（一）警政類，包括查核戶籍與糾告逐補盜賊；（二）財經類，有稅賦代輸和經濟管理；（三）司法類。三大類的功能。參閱：氏著，〈唐代的伍保制〉，《新史學》八卷三期（台北：1997年），頁1～41；另收入：梁庚堯、劉淑芬主編，《城市與鄉村》（北京：中國大百科全書出版社，2005年），頁88～117。

〔註370〕羅師彤華，〈唐代的伍保制〉，《新史學》八卷三期（台北：1997年），頁18～19；另收入：梁庚堯、劉淑芬主編，《城市與鄉村》，頁100～101。

指之社，具有由住居地結合的地緣特性，應該就是指里、村社。在防盜之外，如《冊府元龜》卷七十〈帝王部・務農〉載大中年間下屠牛之禁，犯者「不唯本土抵法，鄰、里、保、社，並須痛加懲責」，私社也負擔未遵禁令者之監察。

　　「社」以外還有「團」的組織。《冊府元龜》卷六十四〈帝王部・發號令三〉載憲宗元和十年（815）六月，盜殺宰相武元衡，「於是京師大索坊市，居人團保。」而同一出處另有元和十二年（817）二月詔，並令寺觀團保，以備蕃鎮奸謀。《資治通鑑》卷二四二載穆宗朝戶部侍郎張平叔請：「檢責所在實戶，據口團保。」胡三省注云：「團保者，團結戶口，使之互相保識。」由此可見「團」應是在「伍保制」之外，官府另外再將如坊市或寺觀等同性質團體，或以戶爲單位，由官府強制進行的任務編組。其與「社」所不同者，「社」乃官府運用現存的村、里社等私社，並不是臨時性的、具任務性質的編組。

　　團、社爲官府用以加強地方督察工作，或許與唐中期以後，里制已漸無法發揮作用有關。前述「檢察非違」本爲里正的職司之一，但如本書第三節所述，中唐以後里制漸趨崩潰，村的實際行政責任大增，《入唐求法巡禮行記》卷二中，載開成四年（839）圓仁一行人留滯在文登縣清寧鄉赤山村的赤山寺院時，寺院曾將情況上報，文登縣認爲過於簡單，要求村正等人報告具體情況，但赤山村村正卻遲遲未上報，因此縣吏又下牒文曰：

　　先在青寧鄉赤山寺院日本國船上拋卻僧三人、行者一人。
　　右件等先申州，伸使訖。恐有東西去，八月十四日帖赤山寺院并村
　　保、板頭、海口所由等，須知存亡。尋問本鄉里正，稱村正譚宣拋
　　卻帖，至今都無狀報。其譚宣見在，伏請處分。牒件狀如前。謹帖
　　開成四年九月　　日
　　典王佐牒

擔任鄉村監察工作的有村正、村保、板頭、海口等人，他們有可能都是色役，但上述已揭，該書已有將村正稱爲「村老」或「村勾當」者，顯示此處的村正可能與中唐以前里制之下，村正由白丁所充的情形已有不同；且仔細玩味此文，雖不難體會里正與村正之間，似乎仍有實際、直接的隸屬關係，但里正卻似無直接處理事務的跡象，有可能是已漸趨虛級化的徵兆。所以官方在里已無法確實執行「檢察非違」工作之實，除了賦予村原來里的職責之外，

還再運用團、社，並輔助日漸混亂的「伍保制」。

在敦煌出土寫本文書有 P.3379〈後周顯德五年（958）二月社錄事都頭陰保山等團保牒〉〔註371〕，一般咸認是官府利用民社所組成的「三人團保」，以防盜賊。該文書因騎縫及尾部鈐有三方「瓜沙等州觀察使新印」，可能是節度使曹元忠（946～974）府衙的文書，但是否即是官府利用民社組織防盜，並不易定論；文書中云：「右通前件三人團保，或有當盜竊，不敢覆藏，後有敗露。三人同招懲犯。僅錄狀上。」在敦煌私社組織中，以三人為一團置辦局席的例子不少，而且上文已述私社為防止社人「人身不在」，無法履行義務，因此通常都須另立保人，由於文書已指明「或有當盜竊」，所以若按文意，亦有可能為防社內有人偷盜而以三人為單位，彼此互保。但由於一般私社文書要成為官方文書的機會不大，而在上述 ДX.2149〈納柴名簿〉有索留住巷（社）未納柴的四十六人名單，其中有十八人的名字出現在此團保牒文中。此社或許有可能類似索留住巷（社）的坊巷社，也就是屬於敦煌曹氏歸義軍時期的特殊作為，由官方立社交辦特殊任務，此於下文將接續討論。總之，這個「三人團保」的社，有可能是官府組織或運用民社遂行防盜的功能，但也不排除是一般私社內為防社人偷盜，而以三人為單位，彼此互保所列的文書。

五代時期的敦煌，可見當時歸義軍府衙，運用城市內最基層的地域單位「巷」，其居民所組成的巷社，進行徵柴的案例〔註372〕。ДX.2149〈納柴名簿〉載有：「高住兒社八十二人，見納六十五人，欠十七人。……柴足。索留住巷一百六人，欠四十六人……柴欠一百八十一束。程弘元巷八十九人，見納六十四人，欠二十五人。」高住兒社、索留住巷、程弘元巷三者究竟都是「巷社」，還是如文書所示有「社」有「巷」，目前學界的認定仍是莫衷一是，主要的原因還是在於沒有其他佐證資料，單憑此文書實不易判明。由於高住兒社、索留住巷、程弘元巷三者的成員人數分別是八十二、一百零六、八十九人，數目相當接近，因此暫依土肥義和之推定，認為它們都是屬於巷社的組

〔註371〕寧可，郝春文輯校，《敦煌社邑文書輯校》，頁 33；池田溫，《中國古代籍帳研究・概觀、錄文》（東京：東京大學東洋文化研究所，1979 年），頁 658、659。

〔註372〕參見：堀敏一著、林世田譯，〈唐代後期敦煌社會經濟之變化〉，《敦煌學輯刊》第十九期，頁 101；雷紹鋒，《歸義軍賦役制度初探》（台北：洪葉文化出版公司，2000 年），頁 117～118。

織。〔註373〕

　　在本章第一節表 4-1 中，所見記有成員人數的敦煌（坊）巷社共有八件，除第二件有四十二家外，第三、一、九、十、四件，分別是四十八、三十七、三十四、二十八、十二人，功能主要爲奉佛與喪葬互助，很明顯是坊、巷內居民自由結成的私社；尤其是第四件是巷內的女人結社，成員人數也就顯得更少一點；這些私社就無官府運用的痕跡。在儒風坊西巷社條中，雖有「科稅之艱，並須齊赴」、「一所有科稅，期集所斂物」，郝春文已指出，「科稅」並非官府的賦役，而是社人交納給社邑的物品〔註374〕。官府欲運用這類的私社，一來不易掌握，二來也因人數太少而不具意義。

　　至於第六、七、八件，即高住兒（巷？）社、索留住巷（社？）、程弘元巷（社？）的人數，幾乎是第一、二、三、四、六件的一倍，或許城內諸巷納稅人大概有一百人（戶？）左右的規模，官方利用以巷爲單位所組成的社，作爲稅役徵收的對象，這類的巷社，與巷內民眾以喪葬互助、奉佛活動等目的而結合成的巷社，有著明顯的不同。所以第六、七、八件有可能是官方以巷爲單位，所組織成的巷社，並不是運用現成的由居民所組成的巷社。而且時值曹元忠任歸義軍節度使時，其在位時間長且頗有作爲，有可能對於柴、草等賦稅方式進行了一些改革。原先在張氏歸義軍時期，如 P.3418V〈（九世紀晚期）沙州諸鄉欠枝夫人戶名目〉〔註375〕、羅振玉舊藏〈（十世紀前期）沙州枝頭白刺頭名簿〉〔註376〕，都說明在當時納柴是以鄉爲單位，由枝頭和白刺頭負責；且再如 B.D.11181〈天福七年（942）十一月典張懷牒〉顯示直到此年，曹氏歸義軍政權的納草方式，仍是由「縣司」「各帖家丁村正所由」，「逐處供輸」。所以以巷或巷社爲單位交納柴、草，應該也要在公元 942 年以後的五代末期了。再連繫上所徵引的 P.3379〈後周顯德五年（958）二月社錄事都頭陰保山等團保牒〉中所載之社，與高住兒（巷？）社、索留住巷（社？）、程弘元巷（社？）的存在時間相同，且有十八位社人的姓名重複，所以 ДХ.2149

〔註373〕土肥義和，〈唐、北宋間の「社」の組織形態に關する一考察〉，收入：「中國古代の國家と民眾」編輯委員會編，《堀敏一先生古稀記念：中國古代の國家と民眾》（東京：汲古書局，1999 年），頁 725～728。

〔註374〕郝春文，〈《唐末五代宋初敦煌社邑的幾個問題》商榷〉，《魏晉南北朝隋唐史》，2003 年第四期，頁 49～50。

〔註375〕池田溫，〈中國古代籍帳研究概觀・錄文〉，頁 598～603。

〔註376〕池田溫，〈中國古代籍帳研究概觀・錄文〉，頁 603～604。

和 P.3379 所載的社，可能都是官府為方便處理地方事務，按基層地域單位所組織的社，具有具體、專門的任務。誠如是，則其性質就非慣制，且有明顯的地方特性。

　　但須特別指出的是，同樣是敦煌的出土文書，比較屬於武周時期的大谷文書 2838 號〈長安三年（703）前後敦煌縣牒〉，與五代末期的 ДХ.2149〈納柴名簿〉，多少也反映了後者並不像前者所具有的「勸課」的精神，而似以官府方便、迅速徵收為原則。這或許也能反映唐代前後期，由均田租庸調制向莊園兩稅制轉變的變化。

　　類似 ДХ.2149〈納柴名簿〉中的三個巷社，疑是敦煌地區官府為方便徵收柴、草，所組織起來的。除了徵發賦役之外，同樣在晚唐五代宋初的敦煌，也有將百姓的「渠河口作」力役，由官方組織、運用民社來執行的。雖然「渠河口作」的力役，可能並非只有在敦煌實施，如 P.2507〈唐開元水部式〉中即記載了河西諸州的渠堰修治，是由徵調百姓役力來完成的。但這種力役應仍具有強烈的地域特質，可能只在河西諸州實施，而官府組織、運用民社執行的作法，也僅見於敦煌寫本文書中，所以有其特殊性質，本書將其論述於后。

　　晚唐五代宋初時期的敦煌，有「渠社」的組織，是擔任「渠河口作」之力役的百姓所組成的社，這類百姓又可稱為「渠人」，由於一方面渠人的力役是透過「社」的組織來遂行，另一方面這類的社也擁有民間私社的諸多功能，所以一般咸認「渠社」是屬於「半官半民」式的社邑組織。但所謂「半官半民」仍嫌籠統，本書以下即嘗試具體說明，渠社是由官方組織，或是民間自發性的結合？官方力量又是入何介入？執行力役之外還有哪些功能，而這些功能具不具有官方特徵？

　　關於渠人與渠社，目前已有不少研究成果。最早即有那波利貞的研究，指出渠人是河渠人、溝渠人的略稱，乃承擔防水、修堰、護渠職役的人。而渠社是渠人按居住區域組織起來的，其源於自治性的民間組織，以後得到官府的指導，因此性質是「半官半民」〔註377〕。之後如佐藤武敏、姜伯勤等人之著作，基本上也都承襲那波利貞之說〔註378〕。而郝春文對於上述的研究成

〔註377〕那波利貞，〈唐代の農田水利に關する規定に就いて（三）〉，《史學雜誌》五十四卷三期（東京：1943 年），頁 43～84。
〔註378〕佐藤武敏，〈敦煌の水利〉，收入：池田溫編，《講座敦煌》（三）《敦煌の社會》

果作了部分的修正：其一，渠社未必是由居住區域相同的渠人所組織，因為居住地點相鄰的人，其土地不一定都在同一支渠附近；其二，渠社的功能可分為兩類，一為為執行「渠河口作」的力役，二為社員內部自行組織的經濟生活互助，以及局席的宴飲活動，若按那波利貞所言是由原來的自治性的民間組織，再得到官府的指導，則顯得過於籠統且不確切；其三，在渠人渠社的文書中有僧人的參與，這些僧人並不是寺院的代表，而是一些不住寺、不出家，在家中靠經營土地為生的僧人，自身所必須承擔的力役。〔註379〕

在上述研究的基礎上，我們可以瞭解，渠人是其土地因有使用渠水，因而必須擔負「渠河口作」之力役，亦即他們是各水渠的使用者，也須負擔其設施的修理與防護；所以這項力役也會隨著土地所有權的轉移而轉移，所以在土地的所有權、使用權移轉的文書中，都會規定由誰來承擔此項力役，如P.3877〈後唐天復九年（909）安力子賣地契〉有「地內所著差稅河作，隨地只當」；P.3155V〈後唐天復四年（904）賈員子租地契〉中也規定「渠河口作兩家各支半」；再如P.3257〈後晉開運二年（945）十二月河西歸義軍左步都押衙王文通勘尋寡婦阿龍還田陳狀牒及相關文書〉略云：「甲午年二月十九日，索義成身著瓜州。所有父祖口分地參拾貳畝，分付與兄索懷義佃種。……渠河口作稅役，不忏□兄之事。」關於修治水利的力役，在唐代前期，如P.2507〈唐開元水部式〉即有原則規定，「河西諸州用水漑田，其州縣府鎮官人公廨田及職田，計營頃畝，共百姓均出人功，同修渠堰。若田多水少，亦准百姓量減少營」，又云，「（藍田新開渠）若渠堰破壞，即用隨近人修理」，可知在河西，修裡渠堰已是從隨近百姓中征發人力。而在敦煌文書中所保存的差科簿中，有由中男來承擔渠頭和斗門的力役，而其可能只負責節水與巡行，大概不管理修理渠堰等工作，而是交由渠人來執行。佐藤武敏即指出渠人「渠河口作」職役，相當於同時期中原地區的雜徭〔註380〕。由於敦煌屬於綠洲城市，水利事業可說是民生之命脈，渠人的力役應具有相當的地方特性。

對於渠人所組織的「渠社」，郝春文已指出擁有兩種不同的功能，一為修

（東京：大東出版社，1970 年），頁 265～296；姜伯勤，《唐五代敦煌寺戶制度》（北京：中華書局，1987 年），頁 203～204。

〔註379〕郝春文，〈敦煌的渠人與渠社〉，《北京師範學院學報》，1990 年第一期，頁 90～97。

〔註380〕佐藤武敏，〈敦煌の水利〉，收入：池田溫編，《講座敦煌》（三）《敦煌の社會》，頁 265～296。

治渠堰；一爲進行經濟生活互助與局席活動。而只有前者受到官府的嚴密控制與監督。「渠社」的組成，概爲「一渠用水百姓因共同利益所在先結成了渠社，⋯⋯所以一成立就具有民間性質」，基本上與那波利貞的見解相同，但郝氏另補充，「諸幹渠、支渠之間，以及一渠諸多用水農戶之間的各種矛盾，依靠各渠所組成的渠社是無法解決的，故必須由官府進行管理、監督、協調。而官府則利用了渠社這一渠人組織，對敦煌的水利設施進行維護、修理、使用，並作爲一種力役強制他們承擔。這就使原來作爲民間組織的渠社變成了官府的工具。」所以按其說法，簡言之，即是由官方介入原先由渠人自行組織的渠社（私社），並以強制力役的方式使其成爲官府的工具，也就是一種「由下而上」的方式，由民間組織，再爲官方所操控或運用。然而，這卻存在著一些疑點，也就是渠社如果原是私社，那麼所有的渠人，是否有互相結合成社的必然性？而這又影響到渠人之力役本就具有強制性，若以介入私社的方式來執行，是否能完全貫徹？

在敦煌渠人渠社文書中，雖然通知渠人防水、修理渠堰、興建橋樑與分配用水的轉帖，大部分文書中都會書明爲「渠人轉帖」，但若再仔細探究，可以發現如 S.6123〈戊寅年（978）七月十四日宜秋西枝渠人轉帖〉、P.3412V〈壬午年（982）五月十五日渠人轉帖〉是通知渠人「平水相量」、「通底河口」的轉帖，是分別由錄事氾萬□、王錄事所發出，可見渠人遂行力役是透過渠社來達成〔註381〕。再如 P.5032 號中共有十一件文書，分別是兩個渠社的文書，其中一個社有八件甲申年（984）的渠人轉帖，內容包括了二月二十日、二月二十九日、九月二十一日、十月四日、某月十七日、以及一件日期不詳等六件，是通知渠人進行「通底河口」、「修治瀉口」、「田新橋」等力役；以及四月十二日通知「春座局席」、十月三日通知渠人爲局席「遂羊價」〔註382〕。這八件轉帖最後署名爲錄事張再德帖、錄事帖、錄事張帖、張錄事帖，由於時間都在同一年，因此推測錄事應該都是張再德；包括「渠河口作」的力役與春秋座局席的活動，也都是由「社」的組織來進行。

渠社中渠人進行「渠河口作」的力役時，可能會有一定程度官方力量的介入。因爲既然是力役，就應受官府的監督與列管；再者，大部分這類的轉

〔註381〕S.6123、P.3412V 文書，分別收入：寧可，郝春文輯校，《敦煌社邑文書輯校》，頁 378、380～381。

〔註382〕P.5032 中的十一件渠人轉帖文書，分別收入：寧可，郝春文輯校，《敦煌社邑文書輯校》，頁 369～375、381～396。

帖，對於未到的渠人，都會規定「官有重責」或「官中處分」；至於在通知社內成員疊舍（P.5032）、置辦局席（P.5032）、喪葬互助（P.5032、P.4003）等生活互助的轉帖中，都不會有這類的規定，而是援用一般私社的成規，「捉二人後到，罰酒一角；全不來者，罰酒半瓷。」因此即如上述郝春文所言，渠社的功能應能分為渠人的力役，以及互助、置辦局席等兩大部分，前者帶有官方介入的色彩，後者則是社人間藉由組織之便所發揮的「附加價值」。然而，這兩大功能性質的區分，卻也並非涇渭分明。在 P.5032 的六件通知渠人進行「渠河口作」力役的轉帖中，有一件同是公元 984 年但日期不詳的轉帖，對於未赴役渠人的處罰是「罰一瓷」；北圖殷字 41V、S.6123 都是「如有後到，罰一角；全不來，罰酒半瓷」〔註383〕，未赴役的罰責與一般私社相同，其罰物應是交予社司，充入官府的可能性並不高。有由渠社逕行裁罰之事，或許正暗示了官府將「渠河口作」的力役，交由渠社來執行，官方可能擔任監督的角色。

上文談到的 P.5032 中有六件是通知渠人修整河口、瀉口的轉帖，排除年代不詳一件因文書殘缺，不列入統計外，這五件文書中共出現了二十四位渠人，只有張愿通、張醜憨、張定奴、張醜奴、張勿成、張擭逐、氾義成、氾員子、氾富達等人每此都被通知參加。出現這種情形有兩種可能，即渠社的成員可能包括了不只一條渠道的渠人；或者因各人土地大小不一，而有不同程度的力役勞作。但不論是哪一種情形，在初始組成渠社之時，實難排除官方力量的作用。若如上文所揭郝春文之言，「一渠用水百姓因共同利益所在先結成了渠社，……所以一成立就具有民間性質」，由於「渠河口作」是屬於官方要求的力役，並不能單純視為渠人間彼此的「共同利益」，渠人間只是使用同一條渠道的關係，其所擁有土地並非全然相鄰，當然住居地亦復如是。如果只是單是為了置辦局席或如助喪、疊舍等經濟生活互助，還是不如以住居地相鄰的關係來得便利與實際；而且如此結社之法也無強制性，若非全部的渠人都參加，那麼官府所要求的力役恐怕就不易貫徹。

因此，由上述的討論可知，在渠人的「渠河口作」是官府力役的前提下，不妨認為，渠社可能是由官府以諸水渠為單位，強制要求渠人組成、加入渠社，再將「渠河口作」力役的執行，交由渠社自行負責，所以對於未能克盡

〔註383〕北圖殷字 41V、S.6123 文書，分別收入：寧可，郝春文輯校，《敦煌社邑文書輯校》，頁 367～368、378。

職責的渠人，有時渠社會逕自裁罰，情節重大者，亦可交付官府懲處；換句話說，「渠社」理論上應由官府組織，也就是一種「由上而下」的方式，再藉由「官督民辦」，讓渠社自行運作。而渠社的渠人，日常生活中也利用渠社的組織，進行局席活動與生活互助，而這個部分，原則上官府就不進行干涉，故能顯現一般私社的性質。

敦煌歸義軍政權將渠人組成渠社，用以遂行「渠河口作」之力役，這與上文所論十世紀中葉的 ДХ.2149〈納柴名簿〉，官府組織巷社以徵集柴草，具有相同的意義。但由於敦煌屬於綠洲城市，水利事業可說是民生之命脈，渠人的力役相對於同時期的中原其他地區，雖然尚能符合 P.2507〈唐開元水部式〉中所謂，「計營頃畝，共百姓均出人功」的原則，但其具有特殊的地方特性，仍是不爭的事實。

晚唐五代宋初，除了渠人的力役之外，還有一種用於輪番城防值勤的「行人」徭役〔註384〕。P.2769V 有一行雜寫，文云：「應管行人渠人帖，官有處分人各（下文殘缺）。」這雖僅是一行的隨手雜寫，但渠人與行人兩者並列，都是在官府控制下的服役者，反應出有其性質相同之處，否則當時敦煌人應不致有將渠人與行人並列的觀念。S.2103〈酉年十二月南沙灌進渠用水百姓李進評乞給公驗牒〉記載，行人釗毛子把南沙灌進渠用水百姓稱爲渠人，而他自己雖也用南沙灌進渠之水，但因服有行人的軍徭，所以不承擔「渠河口作」之力役。雖然目前可見有十三件行人轉帖〔註385〕，但都是由隊頭、副隊頭或都指揮使發出，因此應是官府直接召集與組織，這與將渠人組織成「渠社」，以遂行力役的方式不同。由此也可知，對於不同性質的差異，官府也有不一樣的運作辦法。

綜上所述，可知在隋代與唐代中期以前，國家運用民間私社配合「勸課農桑」工作的推行，責成私社、村正共同負擔「勸課」的成敗，這類的私社，

〔註384〕關於敦煌「行人」的研究，可參閱：那波利貞，〈唐代行人考〉，《東亞人文學報》三卷四期（京都：1944 年），頁 1～70；姜伯勤，〈敦煌文書中的唐五代「行人」〉，《中國史研究》，1979 年第二期，頁 77～85。

〔註385〕十三件「行人轉帖」分別爲 P.3070V、B.L.李 73V、S.329V、P.2877V、S.4504V（兩件）、P.2769V、P.4017、S.1159、S.6309、S.6272、P.2342（兩件），收入：Yamamoto Tatsuro, Ikeda On, Okano Makoto, Dohi Yoshikazu, Ishida Yusaku eds, *Tun-huang and Turfan Documents concerning Social and Economic History, IV She Associations and Related Documents (A) Introduction & Texts* (Tokyo: The Toyo Bunko, 1989), p.74~78。

較有可能是聚落中的里、村社。唐代中期以後，隨著里制的崩潰，與伍保制的混亂，官方也運用民間的私社，或組織成團，輔助執行地方監察的工作。在五代的敦煌曹氏歸義軍時期，就有可能是由歸義軍政權組織（坊）巷社等民社，進行團保防盜工作，或徵發柴、草，方便官府稅收。另外，同樣在敦煌地區，還有官方將渠人以置辦渠社的方式，委其執行渠河口作之力役，渠人也還利用渠社的組織，進行互助與局席等功能。

第五章　結　論

　　社之始義，乃是對土地的祭祀、祭祀土地神之所、以及祭祀土地神的組織。城邦時代，統治者祭天、祖，被統治者祭社，社是士庶在家門外，唯一能進行的公共祭祀，所以諸侯、卿大夫在其所分封的國、都、邑、里等聚落中，都爲百姓立有與其政治地位相稱的社，如國社、置社等。由於國、都、邑等聚落，並不同於後代郡縣制下，有層級隸屬關係的地方行政組織，而都是領有民眾的實體聚落，所以社雖爲各聚落統治者所立，但因有民眾參與的性質，並不能單純地視爲後代的官社。城邦時代的社，除反映軍、政、教三者合一之外，亦是民眾活動的公共場合；包括祈禱、誓師、獻俘、受脤、聽訟、賦事、閱兵、卜稼、要盟，莫不在社中舉行。

　　在邑、里等聚落共同體中，庶民的許多生活機能，如耕作、賦役、祭祀等，也直接以自然聚落作爲組織單位，由全體成員來共同完成。社作爲祭祀的組織，與邑、里是重疊的，也能表現全體邑、里居民共同作業的特色，民眾共耕均賦之餘，在社中祭酺合醵，亦即同祭共飲。人民之祭祀、社交和娛樂主要皆出於此，所以凡邑皆有社。

　　邑、里的共耕均賦，同祭合飲，在城邦時期都是聚落成員來共同完成，這種現象在戰國秦漢以後才逐漸改變。不但邑、里的社已具自願參加的性質，行政單位的里組織，與祭祀單位社組織重疊的情形，已漸不復存在；且漢代開始更有私社的出現，如由鄉間百姓十家或十五家所組成的田社即是。一直到唐代，社都是指大小聚落中的春、秋二社組織，或稱爲里社，或自南北朝以後有村的興起而稱爲村社。延續先秦以來「合醵」的傳統，由參與社事的居民合資置辦，從事祭社與集體宴飲活動，提供居民社會交際、娛樂、公共

信仰的功能。春祈秋報，兼存宴酺之義，用洽鄉黨之歡，社日活動已成為農民社會生活中不可或缺的一部分。

隨著漢代社的私人化，也代表著先秦里、閭間「同祭合飲」的共同狀態已被打破，社已不再是士庶唯一的公共信仰，民間宗教開始有較寬廣的發展空間。與社淵源極深的五斗米道，以及漢末規模更大的太平道等早期道教教派的發展，開民間宗教團體之先河。至南北朝伴隨著佛教的流佈，民間的奉佛組織也就如雨後春筍般地出現，而成為當時民間團體中最具代表性者。

先秦里、閭共同體中的「共耕均賦」、「死喪同恤」等功能，至漢代已不完全是依靠整個聚落或行政單位作為組織，也非由全體居民共同完成，而是以自願性質的私人組織方式來達成。如組織合耦的「街彈」，除了糾合人力共施鋤耕外，應也有以人力互助來拉動重犂者。「正彈」、「正衛彈」是循吏令人民集資，以備雇兵丁，或上赴朝廷服正衛之兵役，或在地方政府服更卒之傜役。還有「父老僤」，本書認為，可能是因擔任父老，恐需自付許多服務桑梓的開銷，因此這些有可能輪做父老，也就是家產足以充任父老的里民，組織成「僤」的團體，事先斂錢買田，其所穫可以作為成員擔任父老時的一項資助。單、僤、彈、墠等民間組織，都是在里閭之中，展現協力共耕、地方事務互助等功能。此外，還有一種合伙從事轉運販賣，稱為「販」的私人商業性組織。

漢代具有協力共耕、地方事務、商業合作等功能的民間組織，在兩晉南北朝的史料中卻未見得，可能是豪族透過對宗黨鄉里的賑濟，以及介入、組織佃戶的生產過程，而補充了民間團體中部分的互助功能；另一方面，佛教慈善團體在此時期也頗為活躍，或許也有補充的功能。在這個時期，除了村、里聚落的春、秋二社組織仍廣泛存在於農民社會中，最引人注目的就是民間奉佛團體的發展。

北朝時造像之風盛行，同鄉的合夥造像團體，乃由在家的佛教信徒，或其與僧尼所自願結成，以稱為「邑」、「邑義」者最為普遍，「法義」則次之。此三者都可以概稱為造像邑，其差別乃在於「邑義」較「邑」成員間多具備了結義的色彩，而「法義」則是更明確的結義組織。所以若按結義強度的多寡排列，應即是「邑」、「邑義」與「法義」，越後者程度越高。而所謂結義應是成員間有經過香火盟誓的過程，結成義兄弟姊妹。「法義」出現的時間要較「邑」、「邑義」等為晚，且未見於西魏、北周，其組織也相對較為單

純、簡單。

　　造像邑是主要是團體成員共團出資造像的結合，形式上由個人的慷慨程度決定出資的多寡。有部分的團體，爲了設齋及供養佛像，維持了較長的時間；尤其是「法義」的組織，可能多半在造像之外，還要設齋。此外，某些造像邑還兼行種福田事業中的公共建設，如鑿井、種樹、鋪路、修橋，這些項目幾都與便利行旅有關。造像邑的組織與傳統聚落中的社組織不同，社與邑的名稱也不可互用。前者的首領有老、社掾、社史、社正，成員稱爲社民；造像邑首領的名稱繁多，且無定制可循，大致可以分爲爲邑主、維那、化主、邑師、香火、典座（典錄）、齋主、像主、光明主、塔龕主、邑中正、其他等十二類，有出自於僧官者，亦有緣用世俗官職的情形，原則上以邑主、維那，作爲實際負責團體事務的領導人。造像邑的成員則稱爲邑子，而在法義中，則有稱爲法義兄弟姊妹者。

　　就民眾造像的動機而言，由於參與造像者並非就是遵守戒律的佛教徒，佛教也未必是其所唯一尊奉的宗教信仰。民眾的造像活動，反映出兩種信仰傾向，一是渴望依靠外力（佛力），來獲得解脫；二是期待能夠不費氣力地實現自己的各種追求。當人們接觸到佛教並爲其所吸引時，自然傾向於與其故有行爲方式相近的修行方式，而佛經中倡導的造像興福則爲信徒大開方便之門。其暗示不必持戒，只要出錢造像便能招致福報，且建造佛像無論大小均有功德，且還可集資造像，分攤的費用更少，其功德還較個人造像爲大。因此實在不需要爲奉佛去改變故有的生活、信仰與行爲方式；這也反映中土固有的思想體系，缺乏個人的道德行爲與其命運、幸福的聯繫。

　　造像與官府間的關係，由於造像興福由於典出有據，且這些經典同樣爲奉佛的統治者及高僧所修習，因此造像在他們心目中的意義，也就由淫祀轉變成福業，使民間的佛教活動得到了保護傘。再者，造像記中所表現出的追福之風，與朝廷歷來爲鞏固人民對政權的效忠而倡導的「孝道」，有暗合之處；另一方面，平民信徒亦利用造像之機向官員獻媚。這些因素都使得朝廷與民間，在信仰上的分岐與衝突，得到了一定程度的和緩。甚至於民間佛教團體所兼行的種福田工作，或社會救濟事業，也都能得到官府的褒獎，如北朝除了造像邑之外，還有稱爲「義」的佛教團體，不進行造像、建寺塔、設齋等佛事，而專以社會救濟事業爲主，如造義塚、供義食、造義堂等，也得到了官方的支持，甚至進而優免徭役。

　　至於江南地區，東晉時由慧遠與名士所組成的廬山教團，成為往後流行於江南，屬於淨土法門的民間佛教組織之始祖，這類團體本書稱為佛會，唐代以後還可以用「結社唸佛」來稱呼。受江南義理佛學的浸潤，以及彌陀淨土唸佛法門的影響，「佛會」組織通常是由文人、名士或居士與僧人的結合，或者是以某一位高僧為首聚集信徒，進行唸佛、齋會、誦經、講經、說法、聽法等活動，其組織多半比較鬆散，除了發起人或宗教首領之外，就不見其他常設幹部，所進行的活動也多屬定期的聚會。其發展在東晉南朝雖僅有區區數例，且多限於僧人與名士，蓋因淨土思想要到宋代，才開始真正深入民間，佛會要到唐宋以後才開始盛行。至於山崎宏所指的「法社」，應即是江南屬於淨土法門的佛會。而佛教經典上有關於「法社」的些許記載，應是指一種不殺牲的佛教齋會——「法社齋」。在南朝時並沒有稱為「法社」的民間佛教團體組織。

　　佛會的組織特色就是高僧與名士的結合。名士雖然多為「隱逸」，但在江左朝野仍有著很大的影響力。就廬山教團為例，名士集結在慧遠的周圍，不僅大大抬高了慧遠的聲望，而且使得佛教在士大夫中擁有一定的政治勢力。再者，教團的組織，既有廣泛性，但卻又很鬆散，這就使慧遠處於十分有利的地位；即有聲譽、有勢利而不遭統治者的疑忌。至於慧遠個人的因素，也有很大的影響，由於他在佛教教團中，廣泛接納東晉統治階級的精英分子，在社會政治中有地位而不直接干預政治，從而能在護衛佛教利益的同時，避免了官府的疑忌與鎮壓。其流風所及，不但在佛教組織上，且甚至在江南佛教的發展方向與北方有所不同，在江南免於發生「三武之禍」的迫害，慧遠具有一定的貢獻。

　　「社」在唐代以前專門作為聚落春、秋二社組織的名稱，但從唐代開始，「社」的名稱則更為廣泛的運用在各式民間組織上，包括奉佛等各種功能的民間團體，已然都能以「社」為名。最鮮明的例子，即是前代稱為「邑」的民間組織，唐代已可以「社」作為名稱。所以唐代的民間團體，有「邑」、「社」、「社邑」、「邑義」、「義社」等。如此之演變與佛教的中國化有關，由於佛教更融入一般民眾的日常生活，奉佛的功能也已不僅限於佛教信徒所組成的團體，各式的民間團都有可能與佛事沾上關係，如傳統春、秋二社的祭社，有的就被僧人所勸化，以佛教的齋會來取代，再如唐代社會所流行的喪葬互助，延僧設齋仍是操辦喪事不可或缺的一環。在此情形下，將「社」與「邑」再

作區隔似乎已無意義；而且「社」是農民社會中流傳久遠且普遍的祭祀組織，古代許多團體的形成都與初始的祭祀功能有密切的關係，所以在唐代「社」可以演變成各類民間團體的名稱。除了社以外，也有不少以「會」為團體名稱者，且也不限於奉佛團體。再者，唐代中期以後，官府與民間社會也喜以「團」作為組織名稱，如長安專辦新科進士慶祝的活動，以謀取利益的「進士團」即是一例。

唐代民間結社的功能主要可分為春、秋祭社與聚飲、奉佛活動、生活互助與商業機能。春、秋二社已是民間重要的歲時節日之一，且在官方社神的選配、民間私社的參與、社日活動的形式等方面已漸趨定型，其形制繼續綿延以迄近代。社日的宴飲活動，一直在鄉村社會中發揮著民間信仰以及社會交際、娛樂的功能。在晚唐五代宋初的敦煌，各類型私社也多有進行春、秋二社之活動，其中最主要的功能是表現在「春、秋座局席」的操辦上。社人必須配合規定，繳納每人份額相同的麥、粟等物，因此在意義上同於傳統文獻所載的「合醵」之法。復此，敦煌私社的「春、秋座局席」，也已不僅止於社日之時，有的私社更可能一個月舉辦一次，聚飲活動更廣泛地落實在日常生活中，發揮更大的社會交際功能。

在生活互助中，喪葬互助是唐代私社中最重要的互助功能之一，這與當時厚葬之風息息相關。為往生親人操辦合於時尚的葬俗，民眾結社互助，以備突如其來的喪事開銷。在敦煌私社中，還發展出了「立三馱名目」、「舉名請贈」的助喪辦法。其他如春天種糧的借貸、立莊造舍、遠行資助、接風洗塵、疾病慰問、合資市牛等，也都是唐代私社所具有的互助功能。這些互助功能的運作，並不是單純地在臨事時，由社人基於彼此情誼而隨喜資助，而是必須按照組織之規定出資出力，原則上每位成員的付出都是相同的，由社員賦予社司公權力來統籌處理。

唐代私社的奉佛功能，已不限於北朝的造像，隨著佛教中國化的完成，展現出各式各樣的奉佛活動，如刻經、立經幢、行像、設齋、修建寺宇、結社唸佛、印沙佛、燃燈、建盂蘭盆等，藉由這些活動的進行，也使得佛社或其他私社，與寺院產生了密切的關係，寺院的影響力有擴大的趨勢。

至於商業的機能，唐代同業商店所組成的街區，也就是同業商店集而成「行」，雖扮演著協助官府執行市場管理的角色，但除此之外，因「行」對其成員還能執行技術上的要求、追求共同的目的、組織祭祀與娛樂、以及形成

共同的習慣與語言等功能，因此也開始具備了初步的商人團體特徵，但要到宋代以後，才擺脫同業街區的性質，成爲眞正的商人團體。唐代行人彼此糾合進行宗教等活動時，其團體是可以直接以「行」爲名稱，或再加社或邑字，成爲行社或行邑。奉佛的「行」、「行邑」或「行社」，其幹部都非行首或行頭，而是社官、平正、錄事等，可見與「行」的組織不同；至於直接以原來的「行」，作爲宗教活動的團體名稱，可能是全體或大部分由同行成員所組成之故。部分學者認爲「行社」是近代「行會」的起源，恐仍需存疑。蓋「行」由同業街區發展成同業團體，是市制崩潰後，爲維護原有的商業獨佔權，「行」自身所產生的改變，與唐代以「行」爲基礎所組成的奉佛團體「行社」、「行邑」，應無關連。

盛唐時原屬於官府爲運送江淮錢糧的漕運組織——「綱」，在中唐以後，漸漸轉變爲同業商人所組成的貿易團體，其特色仍是由江淮結成船隊運銷貨物進京，但也還有進貢、納稅、應官差遣的責任。轉變的時間，應不早於文宗太和朝，而最主要是產生於五代時期；至於組成方式與組織型態，則因史載闕如，尙無法盡知其詳。另外在中、晚唐時期的長安，有稱爲「進士團」的組織，其非各行業商人結合成的組織，而是以某位領導人爲首（最著名的是何士參父子），由許多遊手之民呼朋引伴，聚集投入的一個商業團體，每年與新進士合作，專門爲操辦其金榜題名後的各項慶祝活動，以謀取豐厚的利益。

唐代私社的組織中，以「社官」及「錄事」是最常援用的首領名稱，其次則是「平正」（或「社正」）、「社長」、「社老」。在房山石經社（邑）中，可分爲「社官——錄事」以及「邑主——平正——錄事」兩種主要的組織型態；至於敦煌私社，則已固定爲「三官」——社長、社官、錄事。復次，再包括「虞候」、「團頭」、「齋頭」等各類首領、幹部的職稱，也都能反應當代的特色。

敦煌寫本社邑文書提供了私社在日常中，進行基礎運作的辦法與細節。有社人彼此約定並遵守的社條，載明了組織運作的期限，結社的目的與功能，首領的選任，社人權利、義務的歸屬範圍，有的甚至還規定了違約之罰則。藉由社條的約定，以及許多私社擁有多重功能，因此而能維持相對長期且穩定的組織。私社的日常事務由三官等首領所組成的社司處理，使用轉帖將社務轉知社人，除了通知執行功能運作的具體辦法，也會因臨時有事而

放帖召集社人。在平時，社司必須持續運作，除了上述事項外，有時還得處理社人的入、退社，社人因事所呈上之狀文，活動過程的記錄，以及活動過後對違約社人的記錄與處罰等。值得留意的是，敦煌私社在社人有欠繳或罰物之時，或有的私社在新社人入社時，有時會要求立擔保人，但通常都只限於社人的子孫，較民間習用的，以父母之外的同居共財親屬爲當然擔保人，在範圍上縮小了不少。在特殊情況如社人即將遠行時，才再另立保人擔保。

在敦煌的私社中，也是採用如北朝「邑義」、「法義」成員義結金蘭的辦法，建立一個虛擬的血緣關係，不但可以發揮溫情脈脈的精神功能，亦能形成長幼分明的人際關係，再藉由禮教的規範，創造有法有度的秩序，以保障組織運作之遂行。這每每被學者視爲傳統儒家倫理精神的發揮，然究其核心意義，其實是民間社會對於「禮」的實踐。唐代私社大盛，民衆透過私社擴大人際關係，並學習、遵守社交禮節，代表著庶民文化的興盛，其背後可能隱含著社會整體經濟、知識水平的提昇。因此由民間私社出發，以庶民文化的主動力量爲關注的焦點，將中心議題聚焦於庶民社會中禮的發展，分析唐代這個驟然崛起的庶民文化，其本身所具備的發展特質，應將會是頗具意義的後續研究。

關於唐代國家對於民間所盛行的各式私社，雖然對其組織「遠集人衆，別有聚斂」，並不是很放心。且偶而也會擔心民間爲應厚葬之風而結社相資，以致百姓貧破；或認爲生活互助結社恐「非無勞擾」。但官方大抵上還是抱持著放任的態度，因爲一方面百姓當有其需求；另一方面私社也時常爲官方所運用，協助官府統治。如與村正共同督趣農耕，催驅賦役；或輔助地方監察工作，以及方便官府徵發賦稅等。但對於民間宗教信仰團體，國家則是抱持著戒愼恐懼的態度，不斷重申包括宿宵在內的左道淫祀等，必須嚴加禁斷。在文獻中，多是批判其對國家信仰體系的衝擊，但最後仍終歸於政治考量。除了在消極面上禁止民間宗教團體的活動之外，也積極的勸立鄉閭間的春、秋二社組織，以效遠古鄉里「祭酺合醵」之移風，而能兼存宴酢之義，用洽鄉黨之歡，改良社會風俗。

漢代與唐代都是以小自耕農的生產型態，作爲帝國的經濟社會基礎。民間結社中所表現的經濟生活互助功能，應也能反映這兩個時代，庶民社會的經濟生活條件。例如漢代民間組織中，有協力共耕的功能，乃是延續先秦時

代聚落共同體中的合耦；或者由循吏令人民集資，以傭雇兵丁，服傜役或兵役。在唐代則未見協力共耕的例子，而是以助喪、種糧的借貸、遠行的資助、接風洗塵、立莊造舍及遭遇橫難的資助等，反映了自耕小農已能獨自操作生產，這與一人操作一牛的曲轅犁，或新式的二年三收的耕作法的普及，當有密切的關係。漢唐兩代自耕農民在日常生活中，所面對的問題層次，有著明顯的差異。在宗教信仰上亦復如是，漢代民眾脫離先秦共同體中同祭合飲的狀態，士庶的公共祭祀也開始不再限於社，但宗教團體初期的發展，史料所示也僅限於早期道教團體。歷兩晉南北朝，隨著佛教的流佈與中國化的完成，唐代的奉佛團體進行各式各樣、琳琅滿目的奉佛活動，甚至於一般私社也與佛事有著密切的關係，佛教信仰已深植於民眾的日常生活中。

由於本書橫跨之時代久遠，疏漏之處實屬難免，許多重要的議題，如南北朝時期豪族與民間團體的關係，唐代國家與私社的關係，私社對於中國傳統「禮」的實踐等，都尚未能掌握得宜，還望師長、前輩、先進能予以指正、賜教。

附表一　敦煌寫本社條文書一覽表

序號	編號	題名	西元年代	首領	人數	功能			出處
						生活互助	宗教	祭社	
1	P.3544	大中九年九月二十九日社長王武等再立條件	855	三官		喪葬互助	三長月齋	○	《輯校》1～2 TT III A1
2	S.2041	大中年間儒風坊西巷社社條	847或860	月值	34	喪葬互助 互助基金 急難互助			《輯校》4～6 TT III A1～2
3	P.3989	景福三年五月十敦煌某社偏條	894	三官	13	喪葬互助 急難互助			《輯校》9～10 TT III A3
4	S.8160	親情社社條	940前後	錄事虞候		喪葬互助			《輯校》12～13 TT III A
5	P.4960	甲辰年五月二十一日窟頭修佛堂社再請三官憑約	944	三官			修佛堂		《輯校》16～17 TT III A8～9
6	S.6005	敦煌某社補充社約	十世紀上半葉	社長社老錄事	至少30	喪葬互助			《輯校》19～20 TT III A7～8
7	S.527	顯德六年正月三日女人社社條	959	三官社老	11	喪葬互助	燃燈印砂建福		《輯校》23～26 TT III A9～10

8	P.3489	戊辰年正月二十四日桂坊巷女人社社條	968？	錄事虞候	10	喪葬互助			《輯校》27～28 TT III A 8
9	S.3450	庚午年正月二十五日社長五王安午等一十六人修窟憑	970	社長錄事虞候	16		修　窟		《輯校》29～30 TT III A 10
10	S.2894 V/3	開寶五年正月二十日辛延晟曹願長結會記	972		2				《輯校》32
11	P.3691V	庚辰年十二月四日四人合社憑約抄	981		4				《輯校》33
12	P.4525	太平興國七年二月立社條一道	982		19	喪葬互助	新年建福燃燈齋食		《輯校》34～35 TT III A 10～11
13	S.5629	敦煌郡等某乙社條一道	九世紀後期	三官		喪葬互助		○	《輯校》36～38 TT III A 4～5
14	S.6537V（6～7）P.3730V	某甲等謹立社條文樣	九世紀後期	三官		喪葬互助急難互助立莊造舍	建福三齋	○	《輯校》42～43 TT III A 6
15	S.5520	社　條				喪葬互助			《輯校》46～47 TT III A 13～14
16	S.6537V（3～5）	拾伍人結社社條	十世紀	三官	15	喪葬互助急難互助立莊造舍遠行資助	三長月齋	○	《輯校》49～52 TT III A 11～12
17	S.6537V（7～8）	上祖社條	十世紀			喪葬互助	于蘭盤	○	《輯校》55～56 TT III A 12～13
18	P.3536V	社　條	十世紀後期			喪葬互助			《輯校》58～59 TT III A 13
19	67TAM74.1/7.1/8.1/10.1/11	（顯慶三年以前）眾阿婆等社條	658以前		27	喪葬互助	設　齋		《輯校》60～62
20	《吐魯番考古記》圖版50	丁丑年九月七日石作衛芬倍社再立條章		社官	30			○	《輯校》63～64
21	北圖新字882	丙寅年博望坊巷女人社社條稿	876或936	三官	13		上窟燃燈		〈補一〉23
22	ДХ.1413	某年七月十九日所立社條		錄事虞候	13以上				〈補一〉24
23	ДХ.11038	〈索望社案一道〉抄				喪葬互助			〈補四〉368～369

24	ДХ.11038	社條抄		社官 錄事 虞候	橫事佐助			〈補四〉369
25	ДХ.3128	某社再立條件						〈補四〉370
26	上圖 017	社條文樣抄						〈補四〉370
27	ДХ.11038	某社社條						〈補四〉371

說明：1. 本表按《輯校》、〈補一〉、〈補四〉所列文書之順序排列。
　　　2. 第三項〈景福三年五月十敦煌某社偏條〉，在《輯校》中原定名爲〈景福三年五月十敦煌某
　　　　社社條〉，後據〈補四〉頁 370 改正。
　　　3. 爲便於檢索查閱，本表所列卷冊號頁數，皆屬釋文部分。
　　　4. 出處代號：
　　　　《輯校》＝《敦煌社邑文書輯校》（頁）
　　　　TT III A＝ *Tun-huang and Turfan Documents concerning Social and Economic History*, IV cont-
　　　　racts, (A)（頁）
　　　　〈補一〉＝郝春文，〈《敦煌社邑文書輯校》補遺（一）〉（頁）
　　　　〈補四〉＝郝春文，〈《敦煌社邑文書輯校》補遺（四）〉（頁）

附表二　《房山石經題記匯編》所見邑社造《大般若經》以外諸經題記一覽表

序號	題　　　　　名	時　　間	人數與首領職稱	出　處
1	〈固安縣僧玄覺等造《寶篋經》題名〉		經主 41 人	206
2	〈邑人靖守祥等人造《正法念經》題名〉	開元十年二月八日	合邑人等 12 人	209
3	〈邑主僧道秀等造《妙法蓮華經》題名〉	貞元四年	邑主 1 人 平正 1 人 其他 6 人	213
4	〈邑主僧孝佺等造《佛說彌勒成佛經》題名〉	長慶元年四月八日	邑主 1 人	218～219
5	〈邑人李榮等造《佛臨般涅槃略說教戒經》題名〉	大和元年四月八日	邑人李榮等 其他 278 人	220～221
6	〈羅東門百姓邑人高士則等造《佛說鴦掘摩經》題名〉	大和二年四月八日	邑人 37 人 其他 153 人	222～223
7	〈邑人馬寶庭等造《大佛灌頂經》題名〉	大和五年四月八日	帶官職 4 人 邑錄 1 人 功德主 1 人 邑人 36 人 其他 227 人	227～229
8	〈隨求陁羅尼等邑造《佛說隨求陁羅尼神呪經》題名〉	大和六年四月一日	社官 1 人 社錄 1 人 其他 274 人	231～232

9	〈邑人閻忠孝等造《佛說百佛名經一卷》題名〉	（大和年間）某年四月八日	邑人 22 人其他 547 人	235～237
10	〈薊縣西角大石經邑人等造《佛說護諸童子陁羅尼呪經》題名〉	開成三年（838）四月一日	邑主 1 人邑官 1 人其他 57 人	241
11	〈石經社人等造《佛說鬼子母經》題名〉	開成三年四月八日	社官 1 人其他 77 人	245
12	〈薊縣西角邑官信都令莘等造《佛說太子和休經》題名〉	開成四年（839）四月八日	邑官 1 人邑主 1 人邑錄 1 人其他 41 人	246
13	〈幽州石兒下石經邑人等造《如來在金棺囑累清靜莊嚴敬福經》題名〉	開成四年（839）四月八日	社官 1 人社人 31 人	249
14	〈幽州薊縣西角開陽坊邑人等造《佛說八部佛名經》題名〉	會昌元年（841）四月八日	邑主 1 人邑官 1 人邑錄 1 人經條主 1 人僧人 6 人邑人 111 人	254
15	〈隔城門外兩店邑人等造《阿難七夢經》題名〉		邑官 1 人邑錄 1 人邑人 19 人其他 42 人	257～258
16	〈幽州石兒下社人等造《佛說三品弟子經》題名〉	會昌二年（842）四月八日	社官 1 人社人 23 人其他 26 人	259～260
17	〈衣錦村邑主宋庭照等造《金光明最勝王經分別三自品第二》題名〉		邑主 1 人錄事 1 人其他 12 人	280
18	〈邑主宋庭照等造《金光明最勝王經最淨地陁羅尼品卷六》題名〉		邑主 1 人錄事 1 人其他 39 人	280
19	〈粟園陽邑邑主宋庭照等造《金光明最勝王經懺悔滅罪傳第一》題名〉		邑主 1 人錄事 1 人其他 18？人	280～281
20	〈邑主僧克存等造《佛說盂蘭盆經》題名〉		邑主 1 人邑官 1 人其他 294 人	282～283

說明：本表「出處」一項即《房山石經題記匯編》所錄題記之頁數。

參考書目

壹、史　料

一、正史（依朝代排列）

1. 《史記》，台北：鼎文書局，新校標點本，1986 年。
2. 《漢書》，台北：鼎文書局，新校標點本，1986 年。
3. 《後漢書》，台北：鼎文書局，新校標點本，1979 年。
4. 《三國志》，台北：鼎文書局，新校標點本，1974 年。
5. 《晉書》，台北：鼎文書局，新校標點本，1979 年。
6. 《宋書》，台北：鼎文書局，新校標點本，1979 年。
7. 《南齊書》，台北：鼎文書局，新校標點本，1975 年。
8. 《梁書》，台北：鼎文書局，新校標點本，1986 年。
9. 《陳書》，台北：鼎文書局，新校標點本，1975 年。
10. 《魏書》，台北：鼎文書局，新校標點本，1975 年。
11. 《北齊書》，台北：鼎文書局，新校標點本，1975 年。
12. 《周書》，台北：鼎文書局，新校標點本，1987 年。
13. 《南史》，台北：鼎文書局，新校標點本，1981 年。
14. 《北史》，台北：鼎文書局，新校標點本，1981 年。
15. 《隋書》，台北：鼎文書局，新校標點本，1979 年。
16. 《舊唐書》，台北：鼎文書局，新校標點本，1976 年。
17. 《新唐書》，台北：鼎文書局，新校標點本，1976 年。
18. 《舊五代史》，台北：鼎文書局，新校標點本，1978 年。

19. 《新五代史》,台北:鼎文書局,新校標點本,1976 年。

二、其他史料

(一) 經　部

1. 《毛詩正義》,台北:藝文印書館,十三經注疏本,1955 年。
2. 《孝經》,台北:藝文印書館,十三經注疏本,1955 年。
3. 《周禮》,台北:藝文印書館,十三經注疏本,1955 年。
4. 《尚書》,台北:藝文印書館,十三經注疏本,1955 年。
5. 《春秋公羊傳》,台北:藝文印書館,十三經注疏本,1955 年。
6. 《春秋左傳》,台北:開明書店,斷句十三經經文,1984 年。
7. 《春秋左傳正義》,台北:藝文印書館,十三經注疏本,1955 年。
8. 《春秋穀梁傳》,台北:藝文印書館,十三經注疏本,1955 年。
9. 《段注說文解字》,台北:廣文書局,1969 年。
10. 《禮記》,台北:藝文印書館,十三經注疏本,1955 年。
11. 周·左丘明著,晉·杜預集解,日·竹添光鴻會箋,《左傳會箋》,台北:明達出版社,1986 年。
12. 漢·董仲舒撰,賴炎元註譯,《春秋繁露》,台北:台灣商務印書館,1987 年。
13. 清·孫詒讓撰,王文錦、陳玉霞點校,《周禮正義》,北京:中華書局,1987 年。

(二) 史　部

1. 周·左丘明著,吳·韋昭注,《國語》,台北:里仁書局,1980 年。
2. 西漢·劉向集錄,《戰國策》,上海:上海古籍出版社,1978 年。
3. 元·馬端臨,《文獻通考》,台北:台灣商務印書館,1987 年。
4. 後魏·酈道元注,楊守敬、熊會貞疏,段熙仲點校,陳橋驛復校,《水經注疏》,南京:江蘇古籍出版社,1989 年。
5. 唐·長孫無忌等撰,劉俊文點校,《唐律疏議》,北京:中華書局,1985 年。
6. 唐·李吉甫,《元和郡縣圖志》,北京:中華書局,1995 年。
7. 唐·李林甫等著,陳仲夫點校,《唐六典》,北京:中華書局,1992 年。
8. 唐·杜佑,王文錦等點校,《通典》,北京:中華書局,1988 年。
9. 唐·裴孝源,《貞觀公私畫史》,台北:台灣商務印書館,1983 年。
10. 唐·韓鄂,《歲華紀麗》,北京:中華書局,1985 年。

11. 宋・丁度，《集韻》，上海：上海古籍出版社，1985 年。

12. 宋・王溥，《五代會要》，台北：九思出版社，1978 年。

13. 宋・王溥，《唐會要》，台北：世界書局，1974 年。

14. 宋・司馬光，《資治通鑑》，台北：世界書局，1974 年。

15. 宋・洪适撰，《隸釋》，台北：台灣中華書局，1981 年。

16. 宋・宋敏求，《長安志》，北京：中華書局，宋元方志叢刊，1990 年。

17. 宋・孟元老，《東京孟華錄》，台北：新文豐出版社，1985 年。

18. 宋・高承撰，明・李果訂，《事物紀原》，北京：中華書局，1985 年。

19. 宋・周密，明・朱廷煥補，《增補武林舊事》，台北：台灣商務印書館，
    1983 年。

20. 宋・周密，《乾淳歲時記》，台北：藝文印書館，1970 年。

21. 宋・陳元靚，《歲時廣記》，台北：新文豐出版公司，1984 年。

22. 明・華允誠等重編，《華氏傳芳集》，台北：國立中央圖書館縮影室，1981
    年。

23. 清・徐松，張穆校補，《唐兩京城坊考》，北京：中華書局，1985 年。

24. 清・盧文弨撰，《續漢書志注補》，北京：中華書局，出版年不詳。

25. 清・陳介祺輯，《十鐘山房印舉》，清同治十一至十二年間（1872～1873）
    朱鈴本。

26. 清・顧炎武，《天下郡國利病書》，台北：台灣商務印書館，1981 年。

27. 《居延漢簡甲乙編》，北京：中華書局，1980 年。

28. 中國佛教協會編，《房山雲居寺石經》，北京：文物出版社，1978 年。

29. 仁井田陞，《唐令拾遺》，東京：東京大學出版會，1983 年復刻本。

30. 仁井田陞，池田溫編集代表，《唐令拾遺補》，東京：東京大學出版會，
    1997 年。

31. 毛漢光，《唐代墓誌銘彙編附考》一～十八冊，台北：中央研究院史語所
    專刊（八十一），1984～1995 年。

32. 王昶輯，《金石萃編》，北京：中國書店，1985 年。

33. 北京圖書館金石組、中國佛教圖書文物館石經組編，《房山石經題記彙
    編》，北京：書目文獻出版社，1987 年。

34. 北京圖書館金石組編，《北京圖書館藏中國歷代石刻拓本匯編》，鄭州：
    中州古籍出版社，1989 年。

35. 北京圖書館金石組編，《北京圖書館藏中國歷代石刻拓本匯編》，鄭州：
    中州古籍出版社，1989 年。

36. 北京魯迅博物館、上海魯迅紀念館編，《魯迅輯校石刻手稿》，上海：上

海書畫出版社，1987 年。

37. 佚名撰，袁宏點校，《逸周書》，濟南：齊魯書社，2000 年。

38. 周紹良、趙超編，《唐代墓誌彙編續集》，上海：古籍出版社，2001 年。

39. 周紹良編，《唐代墓誌彙編》，上海：古籍出版社，1992 年。

40. 胡聘之，《山右石刻叢編》，台北：藝文印書館，石刻史料叢書，1966年。

41. 陸增祥，《八瓊室金石補正》，北京：文物出版社，1985 年。

42. 睡虎地秦墓竹簡整理小組，《睡虎地秦墓竹簡》，北京：文物出版社，1990 年。

（三）子　部

1. 《孫子》，台北：台灣商務印書館，1991 年。

2. 《晏子春秋》，台北：鼎文書局，1977 年。

3. 《管子》，台北：台灣商務印書館，景印文淵閣四庫全書，1983 年。

4. 《墨子》，台北：華正書局，新編諸子集成，1987 年。

5. 《呂氏春秋》，上海：上海書店，1987 年。

6. 漢・氾勝之，《氾勝之書》，北京：北京圖書館出版社，2001 年。

7. 漢・崔寔，石聲漢校注，《四民月令》，北京：中華書局，1965 年。

8. 漢・賈誼，《新書》，北京：中國書店，1991 年。

9. 漢・劉安撰，漢・高誘注，《淮南子》，台北：台灣中華書局，1981 年。

10. 漢・應劭，王利器校注，《風俗通義校注》，北京：中華書局，1981 年。

11. 漢・韓嬰撰，《韓詩外傳》，台北：台灣商務印書館，1991 年。

12. 漢・王充，蕭登福校注，《論衡》，台北：國立編譯館主編，2000 年。

13. 漢・桓寬著，張敦仁考證，《鹽鐵論》，台北：世界出版社，1988 年。

14. 晉・葛洪撰，清・孫星衍校正，《抱朴子》，台北：世界書局，1979 年。

15. 晉・葛洪撰，王明著，《抱朴子內篇校釋》，北京：中華書局，1985 年。

16. 東晉・葛洪，《神仙傳》，上海：上海古籍出版社，1990 年。

17. 劉宋・劉義慶，《幽明錄》，石家莊：河北教育出版社，1994 年。

18. 後魏・賈思勰著，繆啓愉校釋，《齊民要術校釋》，台北：明文書局，1986年。

19. 後魏・楊衒之，張宗祥校，《洛陽伽藍記》，揚州：江蘇廣陵古籍刻印社，1996 年。

20. 北周・宗懍，《荊楚歲時記》，台北：新興書局，1985 年。

21. 隋・杜臺卿撰，《玉燭寶典》，北京：北京圖書館出版社，2001 年。

22. 唐・李肇，《唐國史補》，北京：中華書局，1991 年。

23. 唐・范攄，《雲谿友議》，台北：世界書局，1991 年。

24. 唐・徐堅輯，《初學記》，台北：台灣商務印書館，1985 年。

25. 唐・韋述，《兩京新記》，台北：世界書局，1963 年。

26. 唐・唐臨，方詩銘輯校，《冥報記》，北京：中華書局，1992 年。

27. 唐・徐堅輯，韓放主校點，《初學記》，北京：京華出版社，2000 年。

28. 唐・圓仁，顧承甫、何泉達點校，《入唐求法巡禮行記》，上海：上海古籍出版社，1986 年。

29. 唐・趙璘，《因話錄》，北京：中華書局，1985 年。

30. 唐・韓鄂，繆啓愉校釋，《四時纂要校釋》，北京：農業出版社，1981 年。

31. 宋・王欽若等編，《冊府元龜》，台北：台灣中華書局，1972 年。

32. 宋・王闢之著，呂友仁點校，《澠水燕談錄》，北京：中華書局，唐宋史料筆記叢刊，1981 年。

33. 宋・李昉等編，《太平御覽》，台北：商務印書館，1968 年。

34. 宋・李昉等編，《太平廣記》，台北：文史哲出版社，1981 年。

35. 宋・李昉等編，《文苑英華》，台北：華文書局，1965 年。

36. 宋・洪邁，《夷堅志》，北京：北京出版社，2000 年。

37. 宋・袁采，《袁氏世範》，北京：中華書局，1985 年。

38. 宋・陶穀，《清異錄》，北京：中華書局，1991 年。

39. 元・歐陽玄，《圭齋文集》，上海：上海書店，1989 年。

40. 清・趙翼，《陔餘叢考》，台北：新文豐出版公司，1975 年。

41. 清・顧祿，《清嘉錄》，蘇州：古吳軒出版社，2005 年。

42. 清・王應奎，《柳南隨筆》，石家莊：河北教育出版社，1996 年。

43. 清・清涼道人撰，《聽雨軒筆記》，台北：新文豐出版公司，1997 年。

44. 清・俞正燮，《癸巳類稿》，海口：海南國際出版中心，1996 年。

45. 清・徐松，《登科記考》，台北：驚聲文物供應公司，1970 年。

46. 清・王文濡輯，《說庫》，台北：新興書局，出版年代不詳。

47. 清・王鳴盛，《蛾術編》，楊州：江蘇廣陵古籍刻印社，1992 年。

48. 清・金鶚，《求古錄禮說》，濟南：山東友誼書社，1992 年。

49. 清・陳立撰，吳則虞點校，《白虎通疏證》，北京：中華書局，1994 年。

50. 魯迅，《古小說鉤沈》，台北：盤庚出版社，1978 年。

（四）集　部

1. 周・李悝撰，清・黃奭輯，《法經》，成都：四川人民出版社，1997 年。

2. 漢・蔡邕，《蔡中郎集》，台北：台灣中華書局，1981 年。

3. 唐・王梵志著，項楚校注，《王梵志詩校注》，北京：中華書局，1991 年。

4. 唐・元結，《元次山集》，台北：河洛出版社，1975 年。

5. 唐・元稹，《元稹集》，台北：漢京文化公司，1983 年。

6. 唐・白居易，《白居易集》，台北：漢京文化公司，1984 年。

7. 唐・皮日休，《皮子文藪》，上海：上海古籍出版社，1981 年。

8. 唐・李德裕著，傅璇琮、周建國校箋，《李德裕文集校箋》，石家莊：河北教育出版社，2000 年。

9. 唐・李翱，《李文公集》，台北：商務印書館，四部叢刊正編本。

10. 唐・杜甫，楊倫注，《杜詩鏡銓》，台北：新興書局，1962 年。

11. 唐・杜牧，《樊川文集》，台北：九思出版社，1979 年。

12. 唐・柳宗元，《柳宗元集》，台北：漢京文化公司，1982 年。

13. 唐・皇甫湜，《皇甫持正文集》，台北：商務印書館，1979 年。

14. 唐・張說，《張說之文集》，台北：商務印書館，1967 年。

15. 唐・張籍，《張司業詩集》，台北：商務印書館，1979 年。

16. 唐・許敬宗等編，《文館詞林》，台北：台灣商務印書館，1966 年。

17. 唐・陸贄，《陸宣公集》，杭州：浙江古籍出版社，1988 年。

18. 唐・韓愈，《韓昌黎集》，台北：河洛出版社，1975 年。

19. 唐・顏真卿，《顏魯公文集》，台北：商務印書館，四部叢刊正編本。

20. 唐・孟郊，宋・宋敏求編，《孟東野詩集》，台北：台灣商務印書館，1983 年。

21. 唐・歐陽詹，《歐陽行周文集》，上海：商務印書館，1919 年。

22. 宋・宋敏求，《唐大詔令集》，台北：鼎文書局，1972 年。

23. 宋・真德秀，《西山先生真文忠公文集》，上海：上海書店，1989 年。

24. 宋・陳思撰，《寶刻叢編》，台北：台灣商務印書館，1983 年。

25. 宋・灌圃耐得翁，《都城紀勝》，台北：台灣商務印書館，1983 年。

26. 宋・真德秀，《西山先生真文忠公文集》，上海：上海書店，1989 年。

27. 明・孫穀編，《古微書》，北京：中華書局，1985 年。

28. 明・徐象梅，《兩浙名賢錄・外錄》，濟南：齊魯書社，1996 年。

29. 明・袁宗道，《白蘇齋類集》，北京：北京出版社，2000 年。

30. 明・呂坤，《去偽齋集》（清刊呂新吾全書本）。

31. 明・張著，楊奔點校，《永嘉集》，上海：上海古籍出版社，2005 年。

32. 清・陸心源輯，《唐文拾遺》，上海：上海古籍出版社，2002 年。

33. 清‧聖祖,《全唐詩》,上海:上海古籍出版社,1986 年。

34. 清‧董誥等編,《全唐文》,太原:山西教育出版社,2002 年。

35. 清‧嚴可均校輯,《全上古三代秦漢三國六朝文》,台北:中文出版社,1972 年。

36. 清‧王文誥輯,《唐代叢書》,台北:新興書局,1971 年。

37. 清‧邵長蘅,《邵子湘全集三種》,台南:莊嚴出版社,1997 年。

38. 清‧吳之振、呂留良、吳自牧同選,《宋詩鈔》,上海:三聯書店,1988 年。

39. 清‧陳鴻墀,《全唐文紀事》,上海:上海古籍出版社,1995 年。

40. 逯欽立輯校,《先秦漢魏晉南北朝詩》,北京:中華書局,1983 年。

三、佛教、道教經典

1. 劉宋‧徐氏,《三天內解經》,北京:華夏出版社,2004 年。

2. 梁‧僧祐,《出三藏記集》,大正藏 2126 號,第五十五冊。

3. 梁‧僧祐,《弘明集》,大正藏 2102 號,第五十二冊。

4. 梁‧慧皎著,湯用彤校註,《高僧傳》,北京:中華書局,1992 年。

5. 唐‧智昇,《開元釋教錄》,大正藏 2154 號,第五十五冊。

6. 唐‧道宣,《廣弘明集》,大正藏 2103 號,第五十二冊。

7. 唐‧道宣,《續高僧傳》,大正藏 2060 號,第五十冊。

8. 唐‧窺基,《妙法蓮華經玄贊》,大正藏 1723 號,第三十四冊。

9. 唐‧道世,《法苑珠林》,台北:商務印書館,四部叢刊正編本。

10. 宋‧志磐,《佛祖統紀》,大正藏 2035 號,第四十九冊。

11. 宋‧道誠,《釋氏要覽》,大正藏 2127 號,第五十四冊。

12. 宋‧贊寧,《宋高僧傳》,大正藏 2061 號,第五十冊。

13. 宋‧贊寧,《大宋僧史略》,大正藏 2126 號,第五十四冊。

14. 明‧智旭,會性法師編,《蕅益大師淨土集》,香港:香港菩提學會,1978 年。

15. 《太上正一盟威法籙》,台北:新文豐出版公司,1985 年。

四、方 志

1. 宋‧宋敏求撰,張保見等校點,《河南志》,成都:四川大學出版社,2007 年。

2. 明‧彭澤修等編纂,《漳州府志》,台北:臺灣學生書局,1965 年。

3. 明‧聶心湯纂修,《錢塘縣志》,台北:成文出版社,1975 年。

4. 清·李前泮,《奉化縣志》,台北:中華叢書委員會,1957 年。

5. 清·張主敬等修,楊晨纂,《定興縣志》,台北:成文出版社,1968 年。

6. 清·曹秉仁纂修,《寧波府志》,台北:中華叢書委員會,1957 年。

7. 沈兆偉等修、王景祐等纂,《臨沂縣志》,台北:成文出版社,1968 年。

8. 余誼密等修,鮑實纂,《蕪湖縣志》,台北:成文出版社,1989 年。

五、敦煌吐魯番文書與目錄（含中、外文）

1. 上海博物館編,《上海博物館藏敦煌吐魯番文獻》,上海:上海古籍出版社,1992～1993 年。

2. 上海圖書館、上海古籍出版社編,《上海圖書館藏敦煌吐魯番文獻》,上海:上海古籍出版社,1999 年。

3. 小田義久,《大谷文書集成》,京都:法藏館,1984～1990 年。

4. 中國國家圖書館編,《中國國家圖書館藏敦煌遺書》,南京:江蘇古籍出版社,1999 年。

5. 中國敦煌吐魯番學會敦煌古文獻編輯委員會等編,《英藏敦煌文獻》,成都:四川人民出版社,1990 年。

6. 天津市藝術博物館、上海古籍出版社編,《天津市藝術博物館藏敦煌文獻》,上海:上海古籍出版社,1996 年。

7. 王重民,《敦煌變文集》,北京:人民文學出版社,1957 年。

8. 王堯、陳踐編著,《吐蕃簡牘綜錄》,北京:文物出版社,1985 年。

9. 王堯、陳踐編著,《敦煌吐蕃文書論文集》,成都:四川民族出版社,1988 年。

10. 王堯、陳踐譯註,《敦煌吐蕃文獻選》,成都:四川民族出版社,1983 年。

11. 王堯編,《吐蕃金石錄》,北京:文物出版社,1982 年。

12. 丘古耶夫斯基,王克孝譯,王國勇校,《敦煌漢文文書》,上海:上海古籍出版社,2000 年。

13. 北京大學圖書館、上海古籍出版社編,《北京大學圖書館藏敦煌文獻》,上海:上海古籍出版社,1995 年。

14. 甘肅藏敦煌文獻編委會、甘肅人民出版社、甘肅省文物局等編,《甘肅藏敦煌文獻》,蘭州:甘肅人民出版社,1999 年。

15. 池田溫、菊池英夫、土肥義和編,《スタイン敦煌文獻及び研究文獻に引用紹介せられたる西域出土漢文文獻分類目錄初稿》（非佛教文獻之部古文書類、寺院文書類）,東京:東洋文庫敦煌文獻研究委員會出版,1967 年。

16. 沙知編，《敦煌契約文書輯校》，南京：江蘇古籍出版社，1998 年。

17. 周紹良、白化文等編，《敦煌變文集補編》，北京：北京大學出版社，1989 年。

18. 孟列夫主編，《俄羅斯科學院東方研究所聖彼得堡分所藏敦煌漢文寫卷敘錄》，上海：上海古籍出版社，1999 年。

19. 武漢大學歷史系、中國文物研究所、新疆維吾爾自治區博物館等編，《吐魯番出土文書》（圖錄本），北京：文物出版社，1992～1996 年。

20. 武漢大學歷史系、國家文物局古文獻研究室、新疆維吾爾自治區博物館等編，《吐魯番出土文書》（簡編本），北京：文物出版社，1981～1991 年。

21. 法國國家圖書館、上海古籍出版社編，《法國國家圖書館藏敦煌西域文獻》，上海：上海古籍出版社，1995～2005 年。

22. 俄羅斯科學院東方研究所聖彼得堡分所等編，《俄藏敦煌文獻》，上海：上海古籍出版社，1992～2001 年。

23. 施萍婷主撰稿，邰惠莉助編，敦煌研究院編，《敦煌遺書總目索引新編》，北京：中華書局，2000 年。

24. 柳洪亮，《新出吐魯番文書及其研究》，烏魯木齊：新疆人民出版社，1997 年。

25. 唐代史研究委員會編，《吐魯番・敦煌出土漢文文書研究文獻目錄》，東京：東洋文庫出版，1990 年。

26. 唐耕耦、陸宏基編，《敦煌社會經濟文獻真蹟釋錄》，北京：全國圖書館文獻縮微複製中心，1986～1990 年。

27. 浙藏敦煌文獻編委會編，《浙藏敦煌文獻》，杭州：浙江教育出版社，2000 年。

28. 郝春文主編，《英藏敦煌社會歷史文獻釋錄》北京：科學出版社，2001 年。

29. 郭鋒，《斯坦因第三次中亞探險所獲甘肅新疆出土漢文文書：未經馬斯伯樂刊布的部份》，蘭州：甘肅人民出版社，1993 年。

30. 陳國燦，《斯坦因所獲吐魯番文書研究》，武漢：武漢大學出版，1995 年。

31. 彭金章、王建軍編，《敦煌莫高窟北區石窟》，北京：文物出版社，2000 年。

32. 敦煌文物研究所編，《敦煌莫高窟內容總錄》，北京：文物出版社，1982 年。

33. 敦煌研究院編，《敦煌莫高窟供養人題記》，北京：文物出版出版社，1986 年。

34. 黃文弼,《吐魯番考古記》,蘭州:蘭州古籍出版社,1990 年。

35. 黃永武編,《敦煌叢刊初集》,台北:新文豐出版公司,1985 年。

36. 黃永武編,《敦煌寶藏》,台北:新文豐出版公司,1981~1986 年。

37. 寧可、郝春文輯校,《敦煌社邑文書輯校》,南京:江蘇古籍出版社,1997 年。

38. 榮新江,《英國圖書館藏(S.6981-13624)敦煌漢文非佛教文獻殘卷目錄》,台北:新文豐出版公司,1994 年。

39. 潘重規,《敦煌變文集新書》,台北:文津出版社,1994 年。

40. Yamamoto Tatsuro, Ikeda On, Okano Makoto, Dohi Yoshikazu, Ishida Yusaku eds, *Tun-huang and Turfan Documents concerning Social and Economic History*, IV (A)(B) *She Associations and Related Documents*, Tokyo, The Toyo Bunko, 1988~1989.

貳、專書（含中、外文）

1. C. K. Yang, *Religion in Chinese Society*, Berkeley: University of California Press, 1961.

2. Robert P. Hymes, *Statesmen and Gentlemen: the elite of Fu-chou, Chiang-hsi, in northern and southern Sung.* New York: Cambridge University Press, 1986.

3. 宋‧吾自牧,《夢梁錄》,西安:三秦出版社,2004 年。

4. 清‧潘錫恩,《乾坤正氣集》,台北:環球出版社,1966 年。

5. 大塚久雄著,于嘉雲譯,《共同體的基礎理論》,台北:聯經出版事業公司,1999 年。

6. 大澤正昭,《唐宋變革期農業社會史研究》,東京:汲古書院,1996 年。

7. 小田義久,《大谷文書の研究》,京都:法藏館,1996 年。

8. 山崎宏,《支那中世佛教の展開》,東京:清水書店,1942 年。

9. 太史文(Stephen F. Teiser),侯旭東譯,《幽靈的節日──中國中世紀的信仰與生活》,杭州:浙江人民出版社,1999 年。

10. 方立天,《魏晉南北朝佛教論叢》,北京:中華書局,1995 年。

11. 日野開三郎,《日野開三郎東洋史學論集》第十七卷,《唐代邸店の研究》,東京:三一書房,1992 年。

12. 日野開三郎,《日野開三郎東洋史學論集》第十八卷,《續唐代邸店の研究》,東京:三一書房,1992 年。

13. 日野開三郎,《日野開三郎東洋史學論集》第七卷,《唐宋時代商人組合「行」的再探討》,東京:三一書房,1983 年。

14. 毛漢光，《中國中古社會史論》，台北：聯經出版公司，1988 年。

15. 王永興，《敦煌經濟文書導論》，台北：新文豐出版公司，1994 年。

16. 王永興，《隋唐五代經濟史料彙編校注》，北京：中華書局，1987 年。

17. 王仲犖，《隋唐五代史》，上海：上海人民出版社，1984 年。

18. 王宗培，《中國之合會》，上海：中國合作學社，1931 年。

19. 王壽南，《隋唐史》，台北：三民書局，1986 年。

20. 加藤繁，《中國經濟史考證》（中譯本），台北：華世出版社，1981 年。

21. 史丹利·外因斯坦（Stanley Weinstein）著，釋依法譯，《唐代佛教——王法與佛法》，台北：佛光文化公司，1999 年。

22. 布瑞，李學勇譯，《中國農業史》（上、下冊），台北：台灣商務印書館，1984 年。

23. 平岡武夫、市原亨吉編，《唐代的行政地理》（中譯本），上海：上海古籍出版社，1989 年。

24. 玉井是博，《支那社會經濟史研究》，東京：岩波書店，1943 年。

25. 伊藤道治，《中國古代王朝的形成》（中譯本），北京：中華書局，2002 年。

26. 任繼愈，《中國佛教史》第二卷，北京：中國社會科學出版社，1981 年。

27. 全漢昇，《中國行會制度史》，台北：食貨出版社，1978 年再版。

28. 全漢昇，《中國經濟史研究》（上），台北：稻香出版社，1991 年。

29. 朱大渭、張澤咸主編，《中國歷代經濟史〈魏晉南北朝隋唐五代卷〉》，台北：文津出版社，1998 年。

30. 朱芳圃，《甲骨文·文字編》，台北：商務印書館，1933 年。

31. 池田溫，《中國古代籍帳研究》（中譯本），台北：弘文館出版社，1985 年。

32. 池田溫，《中國古代籍帳研究——概觀·錄文》，東京：東京大學出版會，1979 年。

33. 池田溫，《唐研究論文集》，北京：中國社會科學院，1999 年。

34. 池田溫等編，《講座敦煌》（三），《敦煌の社會》，東京：大東出版社，1980 年。

35. 牟發松，《唐代長江中游的經濟與社會》，武漢：武漢大學出版社，1989 年。

36. 西村元佑，《中國經濟史研究——均田制度篇》，京都：京都大學文學部內東洋史研究會出版，1986 年。

37. 西鶉定生，《中國經濟史研究》，東京：東京大學出版會，1966 年。

38. 佐竹靖彥，《唐宋變革の地域的研究》，京都：同朋舍，1990 年。

39. 吳章銓，《唐代農民問題研究》，台北：中國學術著作獎助委員會，1963 年。

40. 呂思勉，《隋唐五代史》，台北：九思出版社，1977 年。

41. 呂思勉，《讀史箚記》，台北：木鐸出版社，1983 年。

42. 宋家鈺，《唐朝戶籍法與均田制研究》，鄭州：中州古籍出版社，1988 年。

43. 岑仲勉，《隋唐史》，北京：高等教育出版社，1957 年。

44. 李正宇，《敦煌史地新論》，台北：新文豐出版公司，1996 年。

45. 李正宇，《敦煌歷史地理導論》，台北：新文豐出版公司，1997 年。

46. 李玄伯，《中國古代社會新研初稿》，北京：來熏閣書店，1941 年。

47. 李伯重，《唐代江南農業的發展》，北京：農業出版社，1990 年。

48. 李亞農，《中國的封建領主制和地主制》，上海：上海人民出版社，1962 年。

49. 李亞農，《李亞農史論集》，上海：上海人民出版社，1978 年。

50. 李根蟠、黃崇岳、盧勛，《中國原始社會經濟研究》，北京：中國社會科學出版社，1987 年。

51. 李喬，《中國行業神》台北：雲龍出版社，1996 年。

52. 李喬，《中國行業神崇拜》台北：雲龍出版社，1996 年。

53. 李斌城等著，《隋唐五代社會生活史》，北京：中國社會科學出版社，1998 年。

54. 李經緯，《吐魯番回鶻文社會經濟文書研究》，烏魯木齊：新疆人民出版社，1996 年。

55. 李劍農，《魏晉南北朝隋唐經濟史稿》，台北：華世出版社，1981 年。

56. 杜正勝，《古代社會與國家》，台北：允晨文化，1992 年。

57. 杜正勝，《編戶齊民：傳統政治社會結構之形成》，台北：聯經出版公司，1990 年。

58. 汪籛，《汪籛隋唐史論稿》，北京：中國社會科學出版社，1981 年。

59. 狄百瑞（de Bary, Theodore），《東亞文明——五個階段的對話》（中譯本），南京：江蘇人民出版社，1996 年。

60. 谷川道雄著，李濟滄譯，《隋唐帝國形成史論》，上海：上海古籍出版社，2004 年。

61. 谷川道雄著，馬彪譯，《中國中世社會與共同體》，北京：中華書局，2002 年。

62. 貝塚茂樹，《中國の古代國家》、《中國古代の社會制度》，《貝塚茂樹著作

集》第一、二卷,東京:中央公論社,1976 年、1977 年。

63. 那波利貞,《唐代社會文化史研究》,東京:創文社,1977 年。

64. 周藤吉之,《唐宋社會經濟史研究》,東京:東京大學出版會,1965 年。

65. 林保堯,《法華造像研究》,台北:藝術家出版社,1993 年。

66. 林富士,《漢代的巫者》,台北:稻香出版社,1988 年。

67. 松丸道雄,《殷周國家の構造》,《波岩講座世界歷史》(四),東京:波岩書店,1970 年。

68. 武建國,《均田制研究》,昆明:雲南人民出版社,1992 年。

69. 竺沙雅章,《中國佛教社會史研究》,京都:同朋社,1982 年。

70. 金申,《中國歷代紀年佛像圖典》,北京:文物出版社,1994 年。

71. 侯外廬,《中國古代社會史論》,石家莊:河北教育出版社,2000 年。

72. 侯外廬等著,《中國思想通史》第二卷,北京:人民出版社,1975 年。

73. 侯旭東,《五、六世紀北方的民眾信仰》,北京:中國社會科學出版社,1998 年。

74. 俞偉超,《中國古代公社組織的考察——論先秦兩漢的「單、僤、彈」》,北京:文物出版社,1988 年。

75. 姜伯勤,《唐五代敦煌寺戶制度》,北京:中華書局,1987 年。

76. 姜伯勤,《敦煌社會文書導論》,台北:新文豐出版公司,1992 年。

77. 姜伯勤,《敦煌藝術宗教與禮樂文明:敦煌心史散論》,北京:中國社會科學出版社,1996 年。

78. 姜亮夫,《莫高窟年表》,上海:上海古籍出版社,1985 年。

79. 洪興祖撰,《楚辭補注》,台北:天工書局,1989 年。

80. 胡如雷,《隋唐五代社會經濟史論稿》,北京:中國社會科學出版社,1996 年。

81. 范文瀾,《中國通史》,北京:人民出版社,1965 年。

82. 韋伯著,康樂編譯,《支配的類型:韋伯選集》(三),台北:遠流出版社,1985 年。

83. 唐長孺,《山居存稿》,北京:中華書局,1989 年。

84. 唐長孺,《魏晉南北朝隋唐史三論》,武漢:武漢大學出版社,1993 年。

85. 唐長孺主編,《敦煌吐魯番文書初探》,武漢:武漢大學出版社,1983 年。

86. 席函靜,《周社研究》,台北:福記文化圖書有限公司印行,1986 年。

87. 徐吉軍,《中國喪葬史》,南昌:江西高校出版社,1998 年。

88. 郝春文,《唐後期五代宋初敦煌僧尼的社會生活》,北京:中國社會科學

出版社，1998 年。

89. 馬新，《兩漢鄉村社會史》，濟南：齊魯書社，1997 年。

90. 馬德，《敦煌莫高窟史研究》，蘭州：甘肅教育出版社，1996 年。

91. 高文，《漢碑集釋》，開封：河南大學出版社，1985 年。

92. 高國藩，《敦煌民俗資料導論》，台北：新文豐出版公司，1993 年。

93. 高國藩，《敦煌民俗學》，上海：上海文藝出版社，1989 年。

94. 張弓，《唐朝倉廩制度初探》，北京：中華書局，1986 年。

95. 張國剛主編，《隋唐五代史研究概要》，天津：天津教育出版社，1996 年。

96. 張澤咸，《唐代工商業》，北京：中國社會科學出版社，1995 年。

97. 張澤咸，《唐代階級結構研究》，鄭州：鄭州古籍出版社，1996 年。

98. 張澤咸，《隋唐時期農業》，台北：文津出版社，1999 年。

99. 望月信亨著，釋印海譯，《中國淨土教理史》，台北：正聞出版社，1991 年。

100. 許國霖編著，《敦煌石室寫經題紀與敦煌雜錄》，蘭州：甘肅文化出版社，1999 年。

101. 郭玉堂訪記，《洛陽出土石刻時地記》，出版地不詳，大華書報供應社，1941 年。

102. 郭成偉點校，《大元通制條格》，北京：法律出版社，2000 年。

103. 陳祚龍，《敦煌學海探珠》，台北：商務印書館，1979 年。

104. 陳國燦，《唐代的經濟社會》，台北：文津出版社，1999 年。

105. 陳爽，《世家大族與北朝政治》，北京：中國社會科學出版社，1998 年。

106. 陳揚炯，《中國淨土宗通史》，南京：江蘇古籍出版社，2000 年。

107. 陳寶良，《中國的社與會》，台北：南天書局，1998 年。

108. 陶希聖，《唐代土地問題》，台北：食貨出版社，1974 年。

109. 陶希聖，《唐代寺院經濟》，台北：食貨出版社，1974 年。

110. 堀敏一，《均田制研究》（中譯本），台北：弘文館出版社，1986 年。

111. 傅璇琮，《唐代科舉與文學》，台北：文史哲出版社，1994 年。

112. 勞榦撰，《居延漢簡釋文》，上海：商務印書館，1949 年。

113. 曾布川寬，《龍門石窟石刻集成》，京都：京都大學人文科學研究所附屬東洋學文獻ヤソタ□，2000 年。

114. 曾良，《敦煌文獻學字義通釋》，廈門：廈門大學出版社，2001 年。

115. 湯用彤，《隋唐佛教史稿》，台北：木鐸出版社，1983 年。

116. 湯用彤，《漢魏兩晉南北朝佛教史》，台北：臺灣商務印書館，1991 年。

117. 費袞，《梁溪漫志》，台北：藝文印書館，百部圖書集成，第二十九輯，1966年。

118. 馮友蘭，《中國哲學史新編》第三冊，北京：人民出版社，1985年。

119. 馮左哲、李富華，《中國民間宗教史》，台北：文津出版社，1994年。

120. 黃約瑟、劉見健明編，《隋唐史論集》，香港：香港大學亞洲研究中心，1993年。

121. 黃徵、吳偉編校，《敦煌願文集》，長沙：岳麓書社，1995年。

122. 楊遠，《西漢至北宋中國經濟文化之向南發展》，台北：商務印書館，1991年。

123. 楊際平，《均田制新探》，廈門：廈門大學出版社，1991年。

124. 楊寬，《西周史》，台北：台灣商務印書館，1999年。

125. 楊樹達，《積微居金文說》，北京：科學出版社，1959年。

126. 萬斯年輯譯，《唐代文獻叢考》，台北：商務印書館，1957年。

127. 葉郭立城，《行神研究》，台北：中華叢書會，1967年。

128. 詹鄞鑫，《神靈與祭祀——中國傳統宗教綜論》，南京：江蘇古籍出版社，1992年。

129. 道端良秀，《中國佛教社會經濟史の研究》，東京：書苑，1985年。

130. 道端良秀，《唐代佛教史の研究》，東京：法藏館，1957年。

131. 雷紹鋒，《歸義軍賦役制度初探》，台北：洪葉文化公司，2000年。

132. 榮新江，《歸義軍史研究》，上海：上海古籍出版社，1996年。

133. 趙和平，《敦煌寫本書儀研究》，台北：新文豐出版公司，1993年。

134. 趙岡、陳鍾毅，《中國土地制度史論》，台北：聯經公司，1982年。

135. 趙岡、陳鍾毅，《中國農業經濟史》，台北：幼獅文化，1989年。

136. 趙超，《漢魏南北朝墓誌彙編》，天津：天津古籍出版社，1992年。

137. 齊濤，《魏晉隋唐社會鄉村研究》，濟南：山東人民出版社，1995年。

138. 劉俊文，《唐代法制研究》，台北：文津出版社，1999年。

139. 劉俊文，《敦煌吐魯番唐代法制文書考釋》，北京：中華書局，1989年。

140. 歐大年（Daniel L. Overmyer），陳旭都譯，《中國民間宗教教派研究》，上海：上海古籍出版社，1993年。

141. 蔣禮鴻，《敦煌變文字義通釋》，上海：上海古籍出版社，1997年。

142. 鄭土有、王賢淼，《中國城隍信仰》，上海：上海三聯書店，1994年。

143. 魯凡之，《東方專制主義論——亞細亞生產模式研究》，台北：南方出版社，1987年。

144. 橫山寧夫，《社會學概論》，上海：藝文出版社，1983年。

145. 盧向前，《敦煌吐魯番文書論稿》，南昌：江西人民出版社，1992 年。

146. 錢穆，《秦漢史》，台北：三民書局，1966 年。

147. 謝和耐著，耿昇譯，《中國五至十世紀的寺院經濟》，台北：商鼎文化，1994 年。

148. 謝重光，《漢唐佛教社會史論》，台北：國際文化事業公司，1990 年。

149. 鞠清遠，《唐代財政史》，台北：食貨出版社，1978 年。

150. 韓國磐，《唐代社會經濟諸問題》，台北：文津出版社，1999 年。

151. 韓國磐，《隋唐五代史論集》，北京：三聯書店，1979 年。

152. 羅彤華，《唐代民間借貸之研究》，台北：台灣商務印書館，2005 年。

153. 羅振玉，《三代吉金文存釋文》，民國上虞羅氏百爵齋影印本。

154. 羅福頤編，《漢印文字徵》，北京：文物出版社，1978 年。

155. 譚蟬雪，《敦煌歲時文化導論》，台北：新文豐出版公司，1998 年。

156. 嚴耕望，《唐史研究叢稿》，香港：新亞研究所，1969 年。

157. 嚴耀中，《江南佛教史》，上海：上海人民出版社，2000 年。

158. 竇儀等撰，吳翊如點校，《宋刑統》，北京：中華書局，1984 年。

159. 蘇瑩輝，《敦煌論集》，台北：學生書局，1969 年。

160. 蘇瑩輝，《敦煌論集續集》，台北：學生書局，1983 年。

161. 蘇瑩輝，《敦煌學概要》，台北：中華叢書編審會出版，1961 年。

162. 顧公燮、佚名、陳去病著，甘蘭經等校點，《丹午筆記・吳城日記・五石脂》，南京：江蘇古籍出版社，1999 年。

參、論文（含中、外文）

1. Jan Fontein, "Inscriptions on Taoist Statues." 《中央研究院國際漢學會議論文集》（九），台北：中央研究院，1981 年。

2. 土肥義和，〈唐、北宋間の「社」の組織形態に關する一考察〉，收入：「中國古代の國家と民眾」編輯委員會編，《堀敏一先生古稀記念：中國古代の國家と民眾》，東京：汲古書院，1995 年。

3. 土肥義和，〈唐・北宋間敦煌の杜家親情社追補社條（S.8160R.V）について〉，《唐代史研究創刊號》（東京：1998 年）。

4. 土肥義和著；李永寧譯，〈歸義軍時期（晚唐、五代、宋）的敦煌〉，《敦煌研究》，1986 年第四期、1987 年第一期。

5. 大澤正昭，〈唐代華北的主穀生產和經營〉，收入：劉俊文主編，《日本中青年學者論中國史》六朝隋唐卷，上海：上海古籍出版社，1995 年。

6. 小西高弘，〈唐代における商品經濟的抬頭と通貨對策〉，《福岡大學研究所報》第十三期（中國社會構造の研究四）（福岡：1970 年）。

7. 小西高弘，〈唐代の經濟的保障〉，《福岡大學研究所報》第十八期（中國社會構造の研究七）（1973）。

8. 小谷仲勇，〈ガソダ——ラ彌勒信仰と隋唐の末法思想〉，收入：氣賀澤保規編，《中國佛教石經の研究：房山雲居寺石經中心に》，京都：京都大學學術出版會，1996 年。

9. 山根清志，〈唐代均田制下の百姓賣買について〉，收入：唐代史研究會編，《中國の都市と農村》，東京：汲古書院，1992 年。

10. 山根清志，〈唐前半期における鄰保とその機能〉，《東洋史研究》四十一卷二期（京都：1982 年）。

11. 川勝義雄，〈六朝貴族制社會的成立〉，收入：劉俊文主編，《日本學者研究中國史論著選譯》第四冊，北京：中華書局，1992 年。

12. 川勝義雄、谷川道雄，〈中國中世史研究における立場と方法〉，收入：中國中世史研究會編，《中國中世史研究》，東京：東海大學出版會，1980 年。

13. 中川學，〈唐代の客戶による逃棄田の保有〉，《一橋論叢》五十三卷一期（東京：1965 年）。

14. 中田薰，〈唐宋時代の家族共產制〉，收入：中田薰，《法制史論集》第三卷，東京：岩波書店，1943 年。

15. 孔祥星，〈唐代里正〉，《中國歷史博物館館刊》，1979 年第一期。

16. 方廣錩，〈中國散藏敦煌遺書目錄（一）〉，《敦煌學輯刊》，1998 年第二期。

17. 方廣錩、徐永明，〈浙江圖書館所藏敦煌遺書目錄〉，《敦煌研究》，1998 年第四期。

18. 方廣錩、徐億農，〈南京圖書館所藏敦煌遺書目錄〉，《敦煌研究》，1998 年第四期。

19. 日野開三郎，〈唐宋時代における商人組合「行」についての再檢討〉，收入：日野開三郎，《日野開三郎東洋史學論集》第七卷，東京：三一書房，1983 年。

20. 牛汝極，〈讀《敦煌社邑文書輯校》〉，《首都師範大學學報》，1999 年第三期。

21. 王月清，〈中國佛教孝親觀初探〉，《南京大學學報》，1996 年第三期。

22. 王永年，〈佛教爲什麼能戰勝道教——讀《太平廣記》的一點心得〉，收入：氏著，《唐代史事考釋》，台北：聯經出版社，1998 年。

23. 王永興，〈伯 3348 背文書研究〉，收入：中國敦煌吐魯番學會編，《敦煌

吐魯番學研究論文集》，上海：漢語大辭典出版社，1991 年。

24. 王惠民，〈北魏佛教傳帖原件《大慈如來告疏研究》〉，收入：敦煌研究院編，《敦煌研究文集》，蘭州：甘肅人民出版社，2000 年。

25. 王進玉，〈敦煌壁畫中農作圖實地調察〉，《農業考古》，1985 年第二期。

26. 王壽南，〈唐代文官任用制度之研究〉，收入：氏著，《唐代政治史論集》，台北：台灣商務印書館，1983 年。

27. 王壽南，〈唐代的縣令〉，《國立政治大學學報》第二十五期（台北：1972 年）。

28. 王德權，〈古代中國體系的搏成——關於許倬雲先生「中國體系網路分析」的討論〉，《新史學》十四卷一期（台北：2003 年）。

29. 王冀青，〈「英國博物院藏敦煌漢文寫本註記目錄」中誤收的斯坦因所獲和闐文書辨釋〉，《敦煌學輯刊》，1987 年第二期。

30. 丘古耶夫斯基，〈俄羅斯科學院東方研究所聖彼得堡分所館藏敦煌寫本中的轉帖〉，《敦煌學輯刊》，1996 年第一期。

31. 古賀登，〈均田法と犁共同體〉，《早稻田大學院文學研究所紀要》第十七期（東京：1971 年）。

32. 史葦湘，〈世族與石窟〉，收入：敦煌文物研究所，《敦煌研究文集》，蘭州：甘肅人民出版社，1982 年。

33. 甘懷眞，〈唐代官人的宦遊生活——以經濟生活爲中心〉，民國 83 年第二屆唐代文化研討會宣讀論文。

34. 石田勇作，〈「行人轉帖」めくる二、三の問題〉，《尚智史學》第二十六期（東京：1938 年）。

35. 向達，〈敦煌藝術概論〉，《文物參考資料》二卷四期（北京：1951 年）。

36. 守屋美都雄，〈父老〉，收入：劉俊文主編，《日本學者研究中國史論著選譯》第三冊，北京：中華書局，1993 年。

37. 朱雷，〈唐「籍坊」考〉，《武漢大學學報》（哲學社會科學），1983 年第五期。

38. 朱睿根，〈隋唐時期的義倉及其演變〉，《中國經濟史研究》，1984 年第二期。

39. 池田溫，〈丑年十二月僧龍藏牒〉，收入：山本博士還曆記念東洋史論叢編委會編，《山本博士還曆記念東洋史論叢》，東京：山川出版社，1972 年。

40. 池田溫，〈吐魯番・敦煌文書にみえる地方城市の住居〉，收入：唐代史研究會編，《中國都市の歷史的研究》，東京：刀水書房，1988 年。

41. 池田溫，〈西域文化研究第二敦煌吐魯番社會經濟資料〉（上），《史學雜誌》六十九卷八期（東京：1960 年）。

42. 池田溫，〈沙州督都府圖經略考〉，收入：榎博士還曆記念東洋史論叢編纂委員會編，《榎博士還曆記念東洋史論叢》，東京：山川出版社，1975年。

43. 西村元佑，〈唐代均田制度における班田の實態〉，收入：西村元佑，《中國經濟史研究——均田制度篇》，京都：京都大學文學部內東洋史研究會，1968年。

44. 西鷠定生，〈吐魯番文書より見たる均田制の施行狀態〉，收入：西鷠定生，《中國經濟史研究——均田制度篇》，東京：東京大學出版會，1966年。

45. 西鷠定生，〈碾磑尋蹤〉收入：劉俊文主編，黃約瑟等譯，《日本學者研究中國史論著選譯》第四冊，北京：中華書局，1992年。

46. 西嶋定生，〈中國古代統一國家的特質——皇帝統治之出現〉，收入：杜正勝編，《中國上古史論文選集》，台北：華世出版社，1979年。

47. 西嶋定生，〈秦漢時期的農學〉，《古代史講座》第八期，東京：學生社，1963年。

48. 西嶋定生著，武尚清譯，《二十等爵制》，北京：國際文化出版公司，1992年。

49. 佐藤圭四郎，〈唐代商業の一考察〉，收入：《加賀博士退官記念中國文史哲學論集》，東京：講談社，1979年。

50. 佐藤佑治，〈北朝の地方官と豪族〉，《一橋論叢》七十六卷一期（東京：1965年）。

51. 佐藤武敏，〈唐代地方における水利設施の管理〉，《中國水利史研究》第三期（大阪：1967年）。

52. 佐藤武敏，〈敦煌の水利〉，收入：池田溫編，《講座敦煌》（三），《敦煌の社會》，東京：大東出版社，1970年。

53. 佐藤智水，〈北朝造像銘考〉，收入：劉俊文主編，《日本中青年學者論中國史》，六朝隋唐卷，上海：上海古籍出版社，1995年。

54. 冷鵬飛，〈唐末沙州歸義軍張氏時期有關百姓受田和賦稅的幾個問題〉，《敦煌學輯刊》，1984年第一期。

55. 吳杏全等，〈館藏佛教造像銘文研究〉，《文物春秋》，1994年第一期。

56. 吳宗國，〈唐朝的特性〉，收入：中國唐史學會編，《中國唐史學論文集》，西安：三秦出版社，1989年。

57. 吳泰，〈論唐宋文獻中的「莊園」〉，《歷史學》，1979年第四期。

58. 吳震，〈吐魯番出土的兩件唐人互佃契〉，《新疆社會科學》，1987年第二期。

59. 吳織、胡群耘，〈上海圖書館藏敦煌遺書目錄〉，《敦煌研究》，1986年第

二、三期。

60. 宋兆麟，〈唐代曲轅犁研究〉，《中國歷史博物館館刊》，1979 年第一期。

61. 宋家鈺，〈唐代戶籍上的田籍與均田制〉，《中國史研究》，1983 年第四期。

62. 宋家鈺，〈關於封建社會型態的理論研究與唐代自耕農的性質〉，收入：中國唐史學會編，《中國唐史學論文集》，西安：三秦出版社，1989 年。

63. 志田不動磨，〈後漢時代の妖巫と妖賊〉，《歷史教育》十一卷六期（東京：1936 年）。

64. 李丹禾，〈《敦煌社邑文書輯校》補正〉，《敦煌研究》，1999 年第二期。

65. 李天石，〈敦煌吐魯番文書中的奴婢資料及其價值〉，《敦煌學輯刊》，1990 年第一期。

66. 李文生，〈敦煌莫高窟社團造像管窺〉，收入：段文傑等編，《1990 年敦煌學國際研討會文集·石窟考古編》，瀋陽：遼寧美術出版社，1995 年。

67. 李文生，〈龍門石窟佛社研究〉，《歷史文物雙月刊》六卷二期（台北：1996 年）。

68. 李文生，〈龍門石窟藥方洞考〉，《中原文物》，1981 年第三期。

69. 李正宇，〈《敦煌社邑文書輯校》評介〉，《敦煌研究》，1998 年第三期。

70. 李伯重，〈唐代長江流域地區農民副業生產的發展〉，《廈門大學學報》（哲學社會科學），1982 年第四期。

71. 李伯重，〈唐代部曲奴婢等級的變化及其原因〉，《廈門大學學報》（哲學社會科學），1985 年第一期。

72. 李埏，〈試論中國古代農村公社的延續和解體〉，《思想戰線》，1979 年第三期。

73. 李斌城，〈隋唐五代農民起義與宗教及儒家的關係〉，收入：中國唐史學會編，《唐史學會論文集》，西安：陝西人民出版社，1986 年。

74. 李德龍，〈敦煌寫本〈社司納贈歷〉淺探〉，《大慶師專學報》，1990 年第二期。

75. 杜正勝，〈古代聚落的傳統與變遷〉，收入：許倬雲、毛漢光、劉翠溶同編，《第二屆中國社會經濟史研討會論文集》，台北：漢學中心出版，1983 年。

76. 杜正勝，〈傳統家族試論〉，《大陸雜誌》六十五卷二、三期（台北：1982 年）。

77. 杜正勝，〈漢「單」結社說〉，收入：氏著，《古代社會與國家》，台北：允晨文化實業公司，1992 年。

78. 汪娟，〈唐代彌勒信仰與政治關係的一側面——唐朝皇室對彌勒信仰的

態度〉,《中華佛學學報》第四期（台北：1991 年）。

79. 谷川道雄,〈「共同體」論爭について〉,收入：氏著,《中國中世の探求》,東京：日本エデイタースクール出版部,1987 年。

80. 谷川道雄,〈「共同體」論爭について〉,收入：氏著,《中國中世の探求》,東京：日本エデイタースクール出版部,1987 年。

81. 谷川道雄,〈日本魏晉南北朝史研究回顧〉（續）,《中國史研究動態》,1993 年第六期。

82. 谷川道雄,〈自營農民與國家之間的共同體性關係〉,《食貨月刊》（復刊）,1981 年第五期,頁 238～239。

83. 谷霽光,〈漢唐間「一丁百畝」的規定與封建占有制〉,收入：華世出版社編輯部編,《中國社會經濟史參考文獻》,台北：華世出版社,1984 年。

84. 邢義田,〈奉天承運──皇帝制度〉,收入：鄭欽仁編,《中國文化新論‧制度篇》,台北：聯經出版公司,1982 年。

85. 邢義田,〈漢代的父老、僤與聚族里居〉,收入：氏著,《秦漢史論稿》,台北：東大圖書公司,1987 年。

86. 那波利貞,〈佛教信仰に基きて組織せられたる中晚唐五代時代の社邑に就きて〉,收入：氏著,《唐代社會文化史研究》,東京：創文社,1977 年。

87. 那波利貞,〈唐代の農田水利に關する就きて〉（一、二、三）,《史學雜誌》五十四卷一～三期（東京：1943 年）。

88. 那波利貞,〈唐代行人攷〉,《東亞人文學報》三卷四期（京都：1944 年）。

89. 那波利貞,〈唐代鄰保制度釋疑〉,收入：《羽田博士頌壽紀念東洋史論叢》,京都：東洋史研究會,1950 年。

90. 那波利貞,〈唐代の社邑に就きて〉,收入：氏著,《唐代社會文化史研究》,東京：創文社,1977 年。

91. 那波利貞,〈塢主考〉,《東亞人文學報》二卷四期（京都：1942 年）。

92. 周紹良,〈隋唐以前之彌勒信仰〉,收入：湯一介主編,《中國宗教：過去與現在》,台北：淑馨出版社,1994 年。

93. 周殿杰、張鄰,〈論唐代經濟結構中的市場因素〉,《中國社會經濟史研究》,1989 年第一期。

94. 林立平,〈唐代主糧生產的輪作複種制〉,《暨南學報》（哲學社會科學）,1984 年第一期。

95. 林振東,〈居延漢簡吏卒籍貫地名索引〉,《簡牘學報》第六期（台北：1978 年）。

96. 林煌達，〈唐代錄事〉，《中正歷史學刊》第二期（嘉義：1999 年）。

97. 林豔枝，〈唐五代時期敦煌地區的女人結社〉，《中國文化月刊》第二四三期（台中：2000 年）。

98. 林豔枝，〈敦煌地區的民間結社及其風俗研究〉，《中國文化月刊》第二二〇期（台中：1998 年）。

99. 武復興，〈唐長安的市場和商業〉，《西北大學學報》，1985 年第二期。

100. 竺沙雅章，〈敦煌出土「社」文書の研究〉，收入：氏著，《中國佛教社會史研究》，京都：同朋社，1982 年。

101. 邱添生，〈由世族盛衰看中國中世的社會變遷〉，收入：第一屆國際唐代學術會議論文集編輯委員會編，《第一屆國際唐代學術會議論文集》，台北：中華民國唐代研究學者聯誼會，1989 年。

102. 金井德幸，〈宋代の村社と村神〉，《東洋史研究》三十八卷二期（京都：1982 年）。

103. 金根培，〈敦煌社文書研究〉，台中：私立逢甲大學中國文學研究所碩士論文，1994 年。

104. 侯旭東，〈北朝「三長制」四題〉，《魏晉南北朝隋唐史》，2003 年第二期。

105. 侯旭東，〈北朝鄉里制與村民的生活世界——以石刻爲中心的考察〉，《魏晉南北朝隋唐史》，2002 年第二期。

106. 南炳文、湯綱，〈南北朝以後部曲的含意和身份〉，《南開大學學報》（哲學社會科學），1978 年第三期。

107. 姜伯勤，〈唐貞元、元和間禮的變遷——兼論唐禮的變遷與敦煌元和書儀文書〉，收入：黃約瑟、劉見健明編，《隋唐史論集》，香港：香港大苦學亞洲研究中心，1993 年；亦收入：姜伯勤，《敦煌藝術宗教與禮樂文明》，北京：中國社會科學出版社，1996 年。

108. 姜伯勤，〈敦煌文書中的唐五代行人〉，《中國經濟史研究》，1979 年第二期。

109. 姜伯勤，〈敦煌邈眞讚與敦煌名族〉，收入：姜伯勤、項楚、榮新江合著，《敦煌邈眞讚校錄並研究》，台北：新文豐出版公司，1994 年。

110. 施萍婷，〈從一件奴婢買賣文書看唐代的階級壓迫〉，收入：沙知、孔祥星編，《敦煌吐魯番文書研究》，蘭州：甘肅人民出版社，1983 年。

111. 胡同慶，〈從敦煌結社活動探討人的群體性以及個體與群體的關係〉，《敦煌研究》，1990 年第四期。

112. 胡如雷，〈《唐天寶二年交河郡市估案》中的物價史料〉，收入：氏著，《隋唐五代社會經濟史論稿》，北京：中國社會科學出版社，1996 年。

113. 胡如雷，〈兩件敦煌出土的判牒文書所反映的社會經濟狀況〉，收入：氏

著，《隋唐五代社會經濟史論稿》，北京：中國社會科學出版社，1996年。

114. 胡戟，〈唐代度量衡與畝里制度〉，《西北大學學報》（社會科學版），1980年第四期。

115. 胡戟，〈唐代糧食畝產量〉，《西北大學學報》（社會科學版），1980年第三期。

116. 唐長孺，〈北朝的彌勒佛信仰及其衰弱〉，收入：唐長孺，《魏晉南北朝史論拾遺》，北京：中華書局，1983年。

117. 唐長孺，〈均田制度的產生及其破壞〉，收入：華世出版社編輯部編，《中國社會經濟史參考文獻》，台北：華世出版社，1984年。

118. 唐耕耦，〈房山石經題記中的唐代社邑〉，《文獻季刊》，1989年第一期。

119. 唐耕耦，〈唐代均田制的性質〉，《歷史論叢》第二期（北京：1981年）。

120. 宮川尚志，〈六朝時代的村〉，收入：劉俊文主編，《日本學者研究中國史論著選譯》第四冊，北京：中華書局，1993年。

121. 宮崎市定，〈關於中國聚落形體的變遷〉，收入劉俊文主編，《日本學者研究中國史論著選譯》第三冊，北京：中華書局，1993年。

122. 宮崎市定；杜正勝譯，〈從部曲到佃戶〉（下），《食貨月刊》（復刊）三卷十期（台北：1974年）。

123. 徐旭昇，〈我國古代部族三集團考〉，收入：氏著，《中國古史的傳說時代》，台北：里仁出版社，1999年。

124. 徐自強，〈房山雲居寺「謙公法師靈塔銘」〉，《文物》，1979年第一期。

125. 氣賀澤保規，〈唐代房山雲居寺の發展と石經事業〉，收入：氣賀澤保規，《中國佛教石經の研究：房山雲居寺石經を中心に》，京都：京都大學學術出版會，1996年。

126. 氣賀澤保規，〈唐代幽州の地域と社會——房山石經題記を手がかりとして〉，收入：唐代史研究會編，《中國都市の歷史的研究》，東京：刀水書房，1988年。

127. 氣賀澤保規，〈隋唐鄉里制に關する一考察〉，《史林》五十八卷四期（1975）。

128. 草野靖，〈唐宋時代に於ける農田の存在型態〉，《法文論叢》第三十一期（1972）、第三十三期（1974）。

129. 郝春文，〈《敦煌社邑文書輯校》補遺（一）、（二）、（三）〉，《首都師範大學學報》，1999年第四期、2000年第二期、2001年第四期。

130. 郝春文，〈《敦煌社邑文書輯校》補遺（四）〉，浙江大學漢語史研究中心、浙江大學古籍研究所編，《漢語史學報》第三期，《姜亮夫、蔣禮鴻、郭在貽先生紀念文集》，上海：上海教育出版社，2003年。

131. 郝春文，〈中古時期儒佛文化對民間結社的影響及變化〉，收入：《國際唐文化學術討論會論文集》，上海：上海人民出版社，1993 年。

132. 郝春文，〈五十年來（1938～1990）敦煌寫本社文書研究評述〉，《中國史研究動態》，1991 年第八期。

133. 郝春文，〈再論敦煌私社的「義聚」〉，收入：敦煌學會編輯，《敦煌學——潘重規先生逝世週年紀念專輯》第二十五期，台北：樂學書局有限公司，2004 年。

134. 郝春文，〈兩晉南北朝時期的法社〉，《北京師範學院學報》，1992 年第一期。

135. 郝春文，〈東晉南北朝佛社首領考略〉，《北京師範學院學報》，1991 年第三期。

136. 郝春文，〈東晉南北朝時期的佛教結社〉，《歷史研究》，1992 年第一期。

137. 郝春文，〈唐後期五代宋初沙州僧尼的特點〉，收入：中國敦煌吐魯番學會編，《敦煌吐魯番學研究論文集》，上海：漢語大詞典出版社，1990 年。

138. 郝春文，〈唐後期五代宋初敦煌的春秋官齋、十二月轉經、水則道場與佛教節日〉，收入：潘重規著，《慶祝吳其昱先生八秩華誕敦煌學特刊》，台北：文津出版社，2000 年。

139. 郝春文，〈唐後期五代宋初敦煌僧尼遺產的處理與喪事操辦〉，《敦煌研究》，1998 年第三期。

140. 郝春文，〈敦煌私社的「義聚」〉，《中國社會經濟史研究》，1989 年第四期。

141. 郝春文，〈敦煌的渠人與渠社〉，《北京師範學院學報》（社會科學版），1990 年第一期。

142. 郝春文，〈敦煌遺書中的「春秋座局席」考〉，《北京師範學院學報》，1989 年第四期。

143. 郝春文，〈隋唐五代宋初佛社與寺院的關係〉，《敦煌學輯刊》，1990 年第一期。

144. 郝春文，〈隋唐五代宋初傳統私社與寺院的關係〉，《中國史研究》，1991 年第二期。

145. 郝春文，〈歸義軍政權與敦煌佛教之關係新探〉，收入：白化文等編，《周紹良先生欣開九秩慶壽文集》，北京：中華書局，1997 年。

146. 馬德，〈十世紀中期的莫高窟崖面概觀——關於《臘八燃燈分配窟龕名數》的幾個問題〉，收入：段文傑主編，《1987 年敦煌石窟研究國際討論會文集》（石窟考古編），瀋陽：遼寧美術出版社，1990 年。

147. 高田時雄，〈藏文社邑文書二三種〉，收入：季羨林等編，《敦煌吐魯番研

究》，北京：北京大學出版社，1998 年。

148. 高明士，〈唐代敦煌官方的祭祀禮儀——以 P.2130 號為中心〉，收入：《1994 年敦煌國際研討會文集——紀念敦煌研究院成立五十周年：宗教文化史卷上》，蘭州：甘肅民族出版社，2000 年。

149. 高啟安，〈唐五代敦煌人的宴飲活動述論〉，《西北民族學院學報》，2000 年第三期。

150. 高啟安，〈唐五代敦煌人的飲酒習俗述論〉，《敦煌研究》，2000 年第三期。

151. 張弓，〈唐五代時期的牙人〉，收入：中國社會科學院歷史研究所魏晉南北朝隋唐史研究室編，《魏晉隋唐史論集》第一輯，北京：中國社會科學出版社，1983 年。

152. 張亞萍、娜閣，〈唐五代敦煌的計算單位與價格換算〉，《敦煌學輯刊》，1996 年第二期。

153. 張金龍，〈北魏洛陽里坊制度探微〉，《歷史研究》，1999 年第六期。

154. 張劍，〈關於北魏洛陽城里坊的幾個問題〉，收入：葉萬松主編，《洛陽考古四十年：1992 年洛陽考古學術研討會論文集》，北京：科學出版社，1996 年。

155. 張澤咸，〈「唐宋變革論」若干問題的質疑〉，收入：中國唐史學會編，《中國唐史學論文集》，西安：三秦出版社，1989 年。

156. 張澤咸，〈唐代的客戶〉，收入：華世出版社編輯部編，《中國社會經濟史參考文獻》，台北：華世出版社，1984 年。

157. 張澤洪，〈唐代道觀經濟〉，《四川大學學報》（哲社版），1993 年第四期。

158. 張繼昊，〈北魏的彌勒佛信仰及與大乘之亂〉，《食貨月刊》（復刊）十六卷三、四期，1986 年。

159. 張隣，〈論唐代商賈勢力的膨脹〉，《學術月刊》，1985 年第一期。

160. 梁梁，〈說「餕腳」及其他〉，《敦煌學輯刊》，1985 年第一期。

161. 梁豐，〈從房山「石經題記」看唐代的邑社組織〉，《中國歷史博物館館刊》第十期（北京：1987 年）。

162. 船越泰次，〈唐代後期の常平義倉〉，收入：星博士退官記念中國史論集編集委員會編集，《星博士退官記念中國史論集》，山形：星斌夫先生退官記念事業會，1978 年。

163. 許倬雲，〈中國古代社會與國家之關係的變動〉，《國家科學委員會研究彙刊：人文及社會科學》三卷一期（台北：1993 年）。

164. 許倬雲，〈漢代家庭的大小〉，收入：氏著，《求古編》，台北：聯經出版公司，1982 年。

165. 郭沫若，〈先秦天道觀之進展〉，收入：氏著，《青銅時代》，北京：科學

出版社，1957年。

166. 郭庠林，〈試論「均田之制」的緣起及期弛壞的根本原因〉，《復旦學報》，1981年第三期。

167. 郭鋒，〈吐魯番文書《唐眾阿婆婆作齋社約》與唐代西州的民間結社活動〉，《西域研究》，1991年第三期。

168. 郭鋒，〈敦煌的社及其活動〉，《敦煌學輯刊》第四期（蘭州：1983年）。

169. 陳衍德，〈唐後期奢侈性消費的社會影響〉，《中國社會經濟史研究》，1991年第二期。

170. 陳衍德，〈試論唐後期奢侈消費的特點〉，《中國社會經濟史研究》，1990年第一期。

171. 陳祚龍，〈中古敦煌結社的真相〉，《古今談》第一〇〇期（台北：1973年），又收入：陳祚龍，《敦煌學海探珠》，台北：商務印書館，1979年。

172. 陳國棟，〈有關陸楫「禁奢辨」之研究所涉及的學理問題〉，《新史學》五卷二期（台北：1994年）。

173. 陳國燦，〈長安、洛陽よりリトウルフアニに將來れた唐代文書について〉，《東洋學報》七十二卷三、四期（東京：1991年）。

174. 陳國燦，〈唐五代敦煌縣鄉里制的演變〉，《敦煌研究》，1989年第三期。

175. 陳國燦，〈唐代的民間借貸〉，收入：唐長孺主編，《敦煌吐魯番文書初探》，武漢大學出版社，1983年；又收入：陳國燦，《唐代的經濟社會》，台北：文津出版社，1999年。

176. 陳華，〈王政與佛法——北朝至隋代帝王統治與彌勒信仰〉，《東方宗教研究》第二期（台北：1988年）

177. 陸慶夫、鄭炳林，〈俄藏敦煌寫本中九件轉帖初探〉，《敦煌學輯刊》，1996年第一期。

178. 堀敏一著；林世田譯，〈唐代後期敦煌社會經濟之變化〉，《敦煌學輯刊》，1991年第一期。

179. 傅曉靜，〈論唐代鄉村社會的社〉，《青島大學師範學院學報》十七卷一期（青島：2000年）。

180. 勞榦，〈漢代社祀的源流〉，《中央研究院歷史語言研究所集刊》第十一期（台北：1949年）。

181. 喬炳南，〈南宋時代の義倉制と社倉制〉，《帝塚山大學論集》第十三期（1976）。

182. 敦煌文物研究所資料室，〈敦煌文物研究所藏敦煌遺書目錄〉，《文物資料叢刊》，1977年第一期。

183. 敦煌縣博物館，〈敦煌縣博物館藏敦煌遺書目錄〉，收入：北京大學中國

中古史研究中心編,《敦煌吐魯番文獻研究論集》第三輯,北京:北京大學出版社,1986 年。

184. 曾毅公,〈北京石刻中所保存的重要史料〉,《文物》,1959 年第九期。

185. 渡邊信一郎,〈白居易の慚愧——唐宋變革期における農業構造の發展と下級官人層〉,《京都府立大學學術報告》(人文) 第三十六期 (京都:1984 年)。

186. 滋野井恬,〈唐朝の宗教政策〉,收入:氏著,《唐代佛教史論》,京都:平樂寺書店,1973 年。

187. 越智重明,〈東晉南朝の村と豪族〉,《史學雜誌》七十九卷十期 (東京:1970 年)。

188. 項一峰,〈初談佛教石窟供養人〉,《敦煌研究》,1997 年第一期。

189. 項楚,〈《王梵志詩校輯》匡補〉,收入:氏著,《敦煌文學叢考》,上海:上海古籍出版社,1991 年。

190. 項楚,〈王梵志詩釋詞〉,收入:項楚,《敦煌文學叢考》,上海:上海古籍出版社,1991 年。

191. 馮培紅,〈唐五代敦煌的河渠水利與水司管理機構初探〉,《敦煌學輯刊》,1997 年第二期。

192. 馮培紅,〈晚唐五代宋初歸義軍武職軍將研究〉,收入:鄭炳林主編,《敦煌歸義軍史專題研究》,蘭州:蘭州大學,1997 年。

193. 黃正建,〈敦煌文書與唐五代北方地區的飲食生活〉,收入:武漢大學歷史系魏晉南北朝隋唐史研究室編,《魏晉南北朝隋唐史資料》第十一期,武漢:武漢大學出版社,1991 年。

194. 黃永武,〈敦煌遺書總目索引之補正〉,《漢學研究》四卷二期 (台北:1986 年)。

195. 黃敏枝,〈唐代民間的彌勒信仰及其活動〉,《大陸雜誌》七十八卷六期 (台北:1989 年)。

196. 黃敏枝,〈唐代寺領莊園的研究〉,《思與言》八卷二期 (台北:1970 年)。

197. 黃敏枝,〈唐代佛教與地方建設事業〉,《史原》第三期 (台北:1972 年)。

198. 黃霞,〈北圖藏敦煌「女人社」規約一件〉,《文獻》,1996 年第四期。

199. 黃霞,〈淺談晚唐五代敦煌「女人社」的型態及特點〉,《北京圖書館館刊》第四期 (北京:1997 年),頁 88～92。

200. 塚本善隆,〈龍門石窟所見的北魏佛教〉,收入:氏著,《支那佛教史研究・北魏篇》,東京:弘文堂,1942 年。

201. 塚本善隆著,周乾榮譯,〈北魏之僧祇戶與佛圖戶〉,《食貨半月刊》五卷

十二期（台北：1937 年）。

202. 愛宕元，〈唐代前半期の華北村落の一類型〉，《人文》第二十五期（台北：1979 年）。

203. 楊一民，〈漢代豪強經濟的歷史地位〉，收入：歷史研究編輯部編，《中國封建地主階級研究》，北京：中國社會科學出版社，1988 年。

204. 楊之盧，〈後魏里名考〉，《中國學報》二卷一期（1944）。

205. 楊曾文，〈彌勒信仰的傳入及其在民間的流行〉，《中原文物》（鄭州：1985 年）。

206. 楊森，〈晚唐五代兩件《女人社》文書扎記〉，《敦煌研究》，1998 年第一期。

207. 楊森，〈敦煌社司文書劃押符號及相關問題〉，《敦煌學輯刊》，1998 年第一期。

208. 楊際平，〈吐番時期沙州社會經濟研究〉，收入：《敦煌學國際研討會文集》，瀋陽：遼寧美術出版社，1995 年。

209. 楊際平，〈吐蕃時期沙州社會經濟研究〉，收入：韓國磐主編，《敦煌吐魯番出土經濟文書研究》，廈門：廈門大學出版社，1986 年。

210. 楊際平，〈唐代戶等與田產〉，《歷史研究》，1985 年第三期。

211. 楊際平，〈唐末宋初敦煌土地制度初探〉，《敦煌學輯刊》，1988 年第一、二期。

212. 楊際平，〈麴氏高昌與唐代西州、沙州租佃制研究〉，收入：韓國磐主編，《敦煌吐魯番出土經濟文書研究》，廈門：廈門大學出版社，1986 年。

213. 楊德泉，〈唐宋行會制度之研究〉，收入：鄧廣銘、程應鏐編，《宋史研究論文集》，上海：上海古籍出版社，1982 年。

214. 楊聯昇，〈東漢的豪族〉，《清華學報》十一卷四期（北京：1936 年）。

215. 楊聯陞著，陳國棟譯，〈侈靡論——傳統中國一種不尋常的思想〉，收入：楊聯陞，《國史探微》，台北：聯經公司，1983 年。

216. 萬庚育，〈珍貴的歷史資料——莫高窟供養人畫像題記〉，收入：敦煌研究院編，《敦煌莫高窟供養人題記》，北京：文物出版社，1986 年。

217. 董克昌，〈論房社〉，《北方論叢》，1982 年第六期。

218. 鈴木俊，〈唐の均田制度と敦煌戶籍〉，收入：鈴木俊，《均田、租庸調制度の研究》，東京：刀水書房，1980 年。

219. 雷從雲，〈戰國鐵工具的考古發現及其意義〉，《考古》，1980 年第三期。

220. 雷紹鋒，〈P.3418 背《唐沙州諸鄉欠枝夫人戶名目》〉，《敦煌研究》，1998 年第二期。

221. 寧可，〈述「社邑」〉，《北京師院學報》第四十八期（北京：1985 年）。

222. 寧可，〈記晉《當利里社碑》〉，收入：寧可，《寧可史學論集》，北京：中國社會科學出版社，1999 年。

223. 寧可，〈敦煌寫本社邑文書述略〉，《首都師範大學學報》，1994 年第四期。

224. 寧可，〈漢代的社〉，收入：寧可，《寧可史學論集》（北京：中國社會科學出版社，1999 年）。

225. 寧可、郝春文，〈北朝至隋唐五代間的女人結社〉，《北京師範學院學報》，1990 年第五期。

226. 寧可、郝春文，〈敦煌社邑的喪葬互助〉，《首都師範大學學報》第一○七期（北京：1995 年）。

227. 熊德基，〈太平經的作者和其思想及其與黃巾和天師道的關係〉，《歷史研究》，1962 年第四期。

228. 福島繁次郎，〈北齊の村落制〉，收入：氏著，《中國南北朝史研究》，東京：名著出版社，1979 年。

229. 蒲慕洲，〈睡虎地秦簡《日書》的世界〉，《史語所集刊》六十二本四分（台北：1993 年）。

230. 劉永華，〈唐中後期敦煌的家庭變遷和社邑〉，《敦煌研究》第二十八期（敦煌：1991 年）。

231. 劉玉峰，〈論唐代市場管理〉，《魏晉南北朝隋唐史》，2002 年第六期。

232. 劉淑芬，〈《佛頂尊勝陀羅尼經》與唐代尊勝經幢的建立〉，《歷史語言研究所集刊》六十七本一分（台北：1996 年）。

233. 劉淑芬，〈中古都城坊制試探〉，《中央研究院歷史語言所集刊》六十一本二分（台北：1990 年）。

234. 劉淑芬，〈五至六世紀華北鄉村的佛教信仰〉，《史語所集刊》第六十三本三分（台北：1993 年）。

235. 劉淑芬，〈北齊標異鄉義慈惠石柱——中古佛教社會救濟的個案研究〉，《新史學》五卷四期（台北：1994 年）。

236. 劉淑芬，〈慈悲喜捨——中古時期佛教徒的社會福利事業〉，《北縣文化》第四十期（台北：1994 年）。

237. 劉淑芬，〈經幢的形制、性質和來源——經幢研究之二〉，《歷史語言研究所集刊》六十八本三分（台北：1997 年）。

238. 劉進寶，〈試談歸義軍時期敦煌縣鄉的建置〉，收入：氏著，《敦煌文書與唐史研究》，台北：新文豐出版公司，2000 年。

239. 劉楓，〈北魏均田制中的經濟思想〉，《學術月刊》，1984 年第八期。

240. 增淵龍夫，〈後漢黨錮事件的史評〉，《一橋論叢》四十四卷六期（東京：1960 年）

241. 蔣英炬，〈漢代的小祠堂〉，《考古》，1983 年第八期。

242. 鄭炳林，〈唐五代敦煌手工業研究〉，收入：鄭炳林主編，《敦煌歸義軍史專題研究》，蘭州：蘭州大學出版社，1997 年。

243. 鄭炳林，〈晚唐五代敦煌貿易市場的物價〉，《敦煌研究》，1997 年第三期；另收入：鄭炳林主編，《敦煌歸義軍史專題研究》，蘭州：蘭州大學出版社，1997 年。

244. 鄭炳林、陸慶夫，〈唐末五代敦煌的社與粟特人的聚落〉，收入：鄭炳林主編，《敦煌歸義軍史專題研究》，蘭州：蘭州大學出版社，1997 年。

245. 鄭炳林、馮培紅，〈唐五代歸義軍政權對外關係中的使頭一職〉，收入：鄭炳林主編，《敦煌歸義軍使專題研究》，蘭州：蘭州大學出版社，1997 年。

246. 鄭炳林、馮培紅，〈晚唐五代宋初歸義軍政權中都頭一職考辨〉，收入：鄭炳林主編，《敦煌歸義軍史專題研究》，蘭州：蘭州大學出版社，1997 年。

247. 鄭學檬，〈關於唐代商人與商業資本的若干問題〉，《廈門大學學報》，1980 年第四期。

248. 鄧文寬，〈敦煌本北魏歷書與中國古代月蝕預報〉，收入：北京圖書館敦煌吐魯番學資料中心、台北南海雜誌社合編，《敦煌吐魯番學研究論集》，北京：書目文獻出版社，1996 年，頁 361～365。

249. 魯才全，〈漢唐之間的牛耕和犁耙糨〉，《武漢大學學報》（哲學社會科學），1980 年第六期。

250. 盧向前，〈唐代前期市估法研究〉，收入：中國敦煌吐魯番學會編，《敦煌吐魯番學研究論文集》，上海：漢語大辭典出版社，1991 年。

251. 盧向前，〈馬社研究——伯 3899 號背面馬社文書介紹〉，收入：北京大學中國中古史研究中心編，《敦煌吐魯番文獻研究論集》第二期，北京：北京大學出版社，1983 年。

252. 盧建榮，〈從造像銘記論五至六世紀北朝鄉民社會意識〉，《師大歷史學報》第二十三期（台北：1995 年）。

253. 盧開萬，〈唐前期西州地區高利貸盤剝下均田百姓的分化〉，《敦煌學輯刊》，1984 年第一期。

254. 築山治三郎，〈唐代均田治の下賦役と農民生活〉，《京都產業大學論集》二卷一期（京都：1973 年）。

255. 築山治三郎，〈唐代兩稅法下に於ける農民生活〉，《社會文化史學》第十期（茨城：1974 年）。

256. 築山治三郎,〈唐代における地方行政と村落〉,《社會文化史學》第十五期（茨城：1978 年）。

257. 蕭公權,〈調解紛爭──帝制時代中國社會的和解〉,收入：氏著,《迹園文錄》,台北：聯經公司,1983 年。

258. 薛平拴,〈論唐代商人經營內容的特點〉,收入：史念海主編,《唐史論叢》第六期,西安：三秦出版社,1995 年。

259. 謝重光,〈晉唐僧官制度考略〉,收入：何茲全編,《五十年來漢唐佛教寺院經濟研究（1934～1984）》,北京：北京師範大學出版社,1986 年。

260. 謝重光,〈漢唐佛教特權的盛衰〉,收入：謝重光,《漢唐佛教社會史論》,台北：國際文化事業公司,1990 年。

261. 謝雁翔,〈四川郫縣犀浦出土的東漢殘碑〉,《文物》,1974 年第四期。

262. 謝雁翔,〈四川郫縣犀浦出土的東漢殘碑〉,《文物》,1974 年第四期。

263. 韓國磐,〈唐天寶時農民生活之一瞥〉,收入：沙知、孔祥星編,《敦煌吐魯番文書研究》,蘭州：甘肅人民出版社,1983 年。

264. 瞿同祖著、劉尼譯,〈中國的階層結構及其意識型態〉,收入：段昌國等編譯,《中國思想與制度論集》,台北：聯經公司,1979 年。

265. 瞿兌之,〈社〉,《中國學報》一卷二期。

266. 瞿兌之,〈釋巫〉,《燕京學報》第七期（北京：東方文化書局影印本,1930 年）。

267. 薩孟武,〈南北朝佛教流行的原因〉,《大陸雜誌》二卷十期（台北：1951 年）。

268. 顏尚文,〈北朝佛教社區共同體的法華邑義組織與活動──以東魏〈李氏合邑造像碑〉為例〉,《佛研究中心學報》第一期（台北：1996 年）,頁169、174、176。

269. 顏尚文,〈北朝佛教社區共同體的法華邑義組織與活動──以東魏〈李氏合邑造像碑〉為例〉,《佛研究中心學報》第一期（台北：1996 年）。

270. 魏承思,〈中國行會源於唐代「行社」說〉,《華東師範大學學報》（哲學社會科學）,1989 年第六期。

271. 羅彤華,〈「同居」析論──唐代家庭共財性質之探討〉,《大陸雜誌》一○○卷六期（台北：2000 年）。

272. 羅彤華,〈唐代的伍保制〉,《新史學》八卷二期（台北：1997 年）；另收入：梁庚堯、劉淑芬主編,《城市與鄉村》,北京：中國大百科全書出版社,2005 年。

273. 羅彤華,〈從便物曆論敦煌寺院的放貸〉,收入：中國敦煌吐魯番學會與北京首都師範大學編,《敦煌文獻論集──紀念敦煌藏經洞發現一百周年國際學術研討會論文集》,瀋陽：遼寧人民出版社,2001 年。

274. 羅彤華，〈漢代的民間結社〉，《大陸雜誌》八十二卷六期（台北：1991年）。

275. 譚蟬雪，〈三教融合的敦煌喪俗〉，《敦煌研究》，1991年第三期。

276. 譚蟬雪，〈唐宋敦煌歲時佛俗——正月〉，《敦煌研究》，2000年第四期。

277. 關尾史郎，〈唐西州「茉頭」考〉，收入：朱雷主編：中國唐史學會、武漢大學三至九世紀研究所編，《唐代的歷史與社會：中國唐史學會第六屆年會暨國際唐史學會研討會論文選集》，武漢：武漢大學出版社，1997年。

278. 嚴耀中，〈唐代江南的淫祀與佛教〉，收入：榮新江主編，《唐研究》第二卷，北京：北京大學出版社，1996年。